한림신서 일본학총서 85

겐지모노가타리의 세계

GENJI MONOGATARI NO SEKAI
by Kazumasa Hinata

Originally published by Iwanami Shoten, Publishers, Tokyo, 2004.
This Korean language edition published in 2006
by the Institute of Japanese Studies, Hallym University, Anyang
by arrangement with the author c/o Iwanami Shoten, Publishers, Tokyo

한림신서 일본학총서 85

겐지모노가타리의 세계

히나타 가즈마사(日向一雅) 지음 · 남이숙 옮김

小花

한림신서 일본학총서 85
겐지모노가타리의 세계

초판인쇄 2006년 12월 7일
초판발행 2006년 12월 14일

지 은 이 히나타 가즈마사
옮 긴 이 남이숙

발 행 인 고화숙
발 행 처 도서출판 소화
등 록 제13-412호
주 소 서울시 영등포구 영등포동 7가 94-97
전 화 2677-5890
팩 스 2636-6393
홈페이지 www.sowha.com

ISBN 89-8410-309-8 94080
ISBN 89-8410-105-2 (세트)

잘못된 책은 언제나 바꾸어 드립니다.

값 7,500원

차례

일러두기

1. 겐지모노가타리는 본문 중에 등장하는 빈도가 높아 책이름에 붙이는 기호인『 』를 생략했다. 다만 겐지모노가타리 54첩의 이름에는「 」를 붙였다.
2. 등장인물의 이름은 일본 문학 연구자와의 의사소통을 위해 일본어 발음을 외래어표기법에 따라 표기했다.
3. '옮긴이 주'는 읽는 이의 편의를 위하여 각주로 처리했다.

주요 등장인물의 계보

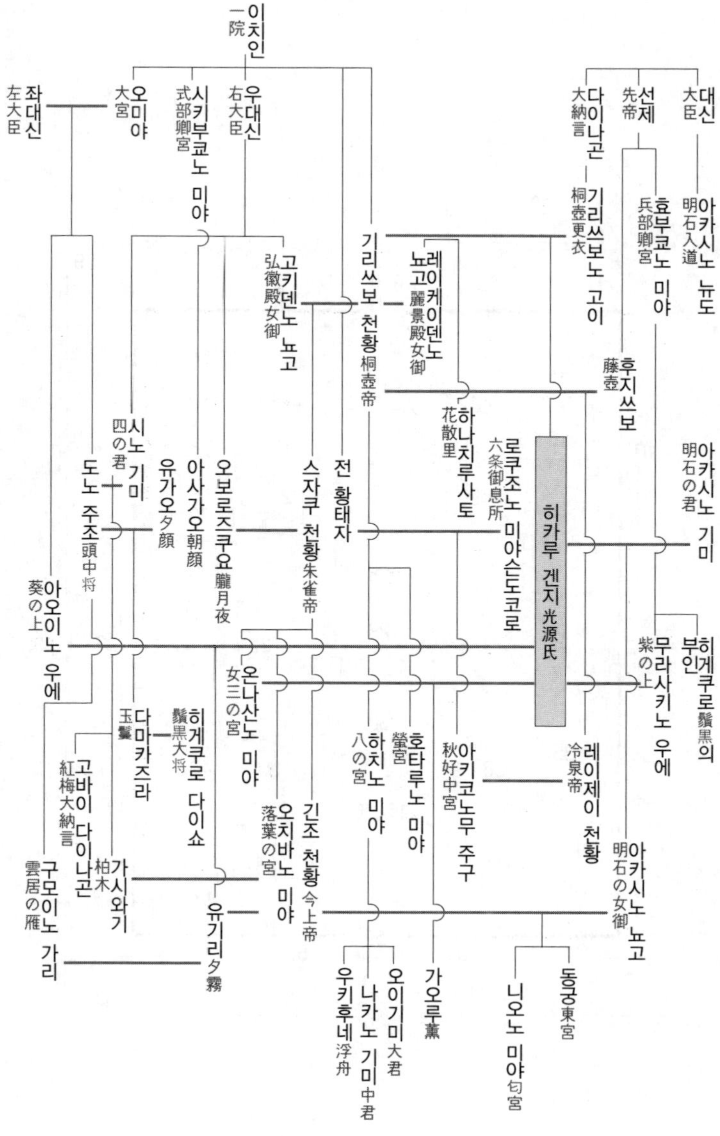

이치인 一院
좌대신 左大臣
오미야 大宮
시키부쿄노 미야 式部卿宮
우대신 右大臣
다이나곤 大納言
선제 先帝
대신 大臣
기리쓰보노 고이 桐壺更衣
효부쿄노 미야 兵部卿宮
아카시노 뉴도 明石入道
고키덴노 뇨고 弘徽殿女御
기리쓰보 천황 桐壺帝
레이케이덴노 뇨고 麗景殿女御
후지쓰보 藤壺
시노 기미 四の君
하나치루사토 花散里
로쿠조노 미야슨도코로 六条御息所
아카시노 기미 明石の君
도노 주조 頭中将
유가오 夕顔
아사가오 朝顔
오보로즈쿠요 朧月夜
스자쿠 천황 朱雀帝
전 황태자
히카루 겐지 光源氏
아오이노 우에 葵の上
히게쿠로의 부인 鬚黒の
무라사키노 우에 紫の上
온나산노 미야 女三の宮
다마카즈라 玉鬘
히게쿠로 다이쇼 鬚黒大将
하치노 미야 八の宮
호타루노 미야 螢宮
아키코노무 주구 秋好中宮
레이제이 천황 冷泉帝
고바이 다이나곤 紅梅大納言
오치바노 미야 落葉の宮
긴조 천황 今上帝
아카시노 뇨고 明石の女御
구모이노 가리 雲居の雁
가시와기 柏木
유기리 夕霧
우키후네 浮舟
나카노 기미 中君
오이기미 大君
가오루 薫
니오노 미야 匂宮
동궁 東宮

헤이안쿄(平安京) 궁궐 내부 구조도

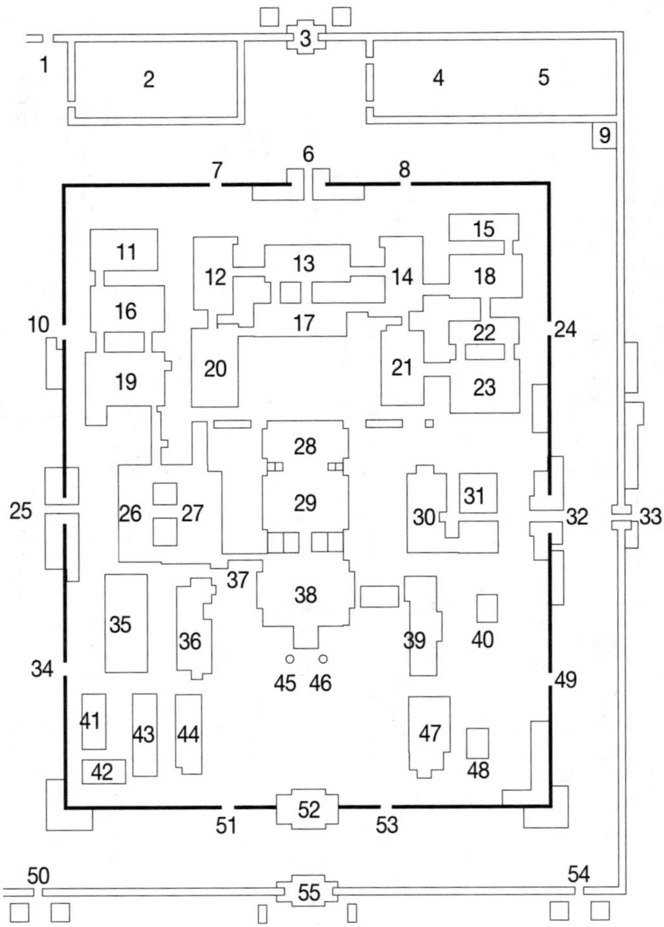

1. 시키켄몬 式建門
2. 란린보 蘭林坊
3. 사쿠헤이몬 朔平門
4. 게이호보 桂芳坊
5. 가호보 華芳坊
6. 겐키몬 玄輝門
7. 기안몬 徽安門
8. 안키몬 安喜門
9. 미히도노 御樋殿
10. 유기몬 遊義門
11. 슈호샤 襲芳舍
12. 도카덴 登花殿
13. 조간덴 貞觀殿
14. 센요덴 宣耀殿
15. 시게이키타샤 淑景北舍
16. 교카샤 凝華舍
17. 조네이덴 常寧殿
18. 시게이샤 淑景舍
19. 히교샤 飛香舍
20. 고키덴 弘徽殿
21. 레이케이덴 麗景殿
22. 쇼요키타샤 昭陽北舍
23. 쇼요샤 昭陽舍
24. 가요몬 嘉陽門
25. 온메이몬 陰明門
26. 고료덴 後涼殿
27. 세이료덴 淸涼殿
28. 쇼쿄덴 承香殿
29. 지주덴 仁壽殿
30. 료키덴 綾綺殿
31. 운메이덴 溫明殿
32. 센요몬 宣陽門
33. 겐슌몬 建春門
34. 부도쿠몬 武德門
35. 구로도도코로마치야 藏人所町屋
36. 교쇼덴 校書殿
37. 스닌몬 崇仁門
38. 시신덴 紫宸殿
39. 기요덴 宜陽殿
40. 미코시야도리 御輿宿
41~42. 쓰쿠모도코로 作物所
43. 신모쓰도코로 進物所
44. 안푸쿠덴 安福殿
45. 우콘노타치바나 右近橘 (귤나무)
46. 사콘노사쿠라 左近櫻 (벚나무)
47. 슌코덴 春興殿
48. 슈키덴 朱器殿
49. 엔세이몬 延政門
50. 슈메이몬 修明門
51. 에이안몬 永安門
52. 쇼메이몬 承明門
53. 조라쿠몬 長樂門
54. 슌카몬 春華門
55. 겐레이몬 建礼門

프롤로그

「기리쓰보」 권의[1] 네 가지 수수께끼

겐지모노가타리의 성립

겐지모노가타리(源氏物語)는 히카루 겐지(光源氏)의 생애를 중심으로 한 이야기이다. 연대기적으로 말하면, 겐지의 양친으로부터 손자 때까지 4대 70년에 걸친 모노가타리[2]이다. 지금부터 천년 전인 11세기 초, 이치조(一条) 천황의 황후 후지와라노 쇼시(藤

1) 모두 3부(部) 54첩(帖)으로 되어 있다. 첩(帖)이라는 용어 대신 권(巻)이라는 용어를 사용하기도 한다. 기리쓰보는 겐지의 어머니가 거주하는 후궁의 거처를 일컫는다.

2) '모노가타리'는 작자의 견문이나 상상을 기초로 하여 인물과 사건에 대해 서술한 산문 작품이라는 뜻인데 "이야기해 들려준다"는 낭독 형식의 의미가 내포되어 있다. 우리말로는 '이야기'로 번역되며, 『겐지모노가타리』도 이미 『겐지 이야기』라는 이름으로 번역되어 소개된 적이 있다.

原彰子)를 시중들던 궁녀 무라사키시키부(紫式部)가 쓴 것이다. 『무라사키시키부 일기(紫式部日記)』[3] 1008년 기록 부분에는 당시의 황후인 쇼시가 이치조 천황의 황태자를 출산한 후 궁중으로 되돌아오는 것에 맞추어 겐지모노가타리 정서본을 작성한 일이 기록되어 있다.

『무라사키시키부 일기』에는 이외에도 이치조 천황이 겐지모노가타리를 궁녀들에게 읽게 한 후 작자인 무라사키시키부가 『일본기(日本紀)』를 강의하면 좋았을 것이라고 말한 감상이 기록되어 있으며, 쇼시의 아버지 좌대신(左大臣) 후지와라노 미치나가(藤原道長)가 무라사키시키부를 호색녀라고 놀리기도 했고, 당시 문단의 중진이었던 주나곤(中納言) 후자와라노 긴토(藤原公任)가 연회석에서 "이곳에 와카 무라사키가 있는가?"라며 무라사키시키부에게 말을 걸었다는 사실 등도 기록되어 있다.

이러한 기록들은 겐지모노가타리가 쓰인 당시에 이미 걸작으로 높이 평가되고 있었다는 사실을 추측하게 해 준다. 모노가타리를 여자들이 '기분 전환하기에 좋은 노리갯감'(『삼보회사三宝絵詞』)이라며 경시하던 시대에 겐지모노가타리만큼은 동시대의 가장 신분 높은 남성 귀족이 서로 다투어 화제로 삼았기 때문이다.

이후 겐지모노가타리는 계속 읽혔다. 아마 일본 고전 중에서

3) 무라사키시키부가 1008년 가을부터 1010년 정월까지의 견문 · 감상을 기록한 일기.

가장 널리 읽히고 있을 것이며, 지금은 세계 여러 나라의 언어로 번역되어 널리 읽히고 있다. 이토록 많은 독자를 확보하고 있는 겐지모노가타리는 대체 어떠한 이야기일까. 어디에 그와 같은 매력이 있는 것일까. 사람들은 겐지모노가타리를 통해 무엇을 읽고 있는 것일까.

겐지모노가타리는 어떤 이야기일까

겐지모노가타리는 연애담이나 사랑 이야기 정도로 말하는 사람들이 있지만, 과연 연애담이라고 말하는 것만으로 겐지모노가타리를 충분히 이해했다고 할 수 있을까.

이 책에서는 겐지모노가타리는 연애담이며 또한 왕권 이야기이며, 집안 이야기 또는 풍유물(諷諭物)이라는 관점에서 이야기하고자 한다. 그뿐만 아니라 겐지모노가타리는 독자에게 의미를 묻는 모노가타리이며, 당신은 어떻게 생각하느냐고 물음을 던지는 모노가타리라는 점도 염두에 두고 전개하고자 한다.

중세의 아주 뛰어난 겐지모노가타리 주석서인 『가카이쇼(河海抄)』(1362년 성립)는 다음과 같이 말하고 있다.

> 겐지모노가타리는 참으로 군신관계, 인의(仁義)의 도(道), 호색, 불심에 이르기까지 언급하지 않는 것이 없다. 그러한 내용들이 장자(莊子)의 우화와 같다고 해야 할 것이다. 말의 세련됨은 더할 나위 없다.

고풍스러운 표현이기는 하지만 겐지모노가타리의 광범위한 내용을 매우 간결하고 정확하게 말하고 있다. 천황과 신하의 관계, 사람으로서 올바른 길, 연애, 불도에 의한 구제라는 사항이 이야기되고 있다. 다시 말하면 왕권과 정치, 인륜, 연애, 종교가 주제이다.『가카이쇼』는, 겐지모노가타리가 연애담인 것은 사실이지만 인간의 살아가는 방식과 정치와 종교에 이르는 내용을 폭넓게 다룬 문학으로서 이해해야 한다고 지적하고 있다. 이러한 지적은 옳은 것이며, 이러한 폭넓은 분야를 다룬 문학으로서 감상할 수 있다는 사실이야말로 겐지모노가타리가 최상급의 문학이라는 증거이다.

"장자의 우화와 같다고 해야 할 것이다"라는 비평은 다소 난해하다. 장자는 고대 중국 도가(道家)의 사상가로, 우화라는 방법으로 인간과 사회를 비평했다. 이와 같은 방법이 겐지모노가타리에 사용되고 있다는 것이고, 이는 풍유(諷諭)의 방법을 가리키는 것이라고 이해하고자 한다. "말의 세련됨은 더할 나위 없다"라는 것은 문장 표현이 뛰어나다는 점을 지적한 것이다.

『가카이쇼』는 겐지모노가타리를 다의적이며 다면적인 구조체로서 이해하고 있는데, 이 책에서도 이 같은 관점에서 이야기를 전개하고자 한다.

독자에게 의미를 묻는다는 것

겐지모노가타리의 첫머리인 「기리쓰보」 권은 이렇게 시작된다.

어느 시대였던가. 뇨고(女御),[4] 고이(更衣)[5] 등 왕의 시중을 들고 있는 여인들 가운데 아주 귀한 신분은 아니지만 눈에 띄는 용모로 총애를 받는 여인이 있었다. —「기리쓰보(桐壺)」

현대어로 풀면, "어느 천황 때였던가. 뇨고, 고이 등 많은 여인 중에 그렇게 높은 신분은 아니지만, 각별하게 총애를 얻은 분이 있었다"라는 의미이다. 바로 이 천황이 기리쓰보(桐壺) 천황이고, 그가 총애한 여인이 기리쓰보노 고이(桐壺更衣)이며, 이 두 사람 사이에서 주인공 히카루 겐지가 태어났다.

유명한 구절인 "어느 시대였던가"가 의미하는 것은 무엇일까? 이것이 무엇을 의미한 것인가에 대해 중세의 주석서들은 계속하여 의문을 제기했다(『자명초紫明抄』, 1260년경 성립). "'어느 시대였던가'라고 말하는 것은 매우 불확실한 표현이다. 예로 들어야 할 천황은 어느 천황일까"라는 식으로 의문을 제기했다. 그리고 간무(桓武)[6] · 닌묘(仁明)[7] · 사가(嵯峨)[8] · 다이고(醍醐)[9] 천황을 거명하면서 어느 천황이 이야기 속의 기리쓰보 천황에 해당되는

4) 황후 다음의 위치로 천황의 침소에서 시중들던 고위직 여관. 헤이안 중기 이후에는 뇨고 중에서 황후를 책봉한다.
5) 뇨고의 다음 위치로 천황이 옷 갈아입는 일을 돕고, 천황의 침소에서 시중드는 일을 했다.
6) 제50대 천황, 781~806년 재위.
7) 사가 천황의 제2황자로 제54대 천황, 833~850년 재위.
8) 제52대 천황, 809~823년 재위.
9) 제60대 천황, 897~930년 재위.

가를 논했다.

기리쓰보 천황은 어떤 천황인가? 기리쓰보 천황 시대란 어떤 시대인가? 어떤 정치를 행했는가? 왜 "어느 시대였던가"라고 얼버무리는 표현을 했을까? 이것이 「기리쓰보」에 장치된 첫 번째 수수께끼이다. 기리쓰보 천황은 성군이라 일컬어진 다이고 천황을 모델로 한 것 같고, 기리쓰보 천황 시대는 다이고 천황의 성대(聖代)를 모방한 것으로 보인다. 다이고 천황의 연호가 엔기(延喜, 901~923)이므로 이와 같은 해석을 엔기준거설(延喜準據說)이라고 한다. 『가카이쇼』에 의해 정설로 굳어졌다. 이에 대해서는 뒤에서 논하기로 하겠다.

말할 나위 없이 이는 기리쓰보 천황 이야기를 모두 이해하고 나서야 내릴 수 있는 해석이다. 머리 부분의 한 구절은 이같이 의문을 불러일으키는 수수께끼 형식으로 되어 있다. 그러면 기리쓰보 천황을 다이고 천황을 준거로 설정했다고 할 경우, 그것은 어떤 의미를 갖게 될까. 이 점에 대해서는 제1장부터 검토하겠지만, 겐지모노가타리에는 그와 같은 의문을 환기시키는 구조가 자리 잡고 있다. 이 점이 겐지모노가타리의 중요한 특색이다.

기리쓰보노 고이의 입궐을 둘러싼 수수께끼

히카루 겐지의 어머니 기리쓰보노 고이는 입궐하여 기리쓰보 천황의 총애를 받았다. 두 번째 수수께끼는 기리쓰보노 고이의 입궐에 관한 것이다. 기리쓰보노 고이의 부친인 아제치노 다이나곤(按察大納言)[10]은 죽음을 앞두고 "어떻게든 이 여식의 입궐 문제는 반드시 성사시켜야 한다. 내가 죽었다고 해서 애석해 하며 마음이 해이해져서는 안 된다"라는 유언을 남겼다. 자신이 죽어도 고이의 입궐은 반드시 성사시켜야 한다는 것이다.

여기서 제기되는 수수께끼는 왜 다이나곤이 딸인 고이의 입궐 문제를 자신이 죽은 후에 실행시키려 했는가 하는 점이다. 다이나곤은 고이의 입궐로 무엇을 기대하고 있었을까. 당시 입궐은 한 가문이 번영하는 첩경이었으므로 고이를 입궐시키고자 했던 다이나곤의 목적은 고이가 황자를 낳고 그 황자가 즉위하여 다이나곤이 황자의 외척이 되는 것이었다고 보아야 할 것이다. 틀림없이 다이나곤 가문의 번영을 염원했기 때문일 것이다.

그런데 고이가 입궐한 것은 다이나곤이 사망한 후이며, 다이나곤 집안에는 대를 이을 남자가 없었기 때문에 고이가 낳은 황자가 즉위했다고 해도 다이나곤 가문은 단절될 수밖에 없었다. 그리고 실제로 고이는 히카루 겐지가 세 살 되던 해에 요절했고 다이나곤 집안은 후계자 없이 대가 끊겼다. 집안의 절손이 예견되었음에도 불구하고 고이를 입궐시킨 다이나곤의 의도는 무엇이었을까? 이러한 의문이 여기에 존재하고 있다. 이 수수께끼 풀기가 이야기의 중요한 주제를 형성해 간다. 후에 아카시(明石) 집안의 이야기가 그 주제를 이어받게 되는데, 아제치노 다이나곤의 유언은 장편 서사의 기점으로서 설정된 수수께끼인 셈이다.

10) 다이나곤은 정3위의 고관으로 우대신 다음가는 자리.

히카루 겐지의 '제왕의 상'이란 무엇인가

기리쓰보 천황은 히카루 황자가 일곱 살이 되었을 때 가끔 일본을 방문하던 고려[11]의 관상가에게 관상을 보게 했다. 그런데 천황은 히카루가 자신의 아들이라는 사실을 알리지 않았다. 관상가의 실력을 시험해 본 것이다.

관상가는 "히카루가 '제왕의 상(相)'을 갖고 있지만, 제왕이 되면 나라가 어지러워질 것"이라고 예언했다. 결코 '신하의 상'은 아니라고 강조했다.

관상가는 히카루가 천황의 아들이 아닌 우다이벤(右大辯)[12]의 아들이라고 들었기 때문에 그 아이가 '제왕의 상'을 갖고 있다는 사실에 놀라워하며 이상하게 생각했다. 고대 중국의 관념으로 말하자면, 신하의 아이가 제왕이 된다는 것은 역성 혁명을 의미한다. 새로운 왕조가 탄생하는 것이다. 관상가는 그렇게 생각했던 것이다.

관상가의 말을 듣고 난 후 기리쓰보 천황은 히카루를 신하의 적(籍)에 올리고 겐지라는 성(姓)을 하사했다.

이로써 히카루 겐지가 탄생한다.

기리쓰보 천황은 히카루가 제왕이 되면 나라가 어지러워질 것이라는 예언에 따라 이를 피하고자 히카루를 신하로 강등했다. 그런데 여기에서 새로운 문제가 생긴다. 신하로 강등된 겐지가 어떻

11) 여기서의 고려는 발해국의 사신으로 생각된다(이하 '고려' 동일 설명).

12) 종4위의 벼슬.

게 '제왕의 상'을 성취하는가 하는 것이다. 황자여도 일단 신하로 강등되면 제왕이 되는 일은 보통 있을 수 없다. 이야기는 히카루 겐지가 어떻게 '제왕의 상'을 성취하는가를 추적한다. 이것이 세 번째 수수께끼이다. 여기서부터 히카루 겐지의 비일상적인 왕권의 이야기가 시작된다.

「장한가」 인용의 의미

기리쓰보 천황과 기리쓰보노 고이를 주인공으로 한 이야기 여러 부분에는 중국 당나라의 시인 백거이(白居易, 772~846)가 쓴 「장한가(長恨歌)」가 인용되어 있다. 「장한가」는 당나라의 황제 현종이 양귀비를 총애해 양씨 일족의 전횡을 못 본 척하였기에 안록산의 난을 불러일으켰으며, 난중에 양귀비는 죽고 현종은 수도 장안에서 쫓겨났다는 역사적 사실에 근거하여 만들어진 노래이다.

겐지모노가타리는 고이에 대한 기리쓰보 천황의 총애가 후궁의 서열을 무시해 궤도를 이탈했기 때문에 궁궐에서 신하들이 양귀비의 예를 상기시키며 천황을 비난했다고 기술하고 있다.

또한 기리쓰보 천황이 고이를 잃은 슬픔을 양귀비를 잃은 현종의 슬픔과 중첩시켜 묘사하고 있다.

> 영혼을 찾아가는 환술사가 있었으면 그를 의지해 그대 넋이 있는 곳을 찾을 수 있을 텐데. —「桐壺」

이 노래는 「장한가」를 인용한 애상가(哀傷歌)[13]이다. 「장한가」에서는 비탄에 잠긴 현종을 위해 도사(道士)가 방사(方士)라는 자를 파견하여 땅속에서 하늘 저편까지 죽은 양귀비가 사는 곳을 찾게 한다. 방사는 봉래궁(蓬萊宮)에 있는 양귀비를 찾아가 유품을 가지고 돌아온다. 그 한 구절을 인용하여 기리쓰보 천황은 그와 같은 "도사가 있다면 고이의 넋이 있는 곳을 알 수 있는데"라고 노래한다.

장한가는 "天長地久有時盡 此恨綿綿無絕期"라는 구절로 끝난다. "천지는 영원하다 해도 다할 때가 있지만, 사랑하는 사람을 잃은 한은 그칠 줄을 모른다"라는 내용이다. 기리쓰보 천황에게 고이를 잃은 것은 영원히 계속되어 그칠 줄 모르는 장한(長恨), 즉 오래된 한 그 자체였던 것이다.

그러나 그로부터 수년 후 고이를 빼닮은 후지쓰보(藤壺)가 입궐하자 천황은 서서히 슬픔을 극복해 낸다. 천황의 고이에 대한 장한의 슬픔은 치유된 것일까? 여기서부터 네 번째 수수께끼가 시작된다. 겐지모노가타리에는 등장인물과 꼭 빼닮은 사람이 많이 등장하는데, 장한의 슬픔이 꼭 빼닮은 사람에 의해 치유될 수 있을까? 기리쓰보 천황은 치유된 것 같지만 이 '장한'과 '대리 역할'의 이야기는 히카루 겐지에게도 되풀이되고 '우지 10첩(宇治十帖)'[14]편에 등장하는 가오루(薰)의 경우에도 이어지면서 그들의

13) 죽은 자를 추도하며 부르는 노래.

14) 겐지모노가타리 54첩 가운데 마지막 10첩, 즉 3부에 해당하는 부분. 겐지가 죽은 후의 이야기로, 우지가 무대가 되어 가오루의 반생을 그린다.

인생에 무거운 과제가 된다. 겐지모노가타리는 이 문제를 통해 무엇을 이야기하려 한 것일까?

겐지모노가타리를 어떻게 읽을 것인가

앞에서 본 네 가지 수수께끼는 모두 「기리쓰보」 권에 속해 있다. 이 수수께끼는 이후의 이야기 전개 과정에서 하나하나 규명된다. 이는 「기리쓰보」 권이 장편 서사의 시발점에 어울리는 구상의 핵심을 분명히 내포하고 있다는 점을 뜻한다. 이런 의미에서 「기리쓰보」 권은 매우 중요하다.

동시에 이들은 겐지모노가타리가 복수의 주제를 제시하고 있는 소우주이며 다의적 · 다면적인 구조의 작품임을 보여 주고 있다. 이러한 작품을 읽어 내는 중요한 방법은 작품 세계에 동화되어 작품의 논리를 추체험적으로 그리고 내재적으로 해석하는 일이다. 겐지모노가타리는 이런 식으로 접근하지 않으면 난해한 작품이 되고 만다. 이 책에서는 겐지모노가타리를 읽어 내는 방법으로 중세와 근세의 겐지모노가타리 주석서를 활용하고자 한다. 중세와 근세의 주석서를 참고하면 겐지모노가타리의 해석이 보다 정확하고 엄밀해지기 때문이다. 그뿐만 아니라 과거의 주석서에는 현대의 우리가 깨닫지 못하는 전통적인 관념이나 논리가 살아 숨쉬고 있다. 이를 활용함으로써 겐지모노가타리 세계의 역사적인 배경, 그 무게와 깊이를 구체적으로 이해할 수 있을 것이다.

제1장 기리쓰보 천황의 모노가타리

고려에서 건너온 관상가에게 관상을 보는 장면(「기리쓰보桐壺」). 일곱 살 난 겐지가 중앙에 앉아 있고 왼쪽이 관상가, 오른쪽이 우다이벤이다. ―교토국립박물관 소장, 도사노 미쓰요시(土佐光吉)의 그림 「겐지모노가타리 화첩」에서

모노가타리 개요

겐지모노가타리는 「기리쓰보」 권에서 시작된다. 기리쓰보는 궁궐의 후궁 전각의 하나로서 시게이샤의 별칭이다. 히카루 겐지의 어머니는 이 기리쓰보에서 생활한 고이라는 신분의 비였기 때문에 기리쓰보노 고이라고 불린다. 기리쓰보 천황은 이 기리쓰보노 고이를 총애하게 되어 불린 이름이며, 작가의 명명이기도 하다. 기리쓰보 천황은 신분이 그다지 높지 않은 기리쓰보노 고이를 총애했지만, 이 사실이 화근이 되어 고이는 다른 후궁들의 원망의 표적이 되고, 황자인 히카루 기미를 낳지만 그가 세 살 되던 해 여름 갑자기 숨을 거둔다. 히카루 기미란 이름은 고려에서 건너온 관상가가 붙여 준 이름이며, 사람들은 그의 아름다운 모습을 찬미하여 그렇게 부른다. 기리쓰보 천황의 슬픔은 깊었으나, 수년 후 고이와 아주 닮은 후지쓰보노 뇨고를 맞아들여 히카루 기미와 친하게 지내도록 한다. 후지쓰보는 히교샤라는 전각의 다른 이름으로, 그곳에 거주한 뇨고이기 때문에 후지쓰보노 뇨고라고 한다. 뇨고는 고이보다 높은 신분의 비를 가리킨다. '제왕의 상'을 지니고 있다고 점쳐진 히카루 기미였지만, 기리쓰보 천황은 신하로 강등시켜 겐지 성을 부여해 히카루 겐지가 열두 살 되던 해에 좌대신 집안의 아오이노 우에와 결혼시켰다. 기리쓰보 천황은 좌대신과 연대하여 문화 융성의 전성기를 구축한다. 한편 히카루 겐지는 후지쓰보노 뇨고에 대한 사모의 정으로 번민한다.

—「기리쓰보(桐壺)」·「와카무라사키(若紫)」·「모미지노가(紅葉賀)」·「하나노엔(花宴)」·「사카키(賢木)」

1. 기리쓰보 천황은 어떤 천황인가

모노가타리의 서두

겐지모노가타리(源氏物語)는 주인공인 히카루 겐지(光源氏)의 탄생에 앞서, 그의 양친의 모노가타리를 상세히 그리고 있다. 겐지모노가타리는 왜 히카루 겐지의 양친, 기리쓰보(桐壺) 천황과 기리쓰보노 고이(桐壺更衣)의 모노가타리로부터 시작되는가? 헤이안 시대(794~1192)의 모노가타리는 주인공의 양친을 소개하는 것으로 시작되는 경우가 많았다. 그것은 주인공의 신분이나 처지를 소개하기 위한 것이다. 그러나 기리쓰보 천황과 기리쓰보노 고이의 모노가타리는 이 정도의 설명만으로는 이해하기 힘들다. 기리쓰보 천황과 고이의 모노가타리는 두 사람의 이야기이며 또한 기리쓰보 천황에게는 천황으로서의 존재 방식을 묻고 있다. 기리쓰보노 고이에게는 고인이 된 그녀의 부친 아제치노 다이나곤(按察大納言)의 유언이 마음에 부담으로 있었다.

이와 같은 양친의 인생이 히카루 겐지의 인생에 깊숙이 관련을 맺고 있기 때문이다. 겐지모노가타리는 처음부터 동시대의 모노가타리를 그 수준에서 초월하려는 의욕과 야심을 가지고 있었다.

기리쓰보 천황의 시련

기리쓰보 천황의 후궁에는 우대신[1] 집안의 고키덴노 뇨고(弘

徽殿女御)를 비롯하여 많은 유력한 뇨고와 고이가 입궐해 있었다. 그런데 천황은 다른 여인들은 돌아보지 않고 별로 신분이 높지 않은 기리쓰보노 고이를 열렬히 사랑했다. 이것은 후궁의 서열이나 규정을 무시하는 것으로서 비난받을 일이었다. "중국에서도 이러한 사건이 일어나 세상이 어지러웠다"든지 '양귀비의 예'(「기리쓰보桐壺」)라는 식으로 국정의 혼란뿐만 아니라, 천하대란으로 이어지기 쉽다는 식의 평판이 돌기 시작했다. 모노가타리는 이렇게 시작된다.

프롤로그에서도 언급했지만, 중세를 대표하는 겐지모노가타리의 주석서인 『가카이쇼(河海抄)』는 이 부분에 대하여 "은(殷)의 주왕(紂王)은 달기(妲己)를 사랑하고, 주(周)의 유왕(幽王)은 포사(褒姒)를 총애했기 때문에 천하가 어지러워졌다. 현종(玄宗)과 양귀비의 예도 이와 똑같고, 그러한 예는 수없이 많다"라고 주석을 달고 있다. 고이에 대한 기리쓰보 천황의 총애는 이렇듯 궁정 귀족들이 중국의 역사적 사실을 거론하면서까지 비판했던 문제였던 것이다.

하지만 고이에 대한 기리쓰보 천황의 총애가 과연 천하의 혼란을 일으킬 정도의 일이었을까? 왠지 부당하다는 생각이 들며, 너무 과장해 비난하고 있다는 인상이 강하다.

이와 같은 비난의 소리는 상류 귀족이나 당상관이라는 궁정 귀족층으로부터 나왔다. 이는 무엇을 의미하고 있는 것일까? 기

1) 정2위에 해당하는 고위관직. 태정대신 다음가는 벼슬로 좌대신과 같은 직위.

리쓰보 천황에게는 부친인 상황(이치노인一院)이 생존해 있었음에도 불구하고 이처럼 과장된 비난의 소리가 나왔는데, 이는 결코 흔한 일이 아니다. 이는 기리쓰보 천황의 권위가 확립되어 있지 않았을 뿐만 아니라, 기리쓰보 천황의 황통이 궁정 귀족들로부터 충분한 지지를 얻고 있지 못했음을 추측하게 한다.

기리쓰보 천황의 이야기는 이와 같이 그의 왕권이 불안정한 상태에서 시작되었다고 볼 수 있다. 기리쓰보 천황이 동궁으로 있었던 시절에 우대신 집안의 고키덴노 뇨고가 입궐하여 제1황자를 낳았는데, 기리쓰보노 고이는 그후에 입궐한 것이었다. 우대신 집안은 제1황자(후의 스자쿠朱雀 천황)의 즉위를 가능한 한 빨리 실현하여 외척으로서 섭관 가문이 되는 것을 목표로 삼고 있었다. 기리쓰보 천황이 고이를 총애한 것을 비난한 중심에는 우대신 집안의 세력이 있었던 것이 틀림없다. 기리쓰보 천황은 고이를 총애함으로써 외척으로 섭관 가문이 되려고 한 권세가를 배척하고, 친정(親政)을 구현하려고 했다고 생각할 수 있다.

기리쓰보노 고이가 사망한 후에는 선황(先皇)의 내친왕[2)]인 후지쓰보(藤壺)를 입궐시켜 주구(中宮 : 정식 황후)로 삼은 사실에서 알 수 있는 것과 같이, 우대신 · 고키덴노 뇨고의 세력을 제압하는 것이 기리쓰보 천황의 일관된 방침이었다. 고키덴이 낳은 제1황자가 아니라 히카루 기미를 동궁으로 세우려 하고, 또한 스

2) 율령제에서 천황의 자매 · 황녀를 내친왕이라고 한다. 반면 천황의 형제 · 황자는 친황이라고 한다.

자쿠 천황에게 양위할 때에는 후지쓰보가 낳은 황자(후의 레이제이冷泉 천황)를 동궁으로 세운 것도, 이들 황자에게는 외척 세력이 부재하고 즉위하면 곧 친정을 실현할 수 있다고 확실하게 기대할 수 있었기 때문이다. 기리쓰보 천황의 비에 대한 총애가 처음부터 그러한 정치적인 의도를 갖고 행해졌던 것은 아닐 테지만, 결과로 보면 기리쓰보 천황의 사랑은 정치적이었다고 할 수 있다.

정치와 불가분의 사랑

천황의 사랑은 정치와 불가분의 관계라는 현실을 모노가타리는 이야기하고 있다. 고키덴노 뇨고는 기리쓰보 천황의 동궁 시절에 입궐해, 제1황자 외에도 황녀들을 두고 있었기 때문에 천황은 누구보다 그녀를 존중하고 있었다. 그러나 후에 입궐한 기리쓰보노 고이를 사랑한 기리쓰보 천황은 히카루 기미가 태어나자, 제1황자보다 히카루 기미를 동궁으로 세우고자 했다. 이러한 점이 고키덴노 뇨고를 의심과 초조로 불안하게 만들었다. 그렇지만 그런 속에서 그녀는 천황에게 반발하거나 원망하는 것이 아니고 간언을 했다. 기리쓰보 천황은 고키덴노 뇨고의 간언을 귀찮고 번거롭게, 또한 거북스럽게 생각하고 있었다.

이 간언의 내용은 언급되어 있지 않지만, 기리쓰보 천황의 고이에 대한 총애와 태자 옹립에 관해 후궁의 질서 내지는 태자 옹립의 관례를 들어 조리 있게 도리를 설명했을 것이다. 단지 감정적인 반발이나 원한 섞인 말로만으로 간언은 불가능하다. 천황에 대해 간언을 했다는 점을 보면 고키덴노 뇨고는 정치적 수완이 있는 여자였다고 볼 수 있다. 이것이 바로 기리쓰보 천황이 그녀를 귀찮게 생각한 이유일 것이다.

「여후 본기」와 고키덴노 뇨고

겐지모노가타리의 고주석(古注釋)을 집대성한 『민고닛소(岷江入楚)』(1598년 성립)는 고키덴노 뇨고의 간언 부분에서 중국의 역사서인 『사기(史記)』「여후본기(呂后本紀)」의 여후의 고사를 인용한다. 여후는 인품이 강건하며, 한(漢)의 고조(高祖)를 도와 천하통일에 공적을 남긴 여걸로 고조가 젊었을 때에 결혼하여 혜제(惠帝)를 두었다. 하지만 후에 고조가 척 부인을 총애해 그 자식인 여의(如意)를 즉위시키려고 했을 때에 네 명의 현자(賢者)를 후견인으로 내세워 혜제를 즉위시켰다. 이러한 고조—여후—척 부인의 관계가 모노가타리에서는 기리쓰보 천황—고키덴노 뇨고—기리쓰보노 고이로 대치되고, 혜제—여의의 관계가 스자쿠 천황—히카루 겐지로 대치되어 있다. 말하자면 고조의 척부인에 대한 총애와 태자 옹립의 갈등이 기리쓰보노 고이에 대한 총애와 태자 옹립의 갈등으로 중첩되어 있는 것이다.

「여후본기」의 인용은 뒤에 이어지는 「사카키(賢木)」 권에서도 기리쓰보 상황이 먼저 죽고 남겨진 후지쓰보가 자신의 입장을 척부인과 비교하는 대목을 볼 수 있다. 이처럼 여후를 인용함으로써, 기리쓰보 천황에게 간언하는 고키덴노 뇨고의 강인한 성

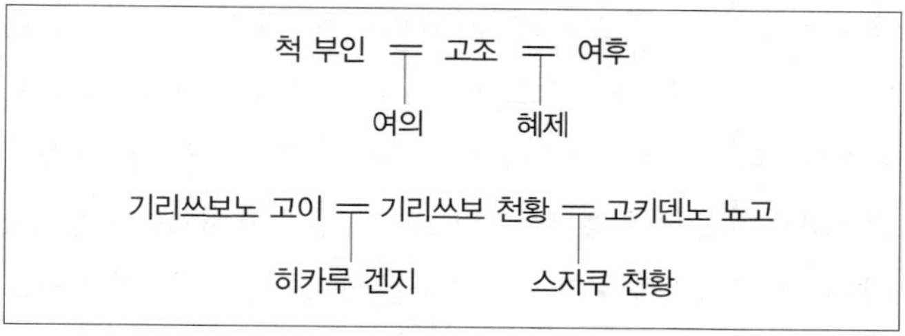

격이나 정치적 능력이 부각된다. 『민고닛소』는 여후에 대해 "성격이 강하고 여자 같지 않고 독살스러운 사람이다"라고 평하고 있는데, 이는 그대로 고키덴에 대한 평과 일치한다.

기리쓰보노 고이를 잃고 기리쓰보 천황이 비탄에 잠겨 있을 때에 고키덴노 뇨고는 보라는 듯이 밤늦게까지 관현악 놀이를 즐겨 천황을 불쾌하게 만들었다. 이러한 고키덴의 성격에 대해 모노가타리 해설자는 "고집이 세고 모난 데가 있는 여자로 고이를 잃은 천황의 슬픔 따위는 아예 무시하는 듯이 행동하고 있다"(「桐壺」)라고 비난한다. 이에 대해 『민고닛소』는 "고키덴의 성격은 여태후를 닮았다"라고 서술하고 있다. 지적한 대로일 것이다. 그렇지만 고키덴노 뇨고의 성미가 과격했다고 할지라도, 이 시기의 기리쓰보 천황은 참고 있을 수밖에 없을 정도로 심약했다. 이는 곧 기리쓰보 천황 권력의 취약성이라고도 할 수 있다.

친정의 개화

이러한 상황도 고키덴노 뇨고의 제1황자가 동궁이 됨에 따라

우대신 집안과 기리쓰보 천황의 대립이 완화되어 서서히 변화한다. 나아가 후지쓰보노 뇨고(藤壺女御)의 입궐로 인해 기리쓰보 천황의 후궁도 새로 재편성된다. 후지쓰보는 죽은 기리쓰보노 고이와 아주 닮았기 때문에 기리쓰보 천황은 후지쓰보를 총애했지만, 그녀는 전(前) 천황의 공주라는 고귀한 신분이어서 누구도 비난할 수 없었다. 기리쓰보 천황의 후궁은 후지쓰보를 중심으로 하는 서열로 재편성되었다. 게다가 열두 살이 된 히카루 겐지가 좌대신 집안의 딸인 아오이노 우에(葵の上)와 결혼하여 기리쓰보 천황과 좌대신과의 연대 관계가 성립되고, 이는 우대신 집안의 세력을 압도했다. 이 시점에서 기리쓰보 천황의 왕권은 안정을 찾는다. 즉위 후 십수년이 지나서였다.

이후 양위까지 10년 정도의 기간 동안 기리쓰보 천황은 친정의 전성기를 맞이한다. 부황(父皇)인 이치노인을 위해 기리쓰보 천황이 스자쿠인(朱雀院)[3]에서 주최한 단풍 연회나 시신덴(紫宸殿)[4]에서의 벚꽃 연회는 성대한 무악(舞樂)과 시작(詩作)의 행사로 문화 융성의 시대가 도래함을 알리고 있었다. 무엇보다도 기리쓰보 천황의 권력이 확립되었음을 단적으로 나타내는 것은 후지쓰보를 황후로 옹립한 사건이었다. 세간에서는 12년 넘게 동궁의 어머니였던 고키덴노 뇨고를 제치고 후지쓰보를 황후 자리에 앉혀서는 안 된다는 비판이 있었다. 하지만 기리쓰보 천황은 이때

3) 천황에 있던 사람이 양위하면 '인(院)'이라는 창호를 사용했다.
4) 시시덴이라고도 불리며 헤이안 시대 궁궐의 정전으로 천황이 정무를 보던 곳.

는 그러한 비판을 제압할 수 있는 힘을 충분히 갖추고 있었다.

기리쓰보 천황 — 다이고와 우다를 본떠 인물 설정

기리쓰보 천황의 이야기는 역대 천황들과 관계가 깊다. 엔기 준거설에 의하면 기리쓰보 천황은 다이고(醍醐) 천황을 모델로 삼았다고 생각되는데, 우선 그 근거를 작품 속에서 확인해 보도록 하자.

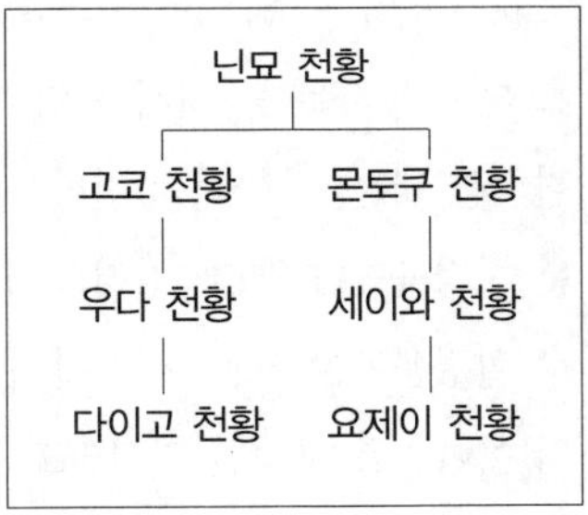

기리쓰보노 고이를 잃고 나서 슬픔에 빠져 있는 기리쓰보 천황은 우다(宇多) 천황[5]이 만들게 한 「장한가」의 화첩을 자주 감상했다. 그리고 기리쓰보 천황은 우다 천황이 아들인 다이고 천황에게 양위할 때 넘겨준 『관평어유계(寬平御遺誡)』에 따라서 행동하고 있다. 우다 천황은 다이고 천황의 아버지인데, 기리쓰보 천황은 마치 우다 천황의 아들인 것처럼 설정되어 있다. 이것이 기리쓰보 천황을 다이고 천황으로 비정(比定)하는 근거이다.

그러나 기리쓰보 천황이 우대신 집안과 심하게 대립하는 이야기는 다이고 천황과의 유사점이라기보다는 우다 천황과의 공통

5) 제59대 천황, 887~897년 재위.

점이라는 점에서 주목된다. 우다 천황은 부왕 고코(光孝) 천황[6]이 죽은 후 스물한 살의 나이로 즉위했으며, 청년 천황답게 후지와라노 요시후사(藤原良房) · 후지와라노 모토쓰네(藤原基経)에 의한 섭관 정치가 계승된 몬토쿠(文德)[7]— 세이와(清和)[8]— 요제이(陽成) 천황[9]들과는 달리 친정에 의욕을 보였다. 이것이 원인이 되어 모토쓰네가 죽을 때까지 3년 넘게 심한 대립을 계속하였다.

모토쓰네가 죽은 후 우다 천황은 스가와라노 미치자네(菅原道眞)를 등용하는 등 전례를 의식하지 않는 정치를 행하여 친정의 결실을 맺는다. 다이고 천황은 부왕 우다 천황이 기반을 확립해 둔 친정을 답습했다. 기리쓰보 천황이 친정을 목표로 하는 인물로 설정된 이야기는 이와 같이 새로운 정치를 목표로 하는 천황의 이야기를 구상한 것이라고 보아도 될 것이다. 기리쓰보 천황의 즉위도 스무 살 전후라고 여겨지며, 청년 천황다운 친정에 대한 의욕을 펼쳐 외척이 되어 섭관가를 목표로 하는 우대신 집안의 세력과 대립한다. 이런 점에서 기리쓰보 천황의 이야기가 다이고 천황의 치적에 근거를 두고 있을 뿐만 아니라, 우다 천황과 공통되는 점이 있다는 사실에 주목할 필요가 있다.

기리쓰보 천황과 우다 천황의 공통점을 알아보려면 특히 「스

6) 제58대 천황, 884~887년 재위.
7) 제55대 천황, 850~858년 재위.
8) 제56대 천황, 858~876년 재위.
9) 제57대 천황, 876~884년 재위.

에쓰무하나(末摘花)」 권에 나오는 남성 답가(踏歌)[10]에 주목해야 한다. 『가카이쇼』에 의하면 이 행사는 쇼무(聖武) 천황[11]이 덴표(天平) 원년(729) 정월 열나흘에 처음으로 시행한 정월의 연중행사였다. 가인(歌人) · 무인(舞人)들이 세이료덴(淸涼殿)[12]의 동편 정원에서 답가를 하고, 천황에게 축사를 바치고 나서 궁중을 나와 상황(上皇)이 살고 있는 곳을 돌아 새벽녘에 궁중으로 되돌아온다. 닌묘(仁明) 천황의 시대까지 행해졌지만 몬토쿠 · 세이와 · 요제이 · 고코의 4대에는 끊겼는데 우다 천황 시절에 '조와(承和 : 닌묘 천황의 연호로 834~848) 시대의 구풍'을 부흥시켰다. '신년의 축사, 여러 대에 걸쳐 남은 미풍'(『연중행사비초年中行事秘抄』)이라고 칭찬받던 행사이다. '조와 시대의 구풍'의 부흥이란, 닌묘 천황의 유풍을 계승하여 몬토쿠 · 세이와 · 요제이 · 고코의 옛 황통과는 다른 새로운 황통의 역사를 열려는 우다 천황의 의욕의 표현이었다. 기리쓰보 천황이 남성 답가를 행하고 있는 것도 그런 의미에서 주목된다.

나아가 우다 천황과 기리쓰보 천황을 비교하면, 우다 천황은 양위 후에도 정치적으로 관여를 하면서 다이고 천황을 간섭한 것이 분명한데, 기리쓰보 천황도 양위 후 스자쿠 천황에 대해 그와 같은 권위를 행사하고 있다. "기리쓰보 상황은 자리를 물려주

10) 정월 열나흗날, 노래가 뛰어난 사람을 불러 궁궐이나 상류 귀족들의 저택을 돌며 신년 축가를 부르고 춤을 추게 하는 행사.

11) 제45대 천황, 724~758년 재위.

12) 천황이 늘 상주해 있으면서 기거하는 곳.

었다고는 하지만 마치 자신의 치세와 같이 행세하셨다"(「사카키賢木」)라는 부분에 잘 드러나 있다. 우다의 『관평어유계』와 기리쓰보 천황의 유언도 유사하다. 기리쓰보 천황과 우다 천황의 공통점은 의외로 많다.

엔기준거설은 기리쓰보 조정을 태평성대로 보고 이해하는 데에는 유익하다. 그러나 기리쓰보 천황의 이야기 전체를 바라보면 엔기준거설만으로 설명하기에는 불충분하고 우다 천황의 치세와 연관지어 이해해야 한다. 우다 천황과 대비해 보면 기리쓰보 천황이 친정을 목표로 한 천황이라는 성격은 더욱 선명해진다.

기리쓰보노 고이와 후지와라노 사와코

우다 천황이 존중했던 닌묘 천황의 뇨고(女御) 후지와라노 사와코(藤原沢子)의 전기가 기리쓰보노 고이의 경력과 아주 흡사하다. 사와코는 후지와라노 후사쓰구(藤原総継)의 딸로 닌묘 천황의 총애를 한 몸에 받아 황자 셋과 황녀 하나를 두지만 돌연 병이 들어 궁궐을 떠나 사망하게 된다. 천황은 이를 애도하여 3위의 관직을 내리고, 장례식을 감독·보호하게 했다. 『속일본후기(續日本後紀)』의 사와코 소쓰덴(卒伝)[13]에는 다음과 같이 기록되어 있다.

13) 4위와 5위 귀족의 약력.

뇨고 종4위하(従4位下)의 후지와라노 사와코 죽다. 고인이 된 기이(紀伊)의 수령 종5위하 후사쓰구의 딸이다. 천황은 이를 맞아들여 황자 셋과 황녀 하나를 두었다. 총애가 대단했던바 후궁 중에 가장 사랑받았다. 갑자기 병이 나 위독해져 작은 인력거에 태워 궁궐 밖으로 나가 고향집에 이르자 숨이 끊어졌다. 천황은 이를 애도해 관리를 보내 종3위를 하사했다. 사교노 다이부(左京大夫)…(중략)…후지와라노 후미야마(藤原文山), 쇼나곤(少納言)…(중략)…후지와라노 아키쓰네(藤原秋常) 등 모두 장례식을 보호·감독하다.

—839년 6월 30일 조(條)

기리쓰보노 고이는 기리쓰보 천황의 총애를 독점하다가 히카루 황자가 세 살 되던 해에 갑자기 병세가 악화되어 인력거로 궁궐을 나서 그날 밤 죽었다. 천황의 슬픔은 말할 나위 없었다. 천황은 장례식 때 고이에게 3위를 하사했다.

고이의 경력은 사와코의 경력과 똑같다. 이례적인 일이지만 고이의 장례식도 기리쓰보 천황이 파견한 관리들이 행하고 감독했을 것이다. 기리쓰보노 고이의 전기를 쓰면 사와코와 거의 같은 내용이 될 것이다.

사와코의 부친인 후지와라노 후사쓰구의 관직은 '기이의 수령 종5위하'이기 때문에 고이의 부친 다이나곤보다 훨씬 낮지만, 조부는 후지와라 북인 가문의 파벌로 좌대신 자리에까지 오른 우오나(魚名, 721~783)로서 명망 있는 사람이었다. 그러나 우오나의 좌천 사건으로 몰락했다. 사와코의 자매인 오토하루(乙春)

는 북인 가문의 나가라(長良)에게 시집가서 후에 관백[14]이 된 모토쓰네와 세이와 황후가 된 다카이코(高子)를 낳았다. 이와 같이 후사쓰구의 집안은 그의 관직으로만 평가할 수는 없다. 오히려 후사쓰구가 장수했다면 지방 수령으로만 끝나지는 않았을 것이다. 후사쓰구는 사와코의 입궐을 전후로 죽었을 가능성이 있다. 사와코의 전례는 고이 이야기를 낳게 된 준거가 되었다고 볼 수 있다. 기리쓰보노 고이의 인생은 결코 허구의 이야기가 아니라 헤이안 시대의 역사적 현실 속에 존재한 이야기인 셈이다.

닌묘 천황의 태평성대에 비유되다

기리쓰보노 고이가 낳은 히카루 황자는 일곱 살 때 고려의 관상가에게서 '제왕이 될 상'을 가지고 있다는 말을 들었고 일본의 관상가도 같은 예언을 했다. 사와코가 낳은 도키야스(時康) 황자(후의 고코光孝 천황)는 열아홉 살 때 발해국의 대사 왕문거(王文距)로부터 "이 황자는 고귀한 상을 하고 있다. 반드시 천황의 자리에 오를 것이다"라는 예언을 들었고, 관상을 잘 보는 후지와라노 나카나오(藤原仲直)도 같은 예언을 했다는 기록이 『삼대실록(三代実録)』의 「고코 천황 즉위 전기(光孝天皇即位前紀)」에 있다. 각각의 황자들이 '제왕이 될 상'을 가졌다는 이야기는 기리쓰보노 고이와 사와코의 유사점이지만, 기리쓰보 천황을 중심으로

14) 헤이안 시대 이후 천황을 보좌해서 정권을 집행한 고위직.

보면 기리쓰보 천황의 시대는 닌묘 천황의 시대에 비유된다.

실제로 「하나노엔(花宴)」에서 시신덴의 벚꽃 연회의 성대함에 감동한 좌대신은 그 성대함이 닌묘 조정을 생각게 한다며, 천황의 부름을 받아 장수를 비는 춤을 추며 문화 융성을 기린 오와리노 하마누시(尾張浜主)라는 백 살을 넘긴 악인(樂人)의 고사를 인용해, 자신을 그에 견주어 "노인장도 금방 춤이라도 출 것 같은 마음이 들었다"라고 이야기했다. 좌대신은 기리쓰보 천황의 시대를 닌묘 천황의 시대에 비유했다. 뛰어난 한시문이 읽히고 훌륭한 무악이 선보인 벚꽃 연회는 태평성대의 증거였다. 닌묘 조정은 궁중 행사, 종교 행사, 문화 문물의 전파, 과거의 사실이나 선례 등 광범위한 영역에 걸쳐 궁정 문화를 진흥시켰으며 '조와 시대의 구풍' 또는 '조와 시대의 고사(故事)'라고 하여 후대에 전범(典範)이 되었다.

겐지모노가타리는 기리쓰보 천황의 시대를 닌묘, 우다, 다이고라는 3대를 중복시켜 구상했다고 보아도 될 것이다. 후대에 왕조의 규범이 된 천황의 시대를 선택해 기리쓰보 천황의 이야기를 구성했다고 생각된다. 엔기준거설만으로 기리쓰보 천황의 이야기는 충분히 이해할 수 없다. 기리쓰보 천황의 이야기는 친정을 목표로 한 젊고 의욕적인 천황의 이야기로 시작된 것이다.

2. 히카루 겐지의 탄생

기리쓰보노 고이와 대리 역할을 하는 후지쓰보의 등장

기리쓰보 천황이 고이를 총애함에 따라 심한 비난이 야기되었다. 이러한 비난은 천황의 친정을 제압하려는 유력 귀족의 정치적인 의도와 무관하지 않았다. 기리쓰보 천황은 비난에 저항하며 고이를 계속 사랑했다. 그 때문에 고이를 잃은 슬픔은 더욱 깊었다. 기리쓰보 천황은 서두에서 이야기한 바와 같이「장한가」를 인용하여 "영혼을 찾아가는 환술사라도 있었으면 그를 의지해 그대 넋이 있는 곳을 찾을 수 있을 텐데"라고 노래를 읊은 것처럼, 스스로를 당나라 현종 황제에 견주었다.「장한가」화첩을 가까이하는 것도 그와 같은 연유에서였다. 기리쓰보 천황과 고이의 이야기는 기리쓰보 천황 자신이「장한가」의 세계를 추체험(追体驗)하고 있다.

뿐만 아니라 백거이의「이 부인(李夫人)」도 인용되고 있다.「이 부인」은 풍유시(諷諭詩)이다. '이 부인'을 잃은 한나라 무제(武帝)의 슬픔을 성희(盛姬)를 잃은 주나라의 목왕(穆王)이나 양귀비를 잃은 현종 황제의 슬픔에 빗대어 노래한 것으로, 미인의 아름다운 모습이나 육체는 흙으로 돌아가도 죽은 미인을 생각하는 회한은 영원히 사라지는 일 없이 생전과 다름없이 사후에도 방황한다고 읊고 있다. 미인에 빠져 방황한 무제를 거울삼아서 후세의 천자를 훈계했다.

기리쓰보 천황은 고이를 향한 사랑 때문에 방황했을 뿐 아니라, 고이의 사후에는 정무도 팽개치고 돌보지 않아 궁정 귀족들로부터 비판을 받았다. 기리쓰보 천황과 고이의 이야기는 표면에 드러나지는 않지만, 「이 부인」을 전거로 만들어진 것이 확실하다.

그런데 「장한가」를 추체험적으로 음미하고 있던 기리쓰보 천황은 같은 주제의 「이 부인」도 음미하고 있었음에 틀림없다. 하지만 「이 부인」의 풍유적 의미를 깨달았을 때 다시 잘해 보려고 했을 것이다. 그것은 천황으로서의 자각이다.

기리쓰보노 고이가 사망하고 5~6년이 지나 고이를 쏙 빼닮은 후지쓰보가 입궐하면서 기리쓰보 천황은 전환점을 맞이한다. 후지쓰보가 고이와 닮은 것은 우연이지만, 얼굴 생김새나 모습이 닮았다는 이유로 후지쓰보는 천황의 총애를 한 몸에 받게 되었다. 천황은 후지쓰보에 의해 고이를 잃은 슬픔에서 해방되었다. 후지쓰보는 기리쓰보노 고이의 역할을 대신 수행한 것이며, 이로써 기리쓰보 천황은 소생했다.

겐지모노가타리는 이처럼 '오래된 한'과 '대리 역할'의 테마를 반복한다. 히카루 겐지가 후지쓰보를 이상적인 여인으로 동경한 것은 '오래된 한'에 대한 대리 보상 심리에서이다. 겐지의 후지쓰보를 향한 사랑은 현세에서는 용서받을 수 없는 사랑으로서 영원한 회한이었음에 틀림없다. 「장한가」와 「이 부인」에서 다룬 사랑하는 사람을 잃은 한을 사랑하는 사람과 만날 수 없는 한으로 대신한 것이다. 후에 무라사키노 우에(紫の上)가 대리 역할로

등장하는 것도 이미 예정된 것이었다.

기리쓰보 천황과 기리쓰보노 고이 그리고 후지쓰보에 대한 관계는 겐지모노가타리에 있어서 '장한'과 '대리 역할'을 테마로 한 이야기의 원형이라 할 수 있다. 기리쓰보 천황이 보인 사랑의 궤적을 히카루 겐지 역시 마치 그대로 모방이라도 하는 것처럼 살아간다.

'제왕의 상'을 가진 신하 이야기

이야기를 원래로 되돌려 보자. 기리쓰보 천황의 총애를 독점한 기리쓰보노 고이였지만 히카루 황자가 세 살 되던 해 여름, 병의 상태가 위중해져 궁중을 떠난다. 천황이 아무리 총애한다 하더라도 고이가 궁중에서 죽는 일은 허용되지 않는다. 그때에 고이가 읊은 노래가 다음 노래이다.

> 어쩔 수 없이 헤어져야 하는 사별의 길이 슬프기 한없으며, 저 역시 살아남고 싶습니다. ―「桐壺」

이제 천황과도 이승과도 이별을 고하고 저승으로 가는 길이 너무 슬퍼 더욱 이승의 삶을 누리고 싶다는 노래이다. 죽음에 임해 좀더 살고 싶다고 호소한 인물은 겐지모노가타리 54권을 모두 검토해 보아도 기리쓰보노 고이 외에는 없다.

고이는 이 노래를 읊고 난 후 몹시 숨이 차 아무 말도 하지 못하고 생을 마감했다. 천황에게 하고 싶었던 말이 더 있었던 모양이지만 어쩔 수 없었을 것이다. 고이는 천황에게 무엇을 말하고 싶었을까? 히카루 황자를 동궁으로 결정해 주기를 바란다는 부탁이었을까, 아니면 천황을 향한 감사의 말이었을까. 그렇지 않으면 부친 다이나곤의 유언일까. 고이가 남긴 수수께끼이다.

좀더 살고 싶다고 호소하는 고이의 마음속에는 무언가를 더 지켜보고 싶다는 바람이 자리 잡고 있었던 것인지도 모른다. 그것이 무엇인지는 수수께끼이지만 고이의 입궐을 원했던 부친 다이나곤의 유언과 관계가 있는 것은 아닐까? 그 내용은 히카루 겐지가 자신의 일생에 걸쳐 풀어야 할 과제가 되었다. 히카루 겐지에게는 암묵 속에 어머니의 가문인 아제치노 다이나곤 가문의 염원이 짐으로 남아 있었다. 모노가타리는 고이의 죽음과 히카루 겐지의 탄생을 이와 같은 운명적 인과관계로 이야기하고 있다.

어머니를 잃은 히카루 황자는 여섯 살 때 할머니까지 잃게 되어 모친 쪽 친족이 끊어진다. 그러나 기리쓰보 천황의 사랑 속에 무럭무럭 성장하여 일곱 살에 독서 개시의 의례를 마치자, 천황 슬하에서 면학에 힘쓰면서 천부적 재능으로 사람들을 놀라게 하고 매료시킨다. 앞에서 서술한 바와 같이 천황은 그 즈음 조정에 와 있는 고려의 관상가에게 히카루 황자의 관상을 보게 했는데, 관상가는 히카루 황자가 '제왕의 상'을 타고났지만 제왕이 되면 어수선한 세상이 될 거라고 점쳤다. 이를 들은 기리쓰보 천황은 심사숙고 끝에 히카루 황자를 신하의 신분으로 강등시키고 '겐지(源氏)'라는 성을 하사했다. 이것이 바로 히카루 겐지의 탄생

배경이다. 이미 3년 전에 동궁을 결정한 이상, 이 관상에 의해 히카루 겐지를 새삼 동궁으로 삼을 수는 없다. 그와 같은 일을 하면 세상을 어수선하게 만들게 되는 건 확실한 일이다. 기리쓰보 천황은 히카루 황자의 즉위의 길을 닫아 버린 것이다. '제왕의 상'을 타고난 신하의 이야기가 시작된 것은 이미 프롤로그에서 밝혔다. 그것은 아제치노 다이나곤의 유언과도 관계를 갖고 있겠지만 그것이 어떻게 관계되는지는 수수께끼이다. '제왕의 상'을 어떻게 읽어 나갈지는 겐지모노가타리를 읽는 열쇠가 된다.

히카루 겐지는 열두 살 때 성인식을 치렀다. 세이료덴에서 열린 성인식은 황자의 격식을 갖춘 파격적인 의식이었다. 성인식을 치른 후, 히카루 겐지는 기리쓰보 천황이 가장 신뢰하는 좌대신의 딸인 아오이노 우에를 아내로 맞아들여 혼례를 치렀다. 이 또한 황자의 혼례식에 견줄 수 있는 수준이었다. 히카루 겐지의 인생에서 출발점은 부황과 좌대신 등 강력한 후견인들이 지켜주어 순풍에 돛단배처럼 순탄했다.

하지만 그 무렵 그는 일찍이 부황의 뇨고 후지쓰보를 남몰래 사랑하게 되었다. 히카루 겐지는 금단의 사랑을 시작한 것이다. 이것이 '제왕의 상'이라는 예언과 관계되는 것은 아무도 예상하지 못한 일이었다.

제2장

비 오는 날 밤의 여인 품평회와 여인들의 일생

비 오는 날 밤의 여인 품평회(「하하키기帚木」). 윗줄 안쪽에 겐지가 그 옆에 도노 주조가 자리하고 있다. ―이즈미시 구보소미술기념관 소장, 도사노 미쓰요시의 그림 「겐지모노가타리 수감(手鑑)」에서

모노가타리 개요

히카루 겐지가 열일곱 살 되던 해 여름날 비가 계속될 무렵, 궁중 안에서 겐지가 숙직을 하고 있는 곳에 도노 주조, 히다리노 우마노카미, 도시키부노 조라는 친구들이 모여 하룻밤을 같이 보내며 여성에 관한 이야기로 꽃을 피웠다.

이것이 '비 오는 날 밤의 여인 품평회'이다. 여기에서 이야기된 중류 귀족의 여성에 관한 이야기는 겐지에게 기이하고 신선하여 호기심을 발동시켰다. 실제로 만나 본 중류 귀족의 여성에 속하는 우쓰세미도 유가오도 겐지의 예상과 달리 매력적이었다. 한편 스에쓰무하나는 너무나 이색적이라 할 만큼 다른 여성들과 달랐지만 그녀를 버릴 수는 없다고 생각하지 않을 수 없었다. 겐지는 그녀들을 통해 중류 귀족 여성들의 변화무쌍한 인생을 알게 되고 아픔을 느낀다. 히카루 겐지의 청춘을 장식하는 부분이다.

—「하하키기(帚木)」·「우쓰세미(空蟬)」·
「유가오(夕顔)」·「스에쓰무하나(末摘花)」

1. '비 오는 날 밤의 여인 품평회'에 나타난 여성론

'비 오는 날 밤의 여인 품평회'[1]가 갖는 의미

겐지모노가타리 서두의 「기리쓰보(桐壺)」 권에는 히카루 겐지(光源氏)의 탄생에서 열두 살에 아오이노 우에(葵の上)와 결혼까지의 이야기가 매우 빠른 속도로 전개된다.

이어지는 「하하키기(帚木)」 권에 겐지의 나이가 열일곱 살 되던 해 여름에 생긴 일을 다루고 있다. 결혼 이후 5년 동안 히카루 겐지는 사람들 모르게 많은 사랑을 경험했다는 식으로 소문이 나 있었다. 그러나 해설자는 겐지가 워낙은 성실하고, 흔히들 말하는 바람기 같은 건 좋아하지 않는 성격이라고 변호한다. 음력 5월, 비가 오래 계속되던 무렵의 어느 날 액막이를 위해 겐지가 궁중에서 지내지 않으면 안 된다는 이야기를 들은 도노 주조(頭中将),[2] 히다리노 우마노카미(左馬頭 : 이하 우마노카미),[3] 도시키부노 조(藤式部丞) 등의 친구들이 겐지가 머문 숙직실에 모여들어 여성을 주제로 이야기꽃을 피운다. 이를 '비 오는 날 밤의 여인 품평회'라고 한 것은 후에 본문 속에서 "어느 비 오는 날 밤의 여인 품평회가 있은 후, 알고 싶은 여인들이 있었는데"(「유가오夕顔」)라고 말

1) 원문에는 '雨夜の品定'으로 되어 있다.
2) 종5위에 상당한 직위.
3) 후지와라(藤原) 씨의 성을 가진 자로 시키부쇼(式部省) 3등관으로 6위에 상당한 직급이다.

한 것에 기인한다. 겐지는 그날 밤 이야기를 듣고 난 후 중류 계급의 여인들에게 흥미를 갖기 시작했으며 그녀들의 모습에 대해 알고 싶고 만나 보고 싶다고 생각하게 되었다. 즉 '여인 품평회'가 계기가 되어 겐지와 그녀들의 사건은 시작된다.

「하하키기」의 자리매김

'여인 품평회'는 겐지가 중류 귀족의 여성들과 사랑을 하는 데 동기를 부여하기 위해서만 설정된 것은 아니다. 「기리쓰보」에서 시작된 모노가타리의 흐름을 중단하면서 왜 여성 담론을 하지 않으면 안 되었는가 하는 점은 고래로부터 문제시되어 왔다.

현행의 모노가타리 구조에 따르면 「기리쓰보」가 모노가타리의 서문이지만, 중세의 주석서는 「하하키기」 권도 서문이라고 논했다(『우야담초雨夜談抄』, 『세류초細流抄』). 이 경우 겐지모노가타리는 두 개의 서문을 갖는 셈이다. 이 문제는, 모노가타리 구조가 기리쓰보 계열과 하하키기 계열 두 계열이 병존한다는 사실이 확인된 전후(戰後) 연구사에서는 이 두 계열의 성립에 관계되는 것으로 거론되어 왔다.

오늘날 겐지모노가타리는 3부로 구성되어 있다는 것이 통설이다. 「기리쓰보」에서 「후지노우라바(藤裏葉)」까지의 서른세 권을 제1부, 「와카나(若菜)」 상권부터 「마보로시(幻)」까지의 여덟 권을 제2부, 「니오노 미야(匂宮)」에서 「유메노우키하시(夢浮橋)」까지의 열세 권을 제3부로 본다. 그리고 제1부는 기리쓰보 계열 열일곱 권과 하하키기 계열 열여섯 권으로 보는 두 계열이 얽힌 구성을 하고 있다고 보고 있다. 기리쓰보 계열이란 「기리쓰보」·「와카무라사키(若紫)」·「모미지노가(紅葉賀)」·「하나노엔(花宴)」·「아오이(葵)」·「사카키(賢木)」·「하나치루사토(花散里)」·「스마(須磨)」·「아카시(明石)」·「미오쓰쿠시(澪標)」·「에아와세(絵合)」·「마쓰카제(松風)」·「우스구모(薄雲)」·「아사가오(朝顔)」·「오토메(少女)」·「우메가에(梅枝)」·「후지노우라바(藤裏葉)」를 말한다. 그리고 하하키기 계열은 「하하키기」·「우쓰세미(空蟬)」·「유가오(夕顔)」·「스에쓰무하나(末摘花)」·「요모기우(蓬生)」·「세키야(関屋)」·「다마카즈라(玉鬘)」·「하쓰네(初音)」·「고초(胡蝶)」·「호타루(螢)」·「도코나쓰(常夏)」·「가가리비(篝火)」·「노와키(野分)」·「미유키(行幸)」·「후지바카마(藤袴)」·「마키바시라(真木柱)」를 말한다.

이 두 계열의 큰 차이는 기리쓰보 계열이 히카루 겐지의 '제왕의 상'이라는 예언을 기점으로 그 예언 성취를 둘러싼 그의 운명을 이야기하는 데 비해, 하하키기 계열은 '비 오는 날 밤의 여인 품평회'를 기점으로 하여 전개되는 이야기로 겐지의 '제왕의 상'과 관련한 운명의 진전과는 거리가 멀다(아베 아키오阿部秋生 『겐지모노가타리 연구서설源氏物語研究序説』). 물론 두 계열은 물과 기름처럼 분리되어 있는 것이 아니라, 하하키기 계열이 기리쓰보 계열에서 보이는 모노가타리의 조건을 받아들여 서로 이어지는 형태로 되어 있는 등 전체적인 통일성은 확보되어 있다.

이 책에서는 하하키기 계열이 「기리쓰보」 권과 함께 겐지모노가타리의 서두를 구성하고 있다는 입장에서 이야기를 전개하고자 한다. 왜냐하면 겐지모노가타리에 두 개의 서두가 있기 때문이다. 그것은 한마디로, 「기리쓰보」는 히카루 겐지의 왕권과 가문의 이야기 및 운명의 이야기로서의 시발점이지만, 「하하키기」는 여성이 사는 방식을 묻고 여성의 인생을 주제로 하는 모노가타리의 시작이라고 할 수 있다. 이 책에서는 이와 같은 관점을 기본으로 한다.

정연한 구성 방법

먼저 여인 품평회의 구성을 보도록 하자.

도노 주조가 여인들이 겐지에게 보낸 연서를 보면서 여인들을 상 · 중 · 하의 세 계급으로 분류해 놓고 중류 계급의 귀족 여성들이 개성적이고 매력적이라고 이야기하고 있을 때, 우마노카미와 도시키부노 조가 찾아온다. 여기까지가 여인 품평회의 도입부이다. 가장 연장자인 우마노카미는 도노 주조의 이야기를 받아 가정에서 주부의 역할과 아내의 모습에 대해 열변을 토한다. 우마노카미는 아내로 삼고 싶은 여인의 조건을 열거하지만, 결국 신분과 용모보다도 성격이 좋은 사람이 좋다는 식으로 이야기를 끝맺는다.

> 이쯤 되고 보면 가문은 상관없고 용모 또한 새삼 말할 나위 없습니다. 매우 유감스럽게 비뚤어진 데만 없다면 성실하고 차분한 성

격의 여인이야말로 일생 의지할 만하다고 생각합니다. —「帚木」

여기까지를 여성 담론의 일반론이라고 이해해도 될 것이다.

나아가 우마노카미는 "여러 가지 사항에 비추어 생각해 보세요"라며, 목공예 · 회화 · 서(書)라는 기예의 분야에서 명인의 작품과 능숙한 기술로 재기를 겨루는 기능인의 작품을 비교하는 방식으로 여성론을 논한다. 기능인의 작품은 언뜻 보면 재미있지만, 명인의 작품의 안정감이나 깊이에는 미치지 못한다. 기예의 도(道)에서조차 그런 차이가 있고, 그것에 비유하자면 여성이 그때그때 보여 주는 외모의 정취나 멋은 믿을 수 없다는 것이다. 이는 비유론이라고 할 수 있다.

이야기가 무르익어 각자 자신의 체험을 털어놓는데, 이때 우마노카미가 대조적인 두 여자에 대해 이야기한다. 한 사람은 미인은 아니며 성실하고 신뢰할 수 있는 여자이지만 질투가 심하다. 치정으로 싸웠을 때 우마노카미의 손가락을 물어뜯은 일이 있어 '손가락을 문 여자'라고 불린다. 또 한 여자는 미인이며 화려하고 풍류에 대해 잘 알지만 마음이 잘 변한다. 이런 여자는 남자의 체면을 깎는 경우가 있으니 주의하는 게 좋다고 우마노카미는 겐지에게 충고한다.

이어 도노 주조가 의지할 수 없는 여자의 예로, 아이까지 두고 있으면서도 한참 동안 방문하지 않은 사이에 아무 소식 없이 사라져 버린 여자에 대해 이야기한다. 그리고 마지막으로 도시키부노 조가 학식은 남자보다 뛰어나지만 매사에 여자답지 않은 점에 견디기 어려워 도망쳐 나왔다는 '박사의 딸' 이야기를 한다. 이 네 가지 이야기는 모두 체험담이다. 우마노카미가 총평을 하는 것으로 여인 품평회는 끝난다.

'비 오는 날 밤의 여인 품평회'는 이처럼 도입부, 일반론, 비유론, 체험담, 총평이라는 구성으로 되어 있다. 매우 정연한 구성이다. 작가 무라사키시키부(紫式部)는 이렇게 훌륭한 구성 방법을 어디에서 배웠을까? 중세의 겐지 주석서인 『가초요조(花鳥余情)』는 『법화경(法華経)』의 법설주(法說周), 비유설주(譬喻說周), 인연설주(因緣說周)라는 삼주설법(三周說法)의 방법에서 배운 것이라고 지적하고 있다. 이 설의 타당성에 대해서는 아베 아키오가 상세히 검토해 지지하고 있는데, 그와 같이 생각해도 좋을 것이다.

모노가타리의 출발점으로서 여성론

여인 품평회의 여성 담론은 어떤 특징을 갖고 있을까. 무엇보다 먼저 교훈적 성격을 들지 않을 수 없다. 겐지모노가타리에는 교훈적인 언설(言說)이 여러 곳에 나오는데, 여인 품평회에는 특히 현저하다.

중세와 근세의 논의는 제쳐 두고 메이지 시대에 「겐지모노가타리론」이라는 명문을 남긴 문학자 후지오카 사쿠타로(藤岡作太郎)는 "겐지모노가타리의 원래 의도는 실로 부인 평론에 있다"라고 지적하면서, 작가는 "모노가타리 속에서 자신의 부인관을 발표하고 있다"라고 주장한다. 그는 여인 품평회를 염두에 두고 다음과 같이 이야기하고 있다.

> 저자가 가르쳐 주는 것은 아내로서의 마음가짐이며 계모에 대한 훈계이다. 사람은 마음이 변덕스러워서는 아니 되며 여자는 용모보다는 마음 씀씀이에 의해 그 경중을 평가해야 한다고 주장한다. 이에 관해 하나하나 열거하기는 힘들다. 이와 같이 보면, 어찌 겐지모노가타리를 이상을 논하지 않는 사회의 객관적 사생을 주로 한 것이라고 규정 지을 수 있겠는가!
>
> —『국문학전사 헤이안조편(國文學全史平安朝編)』

겐지모노가타리의 비평이나 교훈적 언설에는 작가의 이상이 담겨져 있는데, 여인 품평회의 여성론은 그 대표적 사례이다. 후지오카의 이러한 지적은 겐지모노가타리를 '하나의 이상 소설'로서 자리매김한 것이겠지만, 그것은 쓰보우치 쇼요(坪內逍遥)의 사실소설론에 대한 비판이기도 하다.

그러나 여인 품평회를 간단히 작가의 여성론이나 부인론으로 보아도 좋을까. 오히려 모노가타리 속에서 그 자리매김을 확인할 필요가 있는 것은 아닐까. 이것이 오늘날의 이해 방법이다. 이 입장에 서면, 작가의 의견이나 이상으로 이해하기 전에 모노가타리의 문맥 속에서 여인 품평회의 시점이나 자리매김, 그 의미를 확인하는 일이 선결 문제가 되는 것은 말할 나위도 없다.

즉 여인 품평회는 우마노카미와 도노 주조가 화자가 되고 히카루 겐지는 듣는 역할을 하고 있지만 이는 남성의 시점에서 논한 이상의 여성론, 이런 여성이었으면 좋겠다고 원하는 여성론이어서 단순히 여성론이라고 단정할 수는 없다.

스즈키 가즈오(鈴木一雄)는 "'비 오는 날 밤의 여인 품평회'는 남성 사회 쪽에서 여성을 비판하기 위해 쏜 화살이며 질문이어서 여성 쪽에서 어떻게 대답할지가 과제이다"라고 주장하고 있다(「'비 오는 날 밤의 여인 품평회'론雨夜の品定論」, 『십문자학원여자단기대학 연구기요十文字學園女子短期大學研究紀要』 25집). 실로 여인 품평회는 여성의 삶의 방식과 인생을 주제로 하는 모노가타리의 출발점에 위치해 있었던 것이다. 그것은 작가가 끊임없이 되돌아가야 할 지점이다. 그 물음은 모노가타리 세계에 일관되게 흐르고 있는 주조음처럼 울려 퍼지고 있다. 여성의 시점을 배제한 여인 품평회의 구성은 의미심장한 장치였던 것이다.

무라사키시키부는 『백씨문집』에서 무엇을 보았는가

'비 오는 날 밤의 여인 품평회'의 또 하나의 특징은 백거미의 시문집 『백씨문집(白氏文集)』의 풍유시를 반복하여 인용하고 있다는 점이다. 『무라사키시키부 일기(紫式部日記)』에는 무라사키시키부가 황후 쇼시(彰子)에게 『백씨문집』의 「신악부(新樂府)」라는 풍유시를 강의하는 내용이 있다. 『백씨문집』은 『사기(史記)』와 함께 무라사키시키부가 가장 애독한 한문 서적이라는 점을 고려하면 풍유시의 인용은 결코 우연한 게 아님을 알 수 있다.

우마노카미의 '손가락을 문 여자' 이야기에는 「상양백발인(上陽白髮人)」이 인용되었고, 도시키부노 조의 '박사 집안의 딸' 이야기에는 「의혼(議婚)」이 인용되었다. 그것들은 모두 풍유시로 여자의 인생을 노래한 것이다. 무라사키시키부는 여자의 인생을 노래한 백거이의 풍유시에 헤이안 시대의 여자의 인생과 공통되는 현실이 있음을 발견했으며, 풍유시에 의해 여자의 인생에서 생기는 여러 문제점을 깊이 생각하게 되었다고 보아도 좋다.

'손가락을 문 여자'와 「상양백발인」

풍유시가 어떻게 사용되었는지에 관해 '손가락을 문 여자'부터 살펴보자. 그녀는 우마노카미의 연인이었지만, 결혼할 때에는 우마노카미의 바람기를 멈추게 해 나중에 후회하는 일이 없도록 하려고 했다.

> 수많은 당신의 박정함을 가슴에 담아 두고 참아 내려 했지만, 지금이야말로 헤어져야 할 때이군요. —「帚木」

여자는 정식으로 결혼하고 나서부터는 바람기를 잡아 좋은 남편이 되기를 호소하면서 우마노카미에게 마음을 바로잡기를 계속 요구한다. 그러나 우마노카미가 진지하게 응하고 있지 않는 사이에 그녀는 죽고 만다. 그녀는 좋은 반려자를 얻으려 했지만 결국 얻지 못했던 셈이다.

이와 같이 좋은 반려자를 얻을 수 없었던 여자의 고통을 노래한 것이 「상양백발인」이다. 여자는 현종 황제의 부름을 받았지만 양귀비의 질투를 받아 상양궁(上陽宮)에 유폐되어 반려자 없는 생애를 보내야 했다. 그러한 박복한 여자의 인생을 노래한 시로 '반려자 없는 삶을 불쌍히 여겨'라는 부제가 붙어 있다. 그 여자의 인생을 백거이는 "상양의 여인의 고통은 너무 심했다. 젊어서도 고통스러웠고, 늙어서도 고통스러웠다. 젊어도 늙어도 고통스러운 걸 어찌해야 한단 말인가!" 라고 가련해 했다.

'손가락을 문 여자'는 그러한 반려자 없는 불쌍한 여자의 인생이 되는 것을 피하고 싶었던 것이다. 결혼은 했지만 우마노카미의 바람기가 잡히지 않아 자기를 돌보지 않는 것은 견딜 수 없다고 생각했다. '손가락을 문 여자' 이야기는 불행을 피하려 했으나 그 바람이 이루어지지 않은 여자의 이야기이다. 즉 작가는 상양의 가련한 여인의 고통을 헤이안 시대 여인의 현실적이고 일상적인 인생의 문제로 포착했던 것이다.

'박사 집안의 딸'과 「의혼」

도시키부노 조가 박사의 딸과 결혼한 것은 스승인 박사가 「의혼」을 노래하며 딸을 천거했기 때문이다. 「의혼」은 "부유한 집안의 딸들은 여기저기서 청혼을 하기 때문에 젊을 때 결혼하지만 결혼하면 남편을 가볍게 여긴다. 반대로 가난한 집안의 딸들은 적령기가 되어도 구혼자가 없어 혼기는 늦어지지만, 결혼하면 남편에게도 시어머니에게도 정성을 다한다. 어느 쪽을 선택할 것인가" 하는 내용이다.

도시키부노 조에게 박사의 딸은 학문에 뛰어나고 적극적인 여자로 내조도 잘하는 믿음직스러운 여자였다. 그러나 상냥하거나 여성답지 않으며, 마늘 냄새를 풍기면서도 태연자약했다. 견디지 못하고 헤어질 수밖에 없었다.

이는 분명히 「의혼」의 패러디이다. 「의혼」은 단순명쾌하게 부잣집 딸과 가난한 집 딸을 대조하여 결혼하기에는 후자가 좋다고 노래했지만, 도시키부노 조는 그러한 대조 자체를 희화시켰다. 이와 같이 여인 품평회 부분에서 풍유시의 인용 방법은 다양했다.

작가 무라사키시키부에게 풍유시의 의미

확실한 인용의 흔적이 없다 해도 여인 품평회로 시작되는 이야기의 저변에는 여자의 인생을 노래한 백거이의 풍유시가 깔려 있다고 생각할 수 있다. 예를 들면 백거이의 「정저인은병(井底引銀瓶)」에는, 여자가 한눈에 반해 젊은 남자와 도주해 그의 집에 살게 되었으나 그 아버지가 "폐백을 주고받고 맞아들인 사람은 아내이지만 자기 멋대로 걸어 들어온 여자는 첩이다"라며 인정해 주지 않았기 때문에 여자는 이 집에 살지 못하고 고향에도 돌아갈 수 없어 이러지도 저러지도 못했다는 내용의 이야기가 있다. '함부로 몸을 굴리는 것을 그만두다'라는 부제로, 젊은 여성들에게 정식 혼례에 의하지 않은 자유 결혼의 경솔함을 경계하고 있다.

또한 「태행로(太行路)」에는 사랑하는 부부라도 일단 사랑이 식어 버리면 남편은 아내의 흠만 찾는다고 하며, "사람으로 태어나서 남의 아내의 몸이 되지 마라. 백년의 고락이 다른 사람에게 달려 있으니(人生莫作婦人身 百年苦樂由他人)"라고 노래한다. 여인 품평회는 남성의 입장에서 줄곧 논의가 이루어지지만, 풍유시를 잘 아는 무라사키시키부는 작품의 이면에 이처럼 여성의 탄식을 대변하는 시점을 확보했다고 보아도 될 것이다.

작가 무라사키시키부에게 여자의 인생을 노래한 풍유시는 헤이안 시대의 여자의 인생을 생각하는 데 더할 나위 없는 좋은 텍스트이며 여인 품평회 부분을 위한 옥토였다. 풍유시의 주제를 헤이안 시대의 현실로 바꾸는 것에 의해 '비 오는 날 밤의 여인 품평회'는 독자적인 여성의 이야기를 탄생시킨 셈이다.

2. 우쓰세미, 유가오, 스에쓰무하나 이야기

중류 계급의 여성에게 거절당하다

'비 오는 날 밤의 여인 품평회'가 있었던 다음 날, 히카루 겐지는 궁을 나서 오랜만에 정처인 좌대신(左大臣) 집안의 아오이노우에를 방문했다. 그러나 궁중과 좌대신 집 쪽의 방위가 좋지 않았기 때문에 히카루 겐지는 그날 밤 다른 곳으로 가지 않으면 안 되었다. 방위가 좋지 않다는 것은 음양도에서 중신(中神)이라는 신이 있는 방향으로 향하는 것을 피하는 신앙이다. 겐지는 좌대신 집안 계열인 부하 기이노카미(紀伊守)의 저택으로 향했다.

기이노카미의 저택에는 때마침 우쓰세미가 와 있었다. 우쓰세미는 기이노카미의 아버지인 이요노스케(伊予介)라는 나이가 많은 지방관의 후처이다. 기이노카미의 저택에 도착한 겐지는 "그 이야기 속에 나오는 중류 계급의 여성이란 이러한 부류일 것이다"(「帚木」)라며, 여인 품평회의 화제를 상기해 그날 밤 우쓰세미와 남몰래 정을 통했다. 이 무렵 겐지에게는 중류 계급의 여자를 경멸하는 의식이 현저했다.

이후 사려 깊은 우쓰세미는 두 번 다시 히카루 겐지를 만나려 하지 않았다. 겐지는 몹시 자존심이 상했고 다시 우쓰세미와 만나려 노력하나 실패한다. 이 이야기는 한갓 가벼운 골계담이 될 수도 있는데, 물론 이야기의 중심이 골계담에 있는 것은 아니다. 히카루 겐지의 구애를 거절할 수밖에 없는 우쓰세미가 느끼는 인생의 중압감이 모노가타리의 주제이다. 한편 겐지는 거절당한 일을 계기로 이 계층의 여성을 경시하던 생각을 바로잡는다.

겐지와 기이노카미의 이야기를 통해 우쓰세미의 인생이 자세히 밝혀진다. 그녀는 아버지가 살아 있을 때 기리쓰보 천황에게로 입궐이 예정되어 있었다. 그러나 아버지의 죽음으로 입궐은 중지되었고, 후에 이요노스케의 후처가 되었다. 우쓰세미의 처지를 알게 된 겐지는 "세상엔 변하지 않는 게 없다"라고 하고, 기이노카미도 동조하여 "세상이야말로 지금이나 옛날이나 정해진 게 없다. 그중에서도 여자의 운명은 더욱 불안정하여 정말 불쌍하다"(「帚木」)라고 이야기한다. 남녀의 관계는 예나 지금이나 정해진 바가 없지만 그중에서도 여자의 운명이란 불안정하여 정말 불쌍하다고 술회하고 있는 것이다. 그들이 주고받는 이야기가 단지 우쓰세미의 덧없는 인생에 대한 배려에서 한 말이 아니라는 점은 전후의 문맥으로 보아도 분명하다. 그러나 그건 그렇다 치고 이 말의 의미론적 영역은 넓고 깊게 확장되고 있다.

우쓰세미의 '여자로서의 운명'

"세상엔 변하지 않는 게 없다"라며 "여자의 운명은 더욱 불안정하여 정말 불쌍하다"라는 말은 우쓰세미의 인생을 정확하게 이야기하고 있다.

우쓰세미는 입궐의 꿈이 깨어지고 이요노스케의 후처가 된 상태에서 겐지의 구애를 받은 것은 자신이 얼마나 불운한 존재인가를 생각하게 해 준 일이었다. 아버지가 살아 있었을 때, 이렇게 겐지와 만났더라면 하는 바람은 이제는 이루어질 수 없는 꿈이었다. 겐지를 거절하면서도 동경하는 우쓰세미의 마음속을 모노가타리는 세밀하고 능숙하게 그려 내고 있다. 아무리 겐지를 동경해도 자신의 인생을 바꿀 수 없다며 그녀는 자신을 엄격하게 다잡는데, 이러한 점이 겐지를 사로잡았다.

> 매미가 빈 껍질만 남겨 놓고 떠나 버린 것처럼 나무 아래에 허물만 남겨 두고 간 그 사람의 자취가 그립다. —「空蟬」

겐지는 세 번째 재회도 실패해 우쓰세미가 벗어 놓은 겉옷만을 집어 들고 돌아온다. 그리고 이 매미 허물과 같은 겉옷을 손에 들고 당신을 그리워할 뿐이라며 노래한다. 이 노래가 매미 허물이라는 뜻을 가진 '우쓰세미'라는 이름의 유래이다.

십수년 후 남편과 사별한 우쓰세미는 의붓아들인 기이노카미가 접근해 와 견디기 힘들어 출가하고 만다. 그로부터 수년 후, 겐지의 저택인 니조히가시노인(二条東院)에 들어가 지내게 된다. 하지만 출가한 우쓰세미는 겐지의 처첩이 될 수 없었기 때문에 둘은 결혼 관계가 아니다. 그녀의 안타까운 처지를 보다 못한 겐지가 구원의 손길을 내민 것으로 보아야 한다. 이를 단순히 행운이라고 해야 할까? 우쓰세미의 인생은 의지할 곳 없이 방황하고 표류하는 것은 아니었을까?

우쓰세미에 관해 히카루 겐지와 기이노카미가 주고받은 말들은 그들의 생각과는 무관하게 우쓰세미의 인생의 심층을 반영하고 있다. 그리고 이것은 실은 우쓰세미뿐만 아니라 모노가타리 속의 수많은 여인의 인생이나 운명을 나타내고 있는 것처럼 보인다. "여자의 인생이란 무엇인가. 여자는 어떻게 살아야 하는가. 어떻게 살 수 있는가. 이렇게밖에 살 수 없는가", 우쓰세미의 모노가타리에는 여자의 인생에 대한 이런 물음이 담겨 있다. 우쓰세미 부분의 주제는 무겁기만 하다.

유가오와의 만남

히카루 겐지와 유가오의 사랑은 그가 열일곱 살 되던 가을날의 일이다. 우쓰세미와의 사랑은 5월부터 6월 사이의 여름에 일어난 사건으로, 그때는 이미 끝나 있었다. 겐지가 병문안하러 고조(五条)에 있는 유모의 집을 방문했을 때, 대동한 신하에게 조촐한 이웃집 정원에 핀 유가오, 즉 박꽃을 꺾게 했다. 그러자 집주인인 여자가 노래 한 수를 적어 보내왔다.

> 짐작건대 행여 그분이 아닐까 합니다. 저는 하얀 이슬의 영롱함으로 더욱 빛나는 박꽃입니다. —「夕顔」

여러 가지로 해석되는 이 노래로 여자는 유가오, 즉 박꽃으로 불리게 된다. 허술한 집의 담에 피어 있는 꽃이기에 이 여인에 비유했다고 보아도 될 것이다. 이 여자가 '비 오는 날 밤의 여인 품평회'에서 도노 주조가 언급한 갑자기 실종된 여자라는 사실이 여자가 죽은 후 분명해진다. 여기에서는 여자가 문 앞에 세워 둔 남자의 인력거를 보고 도노 주조가 아닌가 하여 탐색을 한 노래로 해석하고자 한다. 어쨌든 이를 계기로 겐지와 유가오의 만남은 이루어진다.

이 유가오의 거주지는 우마노카미조차 화젯거리로 삼지 않을 만큼 하층 중의 하층 부류가 사는 지역이었기 때문에 애초부터 겐지의 관심의 표적에서 벗어나 있었다. 하지만 우쓰세미 경험을 통해 중류 귀족 여성을 새삼스레 재인식한 겐지는 이제 하층 환경에 속한 여성에게까지 관심을 넓히게 된 것이다. "그 하층 중의 최하층이라고 사람이 얕보는 곳이지만, 그중에 의외로 버려두기 아까운 사람을 발견할지 모른다"(「夕顔」)라는 기술 부분에 이러한 사실이 잘 나타나 있다.

미와야마 설화와 익명의 사랑

그러나 히카루 겐지가 하층에 속하는 여자의 집에 출입하는 것은 허용되지 않는 일이었다. 따라서 그는 허름한 복장으로 변장하거나 복면을 하고 사람들이 모두 잠든 한밤중에 여자의 집을 출입하는 등 철저히 자신의 신분을 감추었다. 이러한 겐지의 출입을 여자는 "옛날에 있었다는 모습을 둔갑하는 요괴 같아 보이고"(「夕顔」)라며 불길하게 생각했다. 여기에는 미와야마(三輪山) 설화가 인용되고 있다.

미와야마 설화란 『고지키(古事記)』에 있는 이야기로 미와야마의 신이 미남자가 되어 신분을 밝히지 않은 채 이쿠타마요리히메(活玉依姬)가 사는 곳에 드나든다는 내용이다. 이때 신은 뱀의 모습을 하고 있었다. 정체를 모르는 겐지의 출입을 여자는 미와야마 설화에서처럼 어떤 것이 둔갑한 것으로 여긴다. 여자가 겐지의 신분을 확인할 수 없는 것처럼 겐지도 여자의 신분을 몰랐다. 그들은 서로의 신분을 확실히 알지 못하는 상태에서 사랑했다. 익명의 사랑인 셈이다.

왜 그들은 이름을 감추었을까. 특히 유가오는 죽을 때까지 자신의 이름을 밝히지 않았다. 겐지는 자신의 이름을 밝혔지만 유가오는 '미천한 어부의 딸'[2](「夕顔」)이라며 피해 버린다. '미천한 어부의 딸'이란 『와칸로에이슈(和漢朗詠集)』의 「유녀(遊女)」 중에서 "하얀 파도가 밀려오는 바닷가에 사는 어부의 딸로 정해진 거처도 없다"라는 부분을 인용하며 자신을 비유한 것이다. 천한 신분으로 정해진 집도 없는 자신은 이름을 댈 수도 없고 이름을 말해 보았자 별 도리가 없다는 유가오의 절망이 여기에 담겨 있다.

그들이 이름을 숨긴 것은 현실의 신분 질서에서 벗어나 순수하게 남녀로서 대등해질 수 있는 비일상적인 시공을 획득하기 위한 수단이었다. 겐지가 이름을 밝히면, 익명으로 확보된 사랑의 시공간은 붕괴될 수밖에 없다. 원령(怨靈)[3]에 의한 유가오의

2) 원문에는 '海人の子なれば'라고 되어 있다.
3) '物の怪(모노노케)'로 표기되며, 정체를 알 수 없는 초자연적인 기운을 뜻한다.

갑작스런 죽음은 이러한 사랑의 시공이 붕괴함을 나타내고 있다.

유가오와 우쓰세미의 슬픔

최후까지 겐지에게 이름을 밝히지 않고 죽은 유가오는 실은 3위의 주나곤 겸 주조의 딸이었다. 시중을 드는 우콘(右近)의 이야기에 의하면, 고관이며 상류 귀족에 속해 있었지만 그녀는 아버지의 죽음으로 고아가 되었고, 도노 주조의 애인이 되어 딸(후의 다마카즈라玉鬘)을 두었지만 도노 주조의 본처에게 협박을 받아 유모의 집으로 몸을 피했다. 그러나 그곳에 있기도 힘들어져 고조에 집을 빌려 은거하고 있을 때 겐지와 만났고, 그에게 유혹을 당해 황폐해진 어떤 곳으로 장소를 옮긴 다음 원령이 붙어 죽은 것이다. "여자의 운명은 정처 없다"라는 말이 유가오를 다룬 부분에서는 우쓰세미 이상으로 심각하게 그려지고 있다. 유가오가 "어부의 딸로 정해진 거처도 없다"라고 자신의 입장을 표현한 것은 과장이 아니라 유가오의 실감으로부터 나온 것이라는 사실을 알 수 있다. 일정한 거처가 없어 전전한 처지는 그녀의 의지할 곳 없는 인생을 상징한다.

유가오도 우쓰세미도 공경(公卿)[4] 계층 출신이지만, 아버지의 죽음으로 집안이 몰락했다. 유가오가 "미천한 어부의 딸이기 때문에"라고 탄식한 것처럼, 우쓰세미도 보잘것없는 자신의 신세

4) 종3위 이상의 고관.

를 한탄하고 있다. 겐지가 재삼 만나기를 요구해도 거절하는 우쓰세미에게 겐지가 왜 만나 주지 않느냐고 묻자 우쓰세미는 다음과 같이 대답했다.

> 미천한 집의 소생이라는 사실이 괴로워 가만히 있지도 못하고 있어도 없는 듯 사라지는 비나무처럼 보이는 것이 바로 저입니다.
>
> —「帚木」

보잘것없는 미천한 집에 태어난 자신은 그것이 괴로워 겐지 앞에 있을 수 없어 모습을 감추는 것이라는 뜻이다. 겐지를 동경하면서도 결코 만날 수 없다고 단념하는 데에 우쓰세미의 슬픔이 잘 드러나 있다. 우쓰세미에게 거절당하거나 유가오의 이름을 알 수 없었던 점은 히카루 겐지로서는 생각지도 못한 일이었을 것이다. 그러나 그는 몰락한 집안의 여성들과의 사랑을 통해 그녀들의 인생의 슬픔이나 절망의 깊이에 접했다. 그것은 겐지에게는 중요한 경험이었다.

패러디로서의 스에쓰무하나의 이야기

겐지와 유가오의 사랑은 한달 남짓한 기간으로 끝을 맺었다. 이 사랑의 덧없음 때문에 겐지는 유가오를 잊기 어려워 유가오와 닮은 사람을 찾기 시작한다. 그래서 만난 여자가 스에쓰무하나(末摘花)이다. 겐지가 열여덟 살 봄부터 열아홉 살 봄까지에 걸친 스에쓰무하나와의 이야기는 '비 오는 날 밤의 여인 품평회'에서 우마노카미가 이야기한 '황폐해진 집'(「帚木」)에 나오는 매력적인 여자를 발견했다는 이야기의 패러디이다. 또한 유가오 모노가타리의 패러디이기도 하다.

"아무리 아쉬워해도 아깝지 않은, 박꽃에 맺힌 이슬과 같은 여인이 사라져 버린 순간을 잊을 수 없어"(「末摘花」) 겐지는 유가오 같은 여자를 다시 한 번 만나고 싶다고 바라고 있었다. 그러던 차에 겐지는 다이후노 묘부(大輔命婦)[5]라는 유모의 딸인 시녀에게서 스에쓰무하나에 관한 이야기를 듣는다. 겐지는 자신이 바라던 이상형의 여자가 나타났다고 생각했다. 히타치노 미야(常陸宮)의 딸로 아버지가 죽은 후 빈한하게 황폐해진 저택에서 쓸쓸히 살아가는 스에쓰무하나는 아버지에게서 배운 거문고[6] 연주 솜씨가 뛰어났는데 겐지는 이 점을 매력으로 느꼈다. 또한 말수가 적고 낯가림을 해 좀처럼 편지의 답장을 주지 않는 점도 그녀의 고상함이라고 겐지는 그녀를 이상화했다.

그러나 스에쓰무하나를 실제 이상으로 미화해 이상적으로 생각했던 만큼, 이상과는 거리가 먼 그녀의 실체를 알았을 때의 낙

5) 5위 이상의 시녀를 나이묘부(内命婦), 5위 이상의 관직에 있는 사람의 부인을 게묘부(外命婦)라고 한다. 묘부의 수가 많아 남편의 관직명을 붙여 부르기도 했다. 여기서 '다이후'는 관직명으로 정5위에 해당하는 직급을 나타낸다.

6) 금(琴)은 6현이고 거문고는 7현이기 때문에 거문고로 번역하는 것은 다소 무리가 있지만, 금과 거문고란 악기가 차지하고 있는 위상이 비슷하고 우리의 거문고에 가장 가깝기 때문에 거문고로 번역했다.

담은 대단했다. “생각했던 집의 모습과 어울리지 않는 용모는 뭐라 말하기 어려웠다”(「末摘花」)라고, ‘황폐해진 집’에서 미녀를 발견한다는 기대감이 무너지면서 배신당한 기분에 망연자실한 모습을 표현했다. 스에쓰무하나가 예상치도 않은 추녀였으며, 무엇을 이야기해도 침묵만이 돌아오는 꿀 먹은 벙어리 같은 반응을 보였던 데에 매우 놀랐던 것이다.

> 아침 해가 비쳐 처마의 고드름은 풀렸는데, 왜 당신은 언제까지나 내게 마음을 열지 않고 침묵만 지키고 있는가? —「末摘花」

스에쓰무하나는 웃기만 할 뿐 겐지의 노래에 답가를 읊지 않는다. 스에쓰무하나에 대한 모든 기대를 접어야 했던 겐지는 그녀를 소개한 다이후노 묘부에게 다음의 와카로 탄식하는 마음을 노래한다.

> 마음이 끌리는 색도 아닌데, 어찌하여 이렇게 스에쓰무하나와 소매를 스쳤을까. —「末摘花」

스에쓰무하나는 잇꽃(紅花)의 다른 이름으로, 그녀의 코끝이 빨간 것을 조롱하여 읊은 이 노래에서 유래하고 있는 이름이다.

그러나 이때 겐지는 이러한 만남은 고인이 된 히타치노 미야가 주선한 만남이라고 생각하고 자신이 그녀를 돌봐야 한다고 생각했다. 자신 이외의 남자가 스에쓰무하나를 돌볼 수는 없다.

자신이 이렇게 그녀와 가까워진 것은 죽은 히타치노 미야가 스에쓰무하나의 신상을 걱정해서 미야의 혼령이 자신을 딸이 있는 곳으로 인도했다고 생각했다. 이처럼 히카루 겐지는 마음 착한 귀공자였다.

그러나 이 사건이 일어나기 얼마 전에 자신의 집에 데려온 미소녀인 무라사키노 우에(紫の上)와 함께 빨간 코를 가진 여자 그림을 그리고 자신의 코도 빨갛게 칠해 장난을 치는 겐지를 마음 착한 귀공자라 간단히 단정할 수는 없다. 겐지 자신이 빨간 코가 되어 무라사키노 우에를 전전긍긍하게 하는 것은 귀공자를 희화화한 것이다. 그러한 겐지의 태도에는 스에쓰무하나에 대한 경멸이 담겨 있다. 히카루 겐지는 그저 착하기만 한 것은 아니었다.

'비 오는 날 밤의 여인 품평회'로 시작되는 모노가타리는, 중류 귀족 여인들이 개성 있고 매력적이라고 이야기한 그대로 서로 다른 여인들의 개성적인 인생을 이야기하고 있다.

제3장

젊은 히카루 겐지의 사랑과 좌절

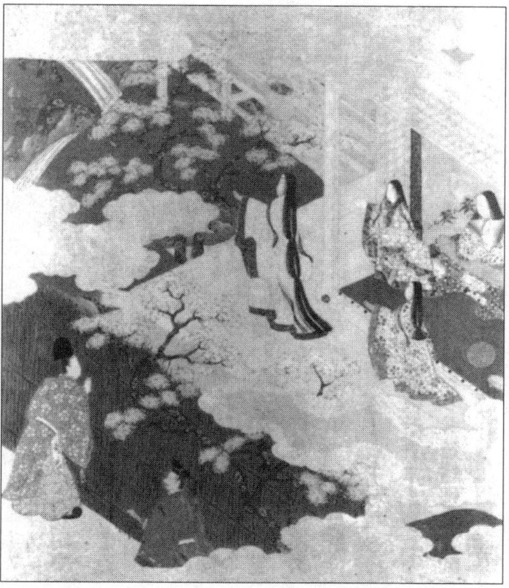

겐지가 기타야마에서 무라사키노 우에를 훔쳐보고 있다. —교토국립박물관 소장, 도사노 미쓰요시의 그림 「겐지모노가타리 화첩」에서

모노가타리 개요

열여덟 살의 히카루 겐지. 후지쓰보를 사모하는 마음은 깊어 갈 뿐이었다. 학질을 치료하기 위해 요양하러 간 기타야마에서 겐지는 후지쓰보를 빼닮은 어린 소녀 무라사키노 우에를 발견한다. 겐지는 그녀를 맡아 기른다. 하지만 겐지는 결국 후지쓰보와 정을 통하고 후지쓰보는 겐지의 아이를 낳는다. 이후 후지쓰보는 겐지를 한사코 거절한다. 시신덴에서 벚꽃놀이 연회가 행해지는 날 밤, 겐지는 후지쓰보의 거처를 살폈지만 빈틈이 없어 만나지 못하고, 고키덴에서 우연히 오보로즈쿠요와 만났다. 그후 오보로즈쿠요는 스자쿠 천황의 나이시노 가미가 되지만, 겐지와의 밀회는 계속된다. 한편 겐지는 본처인 아오이노 우에와 화목하게 지내지 못하고 고귀한 여성을 찾아 로쿠조노 미야슨도코로를 연인으로 삼았지만 마음이 통하지 않는다. 목욕재계하고 외출한 가모마쓰리 날 마쓰리 구경에 나선 미야슨도코로는 아오이노 우에 집안의 하인들에게 수모를 당하자, 아오이노 우에가 출산하는 날 원령이 되어 목숨을 빼앗는다. 그러한 사실이 겐지에게 알려졌다는 것을 알고 미야슨도코로는 사이구가 된 딸과 함께 이세로 내려간다. 기리쓰보 상황이 붕어하자, 우대신 집안의 압박이 강해지는 상황에서 후지쓰보는 출가를 결심하며, 겐지는 오보로즈쿠요와의 밀회가 발각되어 제명 처분을 받고 결국 스마 지방으로 물러가 지내게 된다. 스물여섯이 되던 해의 봄이다. 1년 후 폭풍이 몰아치던 날, 꿈의 계시에 의해 아카시 지역으로 옮겨 가 아카시노 기미와 결혼한다.

—「와카무라사키(若紫)」·「모미지노가(紅葉賀)」·「하나노엔(花宴)」·「아오이(葵)」·「하나치루사토(花散里)」·「스마(須磨)」·「아카시(明石)」

1. 히카루 겐지의 사랑의 원점

히카루 겐지의 사랑에 관한 성벽

「하하키기(帚木)」 권의 서두에 히카루 겐지의 사랑에 관한 성벽(性癖)이 소개되어 있다. 겐지에게는 다른 사람 몰래 즐기는 사랑이 많다는 평판이 있다. 하지만 닥치는 대로 하는 마구잡이 사랑은 좋아하지 않는다. 단지 가끔 무리를 하면서 마음을 다해 열중하는 묘한 버릇이 있어서 바람직하지 않은 행동이 섞여 있다. 본문에서는 이를 '마음을 다해 담아 두는 버릇'이라는 표현을 사용하고 있다. 겐지에게는 누군가에게 몰입해 열중하는 성벽이 있었다.

후지쓰보의 모습을 찾아 방황하는 사랑

히카루 겐지가 마음을 다해 몰입하면서 가장 심혈을 기울인 것은 후지쓰보(藤壺)에 대한 사랑이었다. 죽은 어머니 기리쓰보노 고이(桐壺更衣)와 닮았다는 소문을 듣고 소년 시절에 히카루 겐지는 그녀에게 호의를 갖게 되었다. 아오이노 우에(葵の上)와 결혼하고 난 후에도 후지쓰보에 대한 사모의 정은 더욱 깊어져 후지쓰보와 같은 사람과 결혼하고 싶다고 생각하게 된다. 후지쓰보는 겐지가 동경하는 이상이 되었다. 하지만 아버지 기리쓰보 천황의 뇨고(女御)인 후지쓰보와의 결혼은 이루어질 수 없다.

겐지의 마음은 끊임없이 후지쓰보와 닮은 사람을 찾고 있었다.

로쿠조노 미야슨도코로(六条御息所)[1]를 설득한 것도 사촌인 아사가오(朝顔)에게 접근한 것도 단순한 호기심이 아니라 그녀들에게서 후지쓰보와 공통된 무언가를 기대했기 때문이라고 생각된다. 로쿠조노 미야슨도코로는 기리쓰보 천황의 남동생이며 당시에는 이미 고인이 된 세자의 부인, 즉 세자비였다. 아사가오는 기리쓰보 천황의 형제인 시키부쿄노 미야(式部卿宮)의 딸이다. 후지쓰보는 전 천황의 공주라는 고귀한 출생이긴 하지만 그녀들 또한 후지쓰보에 버금가게 높은 신분들이다. 후지쓰보와 같은 사람과 결혼하고 싶다는 생각에 겐지는 이러한 고귀한 신분의 여성들에게 사랑을 기울인 셈이다.

그러나 후지쓰보의 모습을 찾고자 하는 그의 사랑은 이루어지지 않는다. 로쿠조노 미야슨도코로는 후지쓰보처럼 다정하거나 가련한 느낌의 여성이 아니어서 겐지의 마음은 식어 버렸다. 아사가오는 겐지의 다양한 연애 편력을 듣고 경계하여 그에게 접근할 틈을 주지 않는다. 우쓰세미(空蟬)나 유가오(夕顔)는 신분상 겐지와 결혼할 수 있는 조건을 갖추지 못하고 있었다. 마음에 드는 여인들과 만날 수 없게 되자 후지쓰보에 대한 연모의 정은 더욱 깊어졌고, 겐지는 후지쓰보와 닮은 사람을 찾아 새로운 사랑을 몇 번이고 되풀이하는 상황에 빠져 들었다.

1) 미야슨도코로는 뇨고나 고이(更衣) 등과 같이 천황의 침소에서 시중을 들던 궁녀의 경칭. 또한 황태자 및 친왕의 비를 가리키는 말로, 여기서는 고인이 된 동궁의 비를 뜻한다.

무라사키노 우에의 등장

열여덟 살 되던 해 봄, 겐지가 요양 차 기타야마(北山)를 찾아간 것은 학질을 앓고 있다는 육체적 병 때문만은 아니었다. 기타야마의 스님이 "어떻게든 기분을 풀고 생각에 몰두하지 않는 편이 좋다"라고 충고한 사실에서 알 수 있듯이, 우울증과 깊은 관련이 있었던 것으로 생각된다. 우울증은 후지쓰보를 향한 깊은 연모의 마음에서 비롯되었을 것이다.

겐지는 기타야마에서 우연히 한 소녀를 발견한다. 무라사키노우에(紫の上)였다. 어느 날 저녁 무렵 요양지에서 산책을 하던 겐지가 스님의 방을 들여다보니 여승이 불경을 읽고 있었다. 그때 어린 소녀 하나가 단발머리를 출렁이며 흐느껴 울면서 여승에게 달려들어 온다. 열 살 정도 되어 보이는 소녀에게 겐지의 눈은 빨려 들어갈 듯 고정된다. 소녀의 모습이 후지쓰보와 너무 닮았기 때문이다. 한동안 정신없이 소녀를 바라보던 겐지는 반가움으로 자신도 모르게 눈물을 흘린다.

소녀는 여승에게 새장 안에 키우던 새끼 참새를 이누키(犬君)라는 어린 여자 시동이 놓쳤다고 하소연했다. 소녀의 활달함은 마치 새끼 참새가 자유로운 세계를 향해 날개짓하는 모습처럼 생명력이 넘쳐흘렀다. 겐지는 "그 사람 대신에 아침저녁으로 위로삼아 볼 수 있었으면"(「와카무라사키若紫」) 하고 생각한다. 후지쓰보와 닮았다는 사실 하나만으로 후지쓰보를 대신하여 그 소녀와 함께 지내고 싶다고 생각한 것이다. 후지쓰보를 향한 사모의 마음은 정말 대단했다.

그날 밤 겐지는 여승에게서 소녀가 후지쓰보의 오라버니인 효부쿄노 미야(兵部卿宮)의 딸로 후지쓰보의 조카라는 이야기를 듣는다. 여승은 소녀의 어머니가 일찍 죽어 할머니인 자신이 그녀를 돌보고 있으며, 자신은 오라버니인 스님이 있는 이곳 기타야마에 요양하러 와 있다는 이야기를 한다. 겐지는 자신이 소녀를 돌보아 주겠다는 말을 꺼낸다. 계속 찾고 있던 후지쓰보와 닮은 여성을 만난 것이다.

겐지의 제안이 너무 갑작스러운 것이었으므로 여승은 무라사키노 우에의 성인식까지 기다려 달라고 말한다. 그러나 그해 가을 여승이 죽어 무라사키노 우에는 아버지 효부쿄노 미야가 키우게 되었다. 효부쿄노 미야가 본처의 눈치를 살피느라 무라사키노 우에를 소홀히 해 왔다는 이야기를 들은 겐지는 효부쿄노 미야가 맞이하러 오기 직전에 무라사키노 우에를 유괴하듯이 자신의 집인 니조인(二条院)으로 데려가 버렸다. 효부쿄노 미야가 맡게 되면 무라사키노 우에는 계모에게 학대를 받을 게 뻔했기 때문이다. 무라시키노 우에의 유모는 기뻐했고, 무라사키노 우에도 겐지를 잘 따랐다.

계모 이야기를 모방한 모노가타리

무라사키노 우에 이야기는 계모 이야기의 형태를 모방하고 있다. 계모 이야기는 전형적으로 계모에게 학대를 당해 궁지에 처한 의붓딸을 이상적인 남자가 구출해 낸다는 구도를 갖는다. 이후 남자는 절대적인 애정으로 의붓딸을 지키고, 여자는 자녀를 많이 낳아 행복한 가정을 꾸리고 잘 살아간다는 패턴이다. 헤이안 시대의 『스미요시 모노가타리(住吉物語)』[2)]나 『오치쿠보 모노가타리(落窪物語)』[3)]를 비롯해 중세의 오토기조시(お伽草子)[4)] 속의 계모 이야기 등이 모두 같은 구도로 되어 있다. 민간에 전래되는 계모를 다룬 옛날이야기도 그 기본 뼈대는 같다. 세계적으로 유명한 신데렐라 이야기와 같은 모노가타리의 형태이다.

작품 속에 무라사키노 우에가 계모의 학대를 받는 모습이 직접적으로 묘사되어 있지는 않지만 그녀가 계모의 학대를 피해 기타야마에 와 있는 것이라고 생각하면 계모 학대의 한 변형이며, 겐지가 무라사키노 우에를 데려온 것은 곤경에서 그녀를 구원한 것이다. 계모 이야기의 유형 그대로이다. 나중에 「후지노우라바(藤裏葉)」에서 무라사키노 우에는 양녀 아카시노 히메기미(明石姬君)가 세자비로 입궐할 때 뇨고의 대우를 받게 되는데, 이도 계모 이야기의 유형인 해피 엔딩 그대로이다.

2) 13세기 초에 성립. 주나곤의 딸은 쇼쇼(少將)에게 청혼을 받지만 계모가 계략을 부리며 방해하는 바람에 돌아가신 어머니의 유모가 은거하고 있는 스미요시로 도망가나, 관음의 가호로 쇼쇼와 그곳에서 재회하여 그의 아내가 되어 행복해지고 계모는 벌을 받는다는 내용의 이야기이다.
3) 계모 학대 이야기의 대표작. 계모에게 심한 학대를 받는 다다요리(忠賴)의 딸 오치쿠보는 귀공자 미치요리(道賴)의 흠모를 받는데, 계모는 오치쿠보를 유폐시킨다. 이에 미치요리는 오치쿠보를 구출하고 계모에게 복수를 하지만 결국 용서하고 행복하게 살았다는 내용의 이야기이다.
4) 무로마치 시대에서 에도 시대 초기에 걸쳐 만들어진 단편 이야기의 총칭으로 동식물이 인간과 이야기를 나누는 등 공상적이고 교훈적인 동화풍 작품이 많다.

이와 같은 계모 이야기의 유형에 따르면서, 나아가 무라사키노 우에에 대한 겐지의 애정은 후지쓰보에 대한 이룰 수 없었던 사랑의 대리 만족으로 볼 수 있고, 무라사키노 우에의 입장을 특별한 것으로 부각시키고 있다. 그러나 한편으로는 그녀에게 아이를 낳게 하지 않음으로써 계모 이야기의 유형을 의도적으로 비켜 가고 있다는 느낌도 든다. 작가는 그러한 방법에 의해 새로운 모노가타리의 지평을 열고 있다. 무라사키노 우에의 이야기도 그 같은 관점에서 보면 모노가타리 구조를 이해하기 쉽다.

꿈처럼 사라진 만남 — 후지쓰보와의 밀회

겐지는 무라사키노 우에를 발견했지만, 그것으로 후지쓰보에 대한 사모의 정이 치유될 리 없었다. 기타야마에서 돌아온 직후인 4월 어느 날 후지쓰보가 병으로 친정에 돌아온 것을 호기로 삼아 겐지는 부친인 천황에게 미안하다고 생각하면서 후지쓰보 측근의 시녀인 오묘부(王命婦)를 졸라 안내하게 하여 밀회를 이룬다.

> 만나도 또다시 만날 밤은 아득하기만 하니 이대로 꿈속으로 사라져 버리고 싶다. —「若紫」

만나더라도 다시 만나기가 어려운 꿈같은 밀회이므로 꿈속으로 사라져 버리고 싶다. 겐지는 격정에 몸을 맡기고 분별을 잃고 있었다. “이대로 꿈속으로 사라져 버리고 싶다”에는 후지쓰보와의 정사(情死)에 대한 바람이 담겨 있다.

이에 후지쓰보는 다음과 같이 답한다.

> 세상의 이야깃거리로 후세에까지 전해지겠지요. 너무 괴로운 이 내 몸은 깨어나지 않는 꿈속의 일로 생각하고 싶었습니다.
>
> —「若紫」

후지쓰보는 겐지의 노래처럼 꿈속으로 사라져 버린다고 해도 두 사람의 관계는 세상 사람들에게 스캔들이 되어 소문이 퍼질 거라고 한다. 겐지의 정열을 받아들이면서도 그녀는 냉정하게 대처하고 있다. ‘이야깃거리’가 되는 일이 없도록 처신하도록 겐지를 타이른다.

후지쓰보가 이를 고통스럽고 견디기 어렵다고 생각한 것은 실은 이전에 한 번 이러한 일이 있었기 때문이다. 그후 계속 그 일이 고뇌의 씨앗이 되어, 두 번 다시 겐지를 가까이하지 않겠다고 조심하고 있었지만, 또다시 이렇게 되니 한심해진 것이다. 후지쓰보의 탄식은 깊었다.

그러나 깊게 탄식하며 슬픔에 잠겨 있는 후지쓰보의 모습은 상냥하고 사랑스럽게 보였다. 방심하지 않고 사려 깊고 사안의 중대함을 알고 있는 듯한 기품 있는 태도에 누구와도 비교할 수 없다고 생각되었다. 뭔가 한 가지라도 부족한 점이 있으면 자신의 열정도 조금은 식을 것이라며 후지쓰보에게 결점이 없는 것을 겐지는 괴롭게 여긴다. 겐지의 눈에 비친 후지쓰보는 신비스러울 정도로 완벽한 여성이었다.

하지만 후지쓰보와 이 세상에서는 맺어질 수 없다. 기리쓰보 천황이 기리쓰보노 고이를 장한(長恨)의 사람으로 여긴 것과 같이 겐지에게도 후지쓰보는 장한의 사람이었다. 그 장한을 치유하기 위해서는 그 역할을 대신할 수 있는 인물, 무라사키노 우에가 필요했다. 무라사키노 우에는 후지쓰보와 닮았을 뿐 아니라 후지쓰보의 조카라는 연고에 의해, 기리쓰보 천황에게 후지쓰보가 고이의 역할을 대신하는 것 이상으로 보다 완전한 역할을 하는 조건을 갖추고 있었다. 이와 같은 무라사키노 우에에 의해 겐지는 후지쓰보를 향한 사모의 정을 치유할 수 있었다.

죽음의 이미지를 가진 오보로즈쿠요와의 만남

히카루 겐지 사랑의 저변에는 항상 후지쓰보의 그림자가 어른거린다. 겐지의 스무 살 봄, 시신덴에서 펼쳐진 벚꽃 연회는 기리쓰보 천황의 치세에서 마지막을 장식하는 성스런 의식이었다. 거기에서 겐지는 성스런 의식의 빛으로 받들어져 그의 한시(漢詩)는 절찬을 받았다. 우대신 집안의 딸로 고키덴노 뇨고(弘徽殿女御)의 여동생인 오보로즈쿠요(朧月夜)와 만난 것은 그날 밤이었다.

겐지는 연회가 끝나고 후지쓰보 주변을 엿보았지만, 문이 꼭 잠겨 있어 접근할 방법이 없었다. 그렇다고 그대로 되돌아갈 기분도 아니어서 겐지는 고키덴에 들렀다. 그때 안쪽에서 아름다운 소리로 "환하게 비추는 것도 아니고, 어둠이 완전히 걷힌 것도 아닌, 봄밤의 어슴푸레한 달빛〔朧夜〕의 아름다움에 비할 만한 것은 없다"(『오에 치사토집大江千里集』)라고 읊으며 걸어 나오는 여인이 있었다. 이 노래 때문에 그녀는 오보로즈쿠요라고 불린다. 겐지는 여자의 소매를 붙잡고 두려워하는 여자에게 "나는 모든 사람에게 허락받은 몸인지라"(「하나노엔花宴」)라고 자신의 신분을 밝히고 정열적인 하룻밤을 보냈다. 이별할 즈음 겐지는 여자의 신분을 확인하고 싶어 이름을 알려 달라고 요구하나 여자는 얼버무리고 만다.

불행한 몸이 이대로 이름도 밝히지 않고 사라지면, 내 묘를 찾으려는 생각도 해 주지 않겠다는 건가요. 당신은. —「花宴」

기지 섞인 이 노래로 겐지가 한판 승부를 빼앗긴 느낌이지만, 이 노래에는 왠지 불길한 이미지가 있다.

겐지가 여자에게 이름을 가르쳐 달라고 요구하고 여자가 얼버무리는 예는 유가오에서도 볼 수 있었다. 오보로즈쿠요는 유가오와 유사점이 있다. 어찌 되었든 이때 그녀에게는 이름을 밝히기 어려운 사정이 있었다. 오보로즈쿠요는 수개월 후에 동궁(후의 스자쿠朱雀 천황)의 비로 입궐하도록 정해져 있었기 때문이다. 그러한 때에 겐지를 만난 일로, 동궁비에서 장래는 황후가 될 자신의 예정된 인생이 파탄될지도 모른다는 어두운 예감을 순간품은 것은 아닐까? '불행한 몸', '사라지면(죽음)', '묘'라는 서로 연관된 이미지 내지는 중의법에 의해 불려진 이 노래는 오보로즈쿠요의 몸이 강에 흘러가 행방불명이 되어 버린다는 방황과 죽음의 이미지를 환기시키는데, 오보로즈쿠요는 그러한 불길한 예감을 직감적으로 읊은 것처럼 보인다.

노래의 예고적 기능

겐지모노가타리에서 등장인물이 처음 읊는 노래는 자신의 인생을 상징하거나 암시하는 경우가 많다. 오보로즈쿠요의 노래도 이러한 의미를 갖고 있다. 오보로즈쿠요는 히카루 겐지와 만날 즈음에 예감한 무언가 어두운 인생을 본인도 자각하지 못한 채 읊고 있다.

히카루 겐지에 대해서도 같은 이야기를 할 수 있다. 오보로즈쿠요가 노래를 읊으며 나타났을 때 겐지는 다음의 노래를 읊어 건넨다.

> 당신이 어슴푸레한 달의 정취를 알게 되었다는 것도 나와 다시 만날 평범하지 않은 전생으로부터의 약속이었다고 생각합니다.
>
> —「花宴」

'평범하지 않은 전생으로부터의 약속'이라고 읊던 당시에 겐지는 오보로즈쿠요와의 사랑 때문에 자신이 스마(須魔)에 유배

당하게 되고 후에까지 그녀와의 길고 깊은 속박이 계속되리라는 것을 전혀 예상하지 못했다. 노래는 모노가타리 속에서 예감적 · 예고적 · 예언적 기능을 하고 있다.

오보로즈쿠요의 노래에 방황과 죽음의 예감이 깃들어 있다고 해도 실제로 그녀가 변경을 방황하며 죽은 것은 아니다. 그러나 겐지와의 사랑 때문에 그후의 인생이 크게 바뀐 것은 틀림없다. 당초 동궁의 뇨고로 입궐할 예정이었지만, 이를 그만두고 미쿠시게도노노 벳토(御匣殿別当)[5]로서 출사했다. 이는 사실상 비(妃)에 해당되나 신분은 여관이다. 그리고 스자쿠 천황이 즉위하고 나서 한참 후에 나이시노 가미(尙侍)가 되었다. 원래 나이시노 가미는 나이시노 쓰카사(內侍司)의 우두머리로 천황 옆에 상주하여 주청과 칙명을 전달하는 일을 했는데, 늘 상주함으로 인해 총애를 받는 일이 있으며 이치조(一条) 천황[6] 때에는 사실상 천황의 비가 되었다. 하지만 오보로즈쿠요는 최후까지 뇨고라는 정식 비의 신분에는 이르지 못했다. 후에 겐지와의 밀회가 발각되어 겐지는 스마에 은거하게 되고 그녀는 출사를 정지당하여 세간의 웃음거리가 된 현실을 감안하면 오보로즈쿠요는 심리적으로 유랑과 죽음을 체험했다고 보아도 될 것이다.

겐지가 스마에 내려갔을 때 그녀는 다음과 같은 노래를 보냈

5) 천황의 옷차림을 돕거나 재봉을 하는 곳의 우두머리로, 후에 뇨고가 되는 경우가 많았다.

6) 제66대 천황, 986~1011년 재위.

다. 겐지 스물여섯 살이 되던 해 봄, 만난 지 6년 후의 무렵이다.

> 눈물의 강에 떠 있는 물거품처럼 울고만 있는 저는 곧 죽을 것만 같습니다. 당신의 죄가 풀려 만날 것을 기다리지 못해서.
>
> —「須磨」

이 노래는 어느 모로 보아도 '눈물의 강', '떠 있는', '물거품', '풀려'라는 '강'과 연관된 이미지를 사용해 부른 유랑의 노래임이 분명하다. 그리고 숨은 뜻을 보면 겐지와 재회할 때를 기다리지 못하고 죽을 것이라는 것이고, 살 기력을 잃어버린 그녀는 죽음을 가까이하는 기분이 강했을 것이다. 첫 만남에서 느꼈던 어두운 예감이 그대로 적중한 것이다.

2. 로쿠조노 미야슨도코로와 원령

아오이노 우에와 로쿠조노 미야슨도코로

겐지와 아오이노 우에의 결혼은 전형적인 정략결혼이었지만, 정략결혼이어서 사이가 원만하지 못했다고 단정할 수는 없다. 두 사람 사이가 원만하지 못한 근본적인 이유는 겐지가 후지쓰보에게 갖고 있던 사모의 정 때문이라고 보아야 할 것이다. 아오이노 우에와 결혼한 무렵에도 겐지는 후지쓰보와 같은 사람과 결혼하고 싶다고 생각하고 있었기 때문이다. 겐지는 아오이노 우에의 짐짓 얌전 빼는 듯한 태도가 불만이었지만, 아오이노 우에는 겐지의 마음이 자신을 향하지 않고 있음을 알고 있었다. 게다가 니조인에 무라사키노 우에를 맞아 들였다는 사실을 듣고 나서는 더욱 소원해졌다.

한때 두 사람의 관계가 아오이노 우에의 출산을 계기로 좋아질지 모른다는 기대도 있었지만, 불행하게도 그녀는 유기리(夕霧)를 낳자마자 바로 저 세상 사람이 되었다. 히카루 겐지가 스물두 살 되던 해 가을이었다.

아오이노 우에의 죽음은 로쿠조노 미야슨도코로의 원령 탓으로 여겨졌다. 로쿠조노 미야슨도코로는 처음에는 겐지의 정열에 못 이겨 연인으로 그를 받아들였다. 그러나 이후 겐지가 자신을 돌아보지도 떠나지도 않는 박정한 태도로 바뀐 일로, 마음의 상처를 깊이 입고 고민하고 있었다. 미야슨도코로는 겐지를 원망하면서도 겐지를 체념하지 못하는 자신을 한심스러워하며, 수렁 속에서 발버둥치며 돌파구 없는 번민의 상태에서 전전긍긍했다.

> 소매를 적시는 진흙임을 알면서도 그 속에 발을 디딜 수밖에 없는 농부처럼 사랑의 길에 발을 디디는 내 자신이 정말 한심스럽게 여겨집니다.
>
> —「아오이(葵)」

겐지를 사랑하여 소매를 적시는 사랑의 노정은 수렁과 같은 것임을 알면서도 그 수렁에 깊이 빠져 드는 자신이 한심스럽게 여겨진다며 미야슨도코로는 탄식했다.

겐지 스물한 살에 기리쓰보 천황이 양위하고 스자쿠 천황(고키덴이 낳은 동궁)이 즉위했다. 그와 함께 가모(賀茂) 신사에 봉사해야 하는 사이인(斎院)[7]과 이세(伊勢) 신궁에서 봉사해야 할 사이구(斎宮)[8]가 교체된다. 사이구로는 미야슨도코로의 딸이 뽑혔는데 미야슨도코로는 이 기회에 딸과 함께 이세에 내려가 겐지와의 관계를 청산해야겠다고 생각한다. 그러던 참에 아오이노우에와의 인력거 싸움이 일어난 것이다.

7) 헤이안 시대 교토의 가모 신사에 봉사하던 미혼의 황녀 혹은 황손녀.
8) 천황 즉위 때마다 뽑혀 이세 신궁에 봉사하던 미혼의 황녀 혹은 황손녀.

아오이노 우에의 죽음

새로운 사이인의 고케이(御禊)[9]가 성대히 행해지고, 겐지가 그 행렬에 봉사한다는 소문이 있었다. 미야슨도코로도 아오이노 우에도 겐지의 모습을 구경하기 위해 나섰는데, 이치조(一条) 대로에서 좋은 장소를 서로 차지하기 위해 하인들끼리 충돌해 미야슨도코로가 탄 인력거가 아오이노 우에의 시녀들이 탄 인력거 뒤쪽으로 밀리는 굴욕적인 사태에 직면하게 되었다. 많은 사람이 보는 앞에서 모욕을 당한 미야슨도코로의 한은 깊어 심신이 상하게까지 되었고, 이때부터 세간에서는 미야슨도코로의 생령(살아 있는 자의 원령)이 아오이노 우에에게 들러붙었다는 소문이 퍼졌다.

고대에는 수심이 깊어지면 혼이 육체를 떠나는 유리혼 현상이 일어난다고 믿었다. 이즈미시키부(和泉式部)의 "수심에 잠겨 있자니 연못가의 반딧불도 내 몸에서 빠져나간 혼처럼 생각된다"(『후습유집後拾遺集』)라는 노래는 반딧불을 수심 때문에 육체에서 유리된 혼으로 보고 읊은 노래이다.

실제로 미야슨도코로는 출산하기 위해 자리에 누워 있는 아오이노 우에를 난폭하게 끌고 다니고 때리기도 하는 꿈을 꾸었다. 또한 아오이노 우에의 회복과 기도를 위해 태운 유목(乳木)[10]에

9) 사이구나 사이인이 마쓰리 전에 가모가와(賀茂川)에서 하는 목욕재계. 이 의식으로 그동안의 부정을 씻어 흘려보낸다는 의미가 있다.
10) 재앙이나 악업을 적어 넣은 나무 조각. 당시 밀교 비법의 하나로, 부동존(不動尊) 앞에서 이 유목을 불태워 없애는 의식을 행하곤 했다.

서 나온 겨자 냄새가 자신의 의복에 스며들어 없어지지 않는 사실에 놀라 소문을 정말이라고 믿고 자신의 몸을 혐오하게 된다. 나아가 겐지도 출산 때에 눈앞의 아오이노 우에가 미야슨도코로의 목소리와 표정으로 돌변해 노래를 읊는 것을 목격하고 소문을 사실이라고 믿게 되었다.

이렇게 해서 아오이노 우에에게 붙어 있던 원령이 로쿠조노 미야슨도코로의 생령임을 미야슨도코로도 겐지도 믿었다. 아오이노 우에는 일시적으로 원령의 활동이 잠잠해졌을 때 무사히 남자 아이(후의 유기리)를 출산했지만, 원령은 완전히 물러난 게 아니었다. 출산 후 모두 안도하고 있을 때 원령이 다시 활동을 시작하더니 아오이노 우에는 갑자기 숨을 거둔다.

아오이노 우에의 장례는 도리베노(鳥辺野)의 넓은 벌이 조문객으로 메워질 정도로 성대히 행해졌다. 하지만 세상은 아오이노 우에가 죽은 후 누가 히카루 겐지의 정처가 될 것인가로 시끄러웠고, 미야슨도코로가 유력한 후보로 뽑혀 그녀 자신도 기대했지만 미야슨도코로의 원령을 본 겐지는 그녀를 전혀 의중에 두지 않았다. 49재가 지나고 니조인의 자택에 돌아온 겐지는 무라사키노 우에와 결혼했다. 당시 무라사키노 우에는 열네 살이었다.

원령이란 무엇인가?

그러면 원령이란 무엇인가? 지금까지의 겐지모노가타리에서 원령에 씌인 사람으로는 유가오와 아오이노 우에 그리고, 이후의 이야기에 등장하는 인물 히게쿠로 다이쇼(鬚黒大将)의 정처, 온나산노 미야(女三の宮), 우키후네(浮舟) 등이 대표적 인물이다. 자신이 원령이 된 사람으로는 미야슨도코로가 있다. 원령의 용례는 51회 사용되었고 히카루 겐지나 무라사키노 우에도 원령에 씌인 적이 있다. 겐지모노가타리는 원령과 밀접한 관계를 가진 세계이다.

원령에 관한 역사적인 기록은 후지모토 가쓰요시(藤本勝義)에 의한 헤이안 시대의 고기록이나 사료의 조사 실례를 살펴보는 것이 도움이 될 것이다. 그에 따르면, 사서 · 기록에 원령은 '物恠'라고 표기되어 천재지변상의 괴이 현상을 가리키는 예와 '物氣', '邪氣', '靈', '靈氣', '靈物'이라고 기록된 예로 나뉜다. 후자의 빙령(憑靈) 중에서 정체가 판명되는 것은 모두 죽은 사람의 영혼인 사령(死靈)이고, 미야슨도코로와 같이 생령에 해당하는 예는 없다. 단지 기후네묘진(貴船明神)이 기원자의 저주에 감응해 탈을 일으키는 예가 있지만, 이것도 생령과는 다르다(『겐지모노가타리의 '원령' 源氏物語の '物の怪'』). 사서나 기록에 비추어 보면 미야슨도코로의 생령은 작가의 픽션인 셈이다.

그렇다고는 해도 겐지모노가타리 속에서 보면, 아오이노 우에는 많은 '원령, 생령이라는 것'(「葵」)에게 괴롭힘을 당한다. 좌대신 집안에서는 생령의 정체에 대해 미야슨도코로만이 아니라 무라사키노 우에까지 의심한다. 아오이노 우에에 대한 원한의 감정이 깊다고 생각했기 때문이다. 물론 무라사키노 우에에 관해서는 추측이 빗나간 소문이었지만, 원한의 감정이 깊으면 생령이 될 수 있다고 생각했던 것이다. 이 같은 관념도 픽션인지, 이러한 관념이 일반화되어 있기에 미야슨도코로의 생령 사건이 있을 수 있었는지, 어느 쪽인지는 분명하지 않다.

「유가오」에서 유가오를 죽인 원령은 아름다운 여자였다. 목격한 것은 겐지뿐이다. 그 원령이 미야슨도코로의 생령인지, 황폐한 무슨무슨 인(院)[11]에 둥지를 튼 요괴인지, 이 장소와 관계가 있는 사령인지에 관해서는 여러 가지 논의가 있다. 겐지는 이곳의 불길한 분위기에 떨고 있는 유가오에게 귀신이나 여우 등이 사람을 위협하는 일은 있지만, 자신이 함께 있으니까 걱정 없다고 이야기한다. 귀신이나 여우도 사람에게 씌어 위해를 행하는 원령의 일종이라고 생각되고 있었던 것이다.

또한 유가오를 죽인 원령을 보았을 때, 겐지는 우다(宇多) 상황이 후지와라노 요시코(藤原褒子)를 데리고 가와라노인(河原の院)에 갔을 때에 예전에 그곳의 주인이었던 미나모토노 도루(源融)[12]의 망령이 나타난 이야기나 천황의 집무실인 시신덴에 귀신이 나타나 후지와라노 다다히라(藤原忠平)를 덮친 이야기를 상기하고 있다.

11) 신분이 높은 사람의 저택이나 별장. 겐지모노가타리에는 니조인, 로쿠조인 등이 나온다.

12) 822~895, 사가(嵯峨) 천황의 12남. 겐지모노가타리의 주인공 히카리 겐지의 실재 모델이라고 한다.

작가 무라사키시키부의 원령관

원령은 일반인에게 실체가 있는 것으로 이해되고 있었지만, 『무라사키시키부집(紫式部集)』에는 이러한 이해와는 달리 자신의 '마음속의 귀신'이나 '마음속의 어둠' 때문에 생기는 심리현상으로 이해하는 기록이 있다. 무라사키시키부의 원령관이라는 점에서 주목되는데, 다음과 같은 그림을 보고 있는 장면이 그러하다.

원령에 씌인 추한 여인의 뒤편에는 전처가 젊은 스님에게 묶인 귀신으로 그려져 있고 여자 앞에는 남자가 독경을 하며 원령(귀신이 된 전처)을 퇴치하는 그림이다. 이 그림을 보고 무라사키시키부와 시녀는 노래를 주고받는다.

> 무라사키시키부 : 아내에게 씌인 원령을 남편은 전처의 소행이라고 주체하기 힘들어하고 있지만, 실은 남자 자신의 마음의 가책에 의한 것은 아닐까.
>
> 시녀 : 당연한 일이지요. 당신의 마음이 번민으로 어둠에 사로잡힌 적이 있기 때문에 원령도 인간의 마음의 결과라고 확실히 이해하는군요.

무라사키시키부와 시녀는 원령이란 마음의 가책이나 마음의 움직임이 낳는 환영이라고 말하고 있다.

즉 원령은 일반적으로 실체라고 생각되었지만, 한편으로는 심리 현상으로 이해해야 한다는 견해도 있었다. 로쿠조노 미야슨도코로의 생령에 대해서 말하자면 심리 현상으로 이해하는 것도 가능하다. 그러나 모노가타리의 전제에는 당대의 실체적인 원령 관념이 반영되어 있음을 간과할 수 없다. 현세에 한을 남긴 사령으로 인한 재앙이 있을 수 있다면, 생자의 한도 생령이 될 수 있다고 생각하는 것은 어렵지 않다. 당시 사람들은 생령이 현실 세계에 존재한다고 생각했던 것으로 이해해도 될 것이다.

3. 역경의 시대로

자만하는 히카루 겐지

히카루 겐지의 인생은 기리쓰보 천황과 좌대신의 강력한 비호하에 순풍에 돛단배와 같았다. 사람들은 항상 겐지를 칭찬하고 행사가 있을 때에는 '우선 이분을 좌중의 영광으로 삼았으므로' (「花宴」) 하고 떠받들고 있는데, 이러한 일들로 부지불식간에 겐지는 자만심이 강하고 교만해졌다. 아오이노 우에를 돌보지 않았을 뿐만 아니라 후지쓰보와 정을 통한 것도 겐지의 자만심이나 교만과 무관하지 않다.

그러한 겐지를 향해 모노가타리의 해설자는 직언을 마다하지 않는다. 밀통 사건이 일어난 후 후지쓰보가 회임했을 때 겐지는 이상한 꿈을 꾸었다. 해몽가에게 점쳐 보게 하니 뜻밖의 이야기를 해 준다. 그것이 무엇인지는 확실하게 언급하지 않아 수수께끼처럼 되어 있지만, 겐지가 천황의 아버지가 된다는 것이다. 뒤에 이어지는 모노가타리에 비추어 보면 그렇게 해석할 수도 있다. 또한 겐지 자신이 역경을 만나 근신해야 한다는 사실도 점괘로 나왔다. 이러한 꿈 해몽은 일찍이 고려의 관상가가 겐지에게 '제왕의 상'과 '나라를 어지럽히는 상'이 있다고 예언한 내용과 중복되고 있다.

겐지가 해몽이 무엇을 의미하는지 이상하게 생각하고 있던 차에 후지쓰보가 겐지를 쏙 빼닮은 아이를 출산했다. 기리쓰보 천황은 아기를 겐지에게 보여 주면서 겐지와 아주 닮았다고 한다. 겐지는 두렵기도 하고, 황송하기도 하고, 기쁘기도 하고, 감격에 겨워하기도 한다. 동시에 "아이와 닮은 자신은 귀중한 존재이니 소중히 해야 한다"(「모미지노가紅葉賀」)라고 생각한다. 이에 대해 해설자는 "제멋대로이다"(「紅葉賀」)라며 쓴 말을 뱉는다. 우쭐하여 자신에게 너무 관대하다는 것이다.

겐지에게는 자신의 아들이 천황이 된다, 즉 자신이 천황의 부친이 된다는 점괘에 확신이 생긴 것이다. 단지 그 일과 자신에게 '제왕의 상'이 깃들어 있다고 예언된 일을 어떻게 관련지어 생각했는지는 알 수 없다. 독자에게도 이 두 가지가 어떻게 관련되는지 이 시점에서는 명확하지 않다. 하지만 이때 겐지는 분명히 자만에 빠져 있었다. 오보로즈쿠요와 만났을 때 "나는 모든 사람에게 허락받은 몸인지라"(「花宴」)라고 이야기한 것도 다름아닌 자만심의 발로이다. 이 우쭐함이 꿈 해몽의 또 하나의 예언, 즉 역경을 만나 근신하지 않으면 안 된다는 예언을 미처 깨닫지 못하게 했다. 자만심이 역경을 불러들인 셈이다.

역경 속으로

스자쿠 천황의 즉위는 우대신 집안의 시대가 도래했음을 의미했다. 이후 겐지에게는 만사가 재미없어졌다. 그래도 기리쓰보 상황이 살아 계실 때에는 좋았다. 양위하고 2년 후 기리쓰보 상황이 서거한 후부터 우대신과 고키덴 황태후의 반격이 본격화된다. 관직 임명을 위한 정월의 의식이 있는 무렵에는 말과 인력거로 붐볐던 겐지의 저택에 지금은 임관을 부탁하기 위해 찾아오는 사람도 없다. 지금까지 총아로 대접받은 것은 겐지의 실력에 의한 것이 아니라 기리쓰보 상황의 비호 덕택이었다. 그러한 시대의 격변 속에서 겐지는 불우함을 느끼며 불만스러워 했다.

하나치루사토(花散里)를 방문한 것도 그 무렵의 일이다. 그녀의 언니인 레이케이덴노 뇨고(麗景殿女御)[13]는 기리쓰보 상황의 뇨고이다. 하나치루사토가 언니의 거처에 출입한 것이 계기가 되어 겐지와 알게 된 것 같다. 레이케이덴노 뇨고와 하나치루사토가 외롭게 살고 있는 저택에서 겐지는 기리쓰보 상황이 살아계셨던 옛날을 그리워했다. 겐지는 자신이 불우하다고 불만이 쌓인 나머지 우대신 집안에 점점 도발적으로 되어 갔다. 자중해야 한다고 생각하지 않은 것 같다.

지금까지 우대신 집안에서는, 오보로즈쿠요가 겐지와의 사랑 때문에 스자쿠 천황의 뇨고가 되지 못하고 나이시노 가미에 머물렀던 일을 계기로, 겐지를 후궁 정책의 걸림돌로 생각하고 그에 대한 반감이 강했다. 겐지는 그러한 사실을 잘 알고 있었지만, 오보로즈쿠요와 밀회를 거듭했다. 스자쿠 천황이 미즈호(御修法)[14]를 위해 근신 중인 틈을 타 처음 만난 추억의 장소인 고키덴의 호소도노(細殿)[15]에서 만난다든가 오보로즈쿠요가 우대신 집

13) 후궁 전각 중의 하나.
14) 국가나 천황에게 중대사가 있는 경우, 신불에게 기도를 드리는 행사.
15) 궁중의 건물과 건물을 잇는 복도와 같은 곳.

으로 물러나 있을 때 만나든가 하는 방식으로 대담하게 밀회를 거듭했다. 최후에는 우대신에게 밀회의 현장을 들키지만 거기에 이르기까지 겐지의 행동에는 무모하고 자포자기적인 기색이 강하다.

후지쓰보의 결단

기리쓰보 상황의 49재가 끝나고 두 달 정도 지난 후의 일이다. 겐지는 후지쓰보가 기거하는 산조노 미야(三条の宮)에 숨어 들어가 후지쓰보를 실신시킬 정도로 집요하게 설득했다. 그는 평상시의 총명하고 세심한 모습과는 전혀 다르게 마치 무언가를 조르는 어린아이처럼 분별력 없는 언동을 반복했다. 지금의 자신이나 후지쓰보나 동궁(겐지와 후지쓰보 사이의 아이)이 처해 있는 상황에 대해 아무런 생각도 없이 오로지 후지쓰보를 향한 자신의 감정만을 호소했다. 겐지가 스물네 살 되던 해 봄의 일이다.

> 이제부터 앞으로 만날 수 없다면 몇 번이고 다시 태어나도 한탄을 되풀이하겠지요. —「사카키(賢木)」

후지쓰보에게 집착하는 겐지는 완전히 무방비 상태였으며 자신이 처한 입장에 대한 분별력도 없었다. 후지쓰보는 겐지의 접근에 더욱 위기감을 느끼고 만일 겐지와의 일이 스캔들이 되면 고키덴 황태후의 좋은 먹잇감이 되어 동궁마저 폐위되는 파멸을 피할 수 없다고 생각했다. 우대신 쪽은 겐지뿐만 아니라 좌대신이나 후지쓰보에 대해서도 압박을 강하게 가하고 있었고, 이후 좌대신은 사직한다. 후지쓰보는 동궁을 지키는 일을 최우선으로 생각했다. 그러기 위해서는 어떻게 대처해야 좋을까? 겐지에게 동궁의 후견인으로서의 자각을 환기시키고 고키덴 황태후의 공격을 막기 위해서는 어떻게 해야 할까?

후지쓰보가 선택한 수단은 출가였다. 출가를 권세에 대한 야심이 없다는 증거로 삼으려고 했던 것이다. 기리쓰보 상황이 서거한 후 1년 뒤의 일이다. 이 단호한 행동은 세상을 놀라게 하고 후지쓰보에 대한 동정을 불러일으켰지만, 무엇보다도 겐지는 "나까지 동궁을 내버려 둘 순 없다"(「賢木」)라며 동궁을 지키고자 하는 책임감에 눈뜨게 된다. 모든 일은 후지쓰보가 계산한 대로 진척된 셈이다. 후지쓰보는 이제 더 이상 기리쓰보 상황에게 보호받는 대상이 아니라 스스로의 정치적 판단으로 행동하는 인물이 된 것이다.

겐지의 죄와 제명 처분

겐지 스물다섯 살 되던 해 봄의 임관에서는 겐지도 후지쓰보도 노골적으로 홀대를 받았다. 좌대신은 항의의 표시로 사직했다. 우대신 집안의 압박이 한층 더 심해졌기 때문이다. 그러한 가운데 겐지는 병으로 물러난 오보로즈쿠요와 우다이진 저택에서 밀회를 갖는다. 동궁을 지켜야 한다는 자각은 있었지만, 그래도 그의 행동에는 자중심이 결여되어 일관성을 갖지 못한다. 관대함을 바라는 마음과 자만심이 있었기 때문이라고 생각할 수밖에 없다. 이를 구실로 고키덴 황태후는 겐지의 실각을 도모했다. 사건을 들추어내는 것은 여동생인 오보로즈쿠요를 희생양으로 삼아야 되는 일이었지만 황태후는 그 길을 선택했다.

오보로즈쿠요의 사건으로 겐지가 어떠한 죄를 문책당했는지 자세히 묘사되어 있지는 않으나 제명 처분이 분명하다. 좌대신과 마주 앉아 자신은 관직을 박탈당했다고 이야기하는 부분이 있기 때문이다.

그러나 고키덴 황태후는 겐지를 제명 처분뿐만 아니라 유죄에 처하려고 했던 것 같다. 죄명은 모반의 혐의이다. 겐지는 그러한 사실을 미리 알고 있었기에 자발적으로 스마에 내려갈 결심을 했다고 좌대신에게 이야기한다. 정치적인 야심이 없다는 것과 근신의 태도를 보이려 한 것이다. 이는 후지쓰보가 행한 출가와 궤를 같이하고 있다. 그렇다고는 해도 후지쓰보가 출가하고 겐지가 스마에 내려가 퇴거하고 좌대신이 사직한 후 고립무원의 어린 동궁은 그 지위를 지킬 수 있을까? 이는 큰 위험이 도사린 도박이었다. 실제로 고키덴 황태후는 그동안 동궁의 폐위를 시도했으며, 그 사실이 작품의 후반부에 드러나고 있다.

스마 은거의 이야기는 어디에 근거하고 있는가

스마 은거의 이야기는 역사에 없는 이례적인 일이어서 중세의 주석서들은 그 선례를 찾으려 힘썼다. 그리고 주나곤(中納言) 아리와라노 유키히라(在原行平)의 스마 칩거, 고대 중국 주공단(周公旦)[16]의 동정(東征), 우대신 스가와라노 미치자네(菅原道眞), 좌대신 미나모토노 다카아키라(源高明)의 다자이후(大宰府)로의 좌천 등 그 밖의 예를 들어 이를 조합하여 이야기를 구성했다고 기술하고 있다.

실제로 스마에 은거한 점에서는 유키히라가, 참언을 피해 자발적으로 퇴거한 점에서는 주공단이, 모반의 근거가 없다는 점에서는 미치자네와 다카아키라가 각각 부분적으로 겐지의 스마 칩거 이야기와 연관을 가지고 있다. 그중에서도 겐지는 유키히라의 노래와 미치자네의 한시를 읊조리고, 스마에 폭풍우가 이는 장면에서 주공단의 고사를 인용한 예를 보면, 그들의 고사가 적극적으로 이야기에 수용되어 있다고 볼 수 있다.

그런데 겐지는 스마에서 어떤 생활을 했을까? 그는 스마에 『백씨문집』을 갖고 갔다. 또한 백거이가 만년에 향로봉 밑에 지었던 초당을 흉내 내어 자신의 거처를 만들었다. 백거이 역시 좌천의 고배를 마신 시인이었다. 스마의 히카루 겐지는 비운의 정치가와 문인과 시인들과 공명한다.

스마는 겐지가 자신의 일생에서 유일하게 금욕적인 생활을 한 곳이다. 주변에 여인들은 없었다. 불도를 수행하거나 수도 교토 사람들과 서신 왕래를 한 것을 제외하면, 거문고를 타고 그림을

16) 중국 주나라 무왕의 동생.

그리고 와카를 짓고 한시를 읊는 일이 일과였다. 그러한 속에서 겐지는 자신의 결백을 끊임없이 호소했다.

결백을 주장하는 히카루 겐지

겐지가 억울함을 호소한 사실에는 어떤 의미가 담겨 있을까. 모반의 혐의에 근거가 없는 것은 분명하다. 그러나 오보로즈쿠요와의 일도 억울하다고 할 수 있을까.

스마에 내려간 지 1년이 다 되어 가는 2월 어느 날 생각지도 않게 사이쇼노 주조(宰相中将 : 예전의 도노 주조頭中将)가 방문한다. 그는 우대신의 넷째 딸과 결혼했다. 그리고 우대신 치세 하에서 중용되고 있었지만, 내심 현 정권에 불만을 품고 있었다. 오랜만의 재회를 기뻐하며 두 사람은 밤새 이야기를 나누었다. 이별할 즈음 겐지는 자신의 결백과 억울함을 다음과 같은 노래로 호소한다.

> 구름 가까이를 나는 학이여 하늘처럼 보아 주십시오. 봄날처럼 구름 한 점 없는 몸입니다. —「須磨」

이 노래에서 구름은 궁중을 비유하고 있고, 학은 사이쇼노 주조를 비유하고 있다. 이 노래는 "궁중에 있는 당신도 보시오. 나는 이 화창한 봄날처럼 결백한 몸이라오"라는 속뜻을 담아 사이쇼노 주조에게 부탁한 메시지인 것이다.

3월이 되자, 겐지는 해변에서 조시노하라에(上巳の祓え)[17]를 거행했다. 조시노하라에란 3월 초순 첫 번째 뱀날에 상서롭지 못한 기운을 없애는 행사인데, 그때에도 다음과 같은 노래를 읊었다.

> 이렇다 할 죄를 범하지 않았기 때문에 세상에 존재하는 모든 신들도 나를 불쌍하게 여길 것이다. —「須磨」

신에게 맹세코 '죄를 범하지 않았'다고 억울함을 호소한다. 겐지의 억울함에 대한 확신은 본심에서 우러난 것이다.

그러면 오보로즈쿠요와의 일도 억울한 것일까? 명확히 규명하기 힘들지만 그는 오보로즈쿠요와의 일은 모반에 해당하지 않을 뿐만 아니라 물론 제명 처분이 될 정도의 일도 아니라고 생각하고 있었던 것 같다.

그 이유는 오보로즈쿠요는 당시 뇨고가 아니라 사실상의 비라고는 하지만 나이시노 가미인 이상 여관과의 사랑이 처벌의 대상이 될 수 없다고 생각했기 때문인 것 같다. 더욱이 오보로즈쿠요와의 사랑은 그녀가 스자쿠 천황에게 입궐하기 이전의 일이었다는 점도 겐지의 억울함을 증폭시킨 원인의 하나였다.

17) 3월 초순 첫 번째 뱀날에 행하는 액막이 행사로, 그동안의 부정함이나 재앙을 털어 버리기 위해 인형 같은 것을 강에 띄워 보냈다.

'하늘의 눈'에 대한 두려움

겐지는 이러한 처벌이 '전생의 응보'(「須磨」)가 아닐까 두려워했다. 또한 세상에 알려지지는 않았지만, 후지쓰보와의 일로 비난을 받는 건 아닐까 두려워하고 있었다. 스마에 은거해 불도의 정진에 힘쓴 것도 전생의 죄를 갚으려는 행동으로 볼 수 있다. 이는 정치적인 처벌과는 다른 차원의 불교의 업보 관념에 의한 죄의식이다.

겐지는 후지쓰보와 정을 통한 것이 하늘의 눈(天眼)[18]에 의해 알려지게 될 것을 두려워했다. 스마에 내려가기에 앞서 후지쓰보에게 이별의 인사를 나눌 때 다음과 같이 말하고 있다.

> 이처럼 생각지도 않은 죄를 받아들인 것은 짐작하기에 단 한 가지 일 때문이라 여겨집니다. 그것을 생각하면 하늘의 벌이 두렵기만 합니다.
>
> —「須磨」

'한 가지 일'은 후지쓰보와의 밀통을, '하늘'은 하늘의 눈을 의미한다. '하늘의 눈이 무서워서'(「우스구모薄雲」) 혹은 '하늘에 눈이라도 달려 있는 것처럼'(「와카나若菜」 下)이라는 용례가 있다. 세상의 눈은 속여도 '하늘의 눈'은 모든 것을 볼 수 있기 때문에 속일 수 없어 두려운 것이다.

18) 하늘에 눈이 달린 것처럼 모든 것을 꿰뚫어 보는 힘을 말한다.

겐지모노가타리에는 이러한 죄의식이 묘사되고 있다. 스마에서 겐지는 자신에게 부끄러운 일이 있는지 없는지 자성의 시간을 가졌던 것이다.

4. 아카시노 기미의 이야기

겐지, 아카시로 옮기다

겐지가 3월 초순 첫 번째 뱀날에 행하는 액막이인 조시노하라에를 거행하고 신들에게 억울함을 호소하는 노래를 읊었을 때, 그 노래에 감응한 것인지 그것을 질책한 것인지 돌연 거친 폭풍우가 몰려와 거의 2주일에 걸쳐 광풍이 일었다.

광풍이 최고조에 달하던 무렵, 겐지의 꿈에 죽은 기리쓰보 천황이 나타나 천황은 스미요시신(住吉神)이 인도하는 대로 빨리 배를 타고 스마 포구에서 피할 것을 알리는 동시에 교토의 스자쿠 천황에게도 말해야 할 것이 있다며 물러갔다. 꿈에서 깨어난 겐지는 돌아가신 아버지가 도우러 나타났다고 생각했다. 그때 아카시에 살고 있는 자로, 전에는 하리마(播磨)의 지방 수령[19]을 지냈고 지금은 출가한 아카시노 뉴도(明石入道)[20]가 작은 배로 맞이하러 왔다. 뉴도 역시 폭풍우가 그치면 스마 포구에 배를 갖다 대라는 꿈의 계시가 있어 맞이하러 왔다고 이야기한다. 겐지는 이상하게 일치한 꿈 이야기를 듣고 놀라 이는 신이 돕는 것일지도 모른다고 생각하고 뉴도의 말에 따르기로 했다. 배에 오르자 신기하게도 바람이 불어 순식간에 아카시에 도착했다.

19) 4년마다 교체되는 지방관으로 오늘날의 도지사와 같은 직위에 해당하며, 당시 '즈료(受領)', '가미(守)'라고 불렀다.

20) 뉴도란 집에 있으면서 출가승처럼 수행하는 자를 가리킨다.

실은 아카시노 뉴도에 대해서는 8년 전 열여덟 살이 되던 해 봄 겐지가 학질에 걸려 기타야마에 요양 차 가 있을 무렵, 간간이 산책을 할 때 하인으로부터 다음과 같은 소문을 들은 적이 있었다.

뉴도는 대신의 자손으로 출세하려면 얼마든지 가능한 인물이었지만, 좀 별난 사람으로 고노에 주조(近衛中將)[21]를 버리고 제 스스로 하리마의 지방 수령이 되어 그대로 아카시에 눌러 살며 뉴도가 되었다. 지방의 수령으로 재산도 모아 풍류를 즐길 정도의 풍요로운 생활을 하고 있지만, 몰락했다는 의식이 매우 강했다. 그와 반대로 딸에게 특별한 기대를 하고 있어 신분에 어울리는 결혼 같은 건 안중에도 없으며 딸에게 자신의 사후에 자신이 목표로 하고 있는 운명이 되지 않으면 바다에 빠져 죽도록 하라는 말을 항상 유언처럼 하고 있다고 하인은 이야기했다.

그때 겐지는 뉴도의 기묘한 유언을 궁금하게 여겨 뉴도 부녀에 대해 깊은 흥미를 갖게 되었지만, 그 자리에서는 소문거리 정도의 이야기로 끝났다. 지금 그 뉴도에게 인도되어 아카시로 온 것이다.

아카시노 뉴도와 히카루 겐지

겐지는 해변가에 자리 잡은 뉴도의 저택에 살게 되었다. 넓은

21) 궁궐의 모든 출입문의 호위, 출입 허가, 천황의 행차에 관한 업무를 관장하는 위문부(衛門府) 소속으로 종4위에 해당하는 관직.

부지에 정취가 풍기는 초가 정자와 삼매당(三昧堂)[22]과 창고가 즐비한 호화로운 저택이었다. 뉴도와 가족은 해변의 저택에서 조금 떨어진 언덕 근처의 집에 살고 있었다. 한 달 정도 지난 초여름의 한가로운 달밤 겐지는 아카시 해변의 아름다움에 감동하여 거문고를 탔다. 그 연주에 반한 뉴도 역시 비파와 쟁금(箏琴)을 가지고 와서 밤을 지새우며 악기를 연주했다. 겐지는 뉴도의 쟁금 타는 솜씨가 다이고(醍醐) 천황이 즐기던 연주법을 전수받은 것이라는 말을 듣고 놀랐다.

그날 밤 뉴도는 자신이 살아온 인생을 이야기하고 딸인 아카시노 기미(明石の君)를 겐지와 결혼시키고 싶다고 했다. 뉴도는 겐지가 이 같은 시골에 내려오게 된 것은 오랫동안 자신이 신불에게 드린 기도가 이루어졌기 때문이라고 말한다. 스미요시신에게 소원을 빌게 된 세월이 18년이 되는데, 그동안 딸이 장안인 교토의 고귀한 분과 결혼하게 해 달라고 계속 빌어 왔다고 한다. 겐지는 뉴도의 이야기를 듣고 감동해, 자신이 억울한 죄로 뜻하지 않게 시골로 떠돌게 된 이유가 전세로부터의 깊은 인연에 의한 것이라고 납득할 수 있다며 결혼을 승낙했다.

아카시노 기미에게 결혼이란

뉴도는 딸과 겐지를 결혼시키려 애를 태우고 있었기 때문에

22) 법화팔강이나 염불을 행하는 곳. 법화팔강은 114쪽의 각주 참고.

신분이 다른 결혼이 어떤 형태의 결혼이어야 하는지 그다지 숙고하지 않았던 것 같다. 당시 일반적인 결혼 제도는 데릴사위 제도였다. 남자가 여자 부모의 양해 하에 편지를 왕래하고 두 사람의 합의가 이루어지면 남자가 여자의 집에 다니게 된다. 부모의 양해 없이 교제가 시작된 경우라도 여자의 부모가 승인하고 나서 남자가 여자의 집에 다니는 것으로 결혼이 이루어지는 것이 원칙이었다.

그런데 뉴도는 겐지의 관심을 끌려고 딸의 거문고를 자랑할 때에 겐지에게 듣고 싶다면 사양할 필요 없이 부르라고 가볍게 말했다. 만약 겐지가 아카시노 기미를 자신의 거처로 '불러' 결혼하게 되면, 그녀는 메시우도(召人)라는 시녀 신분의 지위에 머무를 가능성이 크다. 메시우도란 정처가 되지 못하고 연인 관계로밖에 있을 수 없는 여자를 말한다. 편지를 왕래하고 나서 3개월 정도가 지난 무렵 겐지는 몹시 쓸쓸해지자, "어떻게든 잘 이야기하여 이곳에 데려오도록 하오"(「아카시明石」)라고 뉴도에게 딸을 설득할 것을 부탁했다. 즉 겐지는 자신이 여자의 집에 다녀야 하는 데릴사위 혼의 형태가 아닌, 아카시노 기미를 메시우도 대우를 하는 결혼밖에 생각하지 않았다.

그러나 아카시노 기미의 입장에서 보면 메시우도 관계 같은 결혼은 할 수 없었다. 겐지의 구혼이 아버지 뉴도의 간청에 의한 것이라고는 해도 그녀는 결혼에 이르는 과정에서 품위 있는 편지 왕래를 했다. 겐지의 첫 편지에는 답장을 하지 않았기 때문에 결국 뉴도가 답장을 썼다. 다음 날 겐지가 대필 답장은 지금까지 받아 본 적이 없다고 불평하자, 그녀는 처음으로 답장을 쓴다. 필적이나 내용에는 귀인의 정취가 풍긴다. 그후 2~3일 간격으로 편지 왕래가 계속되었다. 그리고 시간이 흐름에 따라 두 사람 사이에는 데릴사위 결혼으로 할 것인지 메시우도 대우의 결혼으로 할 것인지를 둘러싸고 줄다리기와 대립이 표면화되었다.

겐지는 여자의 집으로 "자신이 찾아가는 것은 생각지도 않았는데, 여자 또한 이쪽으로 찾아올 생각은 없었다"(「明石」). 겐지는 아키시노 기미를 불러들이는 일에 집착했지만, 아카시노 기미는 겐지의 부름을 단호히 거부했다. 결국 겐지 쪽이 꺾여 8월 열사흗날 달 밝은 가을밤 겐지가 해변의 저택에서 아카시노 기미가 살고 있는 언덕 근처의 집을 방문해 결혼했다. 겐지로 하여금 찾아다니게 하는 데릴사위 혼인이 이루어진 것은 아카시노 기미의 끈질긴 노력의 성과였던 것이다.

처음 만난 아카시노 기미의 분위기가 로쿠조노 미야슨도코로와 닮았다고 겐지는 느꼈다. "기품이 있고 이쪽이 왠지 위축되는 듯한 느낌이 들었다"(「明石」)라고 겐지는 생각했다.

겐지와 아카시노 기미의 결혼이, 우여곡절은 있었지만 이렇게 해서 데릴사위 결혼 형식을 따른 것은 이후 아카시노 기미의 지위를 보증하는 데 매우 중요한 출발점이 되었다.

그후의 전개

그러나 아카시노 기미에게 겐지와의 결혼은, 예상하고는 있었으나 신분 차이라는 비애를 맛보아야 하는 일이 되고 말았다. 겐지는 장안인 교토에 남아 있는 무라사키노 우에를 걱정하여 그녀를 자주 찾아오지 않았기 때문이다.

결혼 후의 이야기를 간단히 소개하면 다음과 같다. 결혼 1년 후 겐지는 귀경(歸京)을 허락받았다. 아카시노 기미는 회임하여 다음 해 봄 여자 아이를 출산했다. 겐지는 곧 상경할 것을 권했지만 아카시노 기미는 따르지 않고 딸이 세 살 되던 무렵 겨우 상경했다. 하지만 겐지의 저택에는 들어가지 않고, 오이(大堰) 저택에 둥지를 틀었다. 겐지의 대우를 확인하기 위해서였다. 그러나 그녀의 딸은 장래를 위해 무라사키노 우에에게 양녀로 넘겨주었다. 오이 저택에서 생활한 지 4년 만에 겐지의 대저택 로쿠조인(六条院. 제5장에서 설명)이 완성되었을 때에, 그녀는 무라사키노 우에 · 하나치루사토와 함께 그곳으로 들어간다.

아카시노 기미에게 겐지와의 결혼은 신분 차의 고뇌를 맛보는 은인자중의 나날이었지만, 그것이야말로 아카시노 뉴도의 오랜 비원(悲願)이었다. 이후 그들의 장래에 뉴도가 무엇을 기대했는지 모노가타리는 확실히 밝히고 있지 않지만, 뉴도의 스미요시 신을 향한 기원이 이 부분에서 크게 진전된 건 사실이다. 그것은 히카루 겐지에게는 커다란 의미를 가지고 있었으나, 그 전모가 분명해지는 것은 아직도 멀고 먼 나중의 이야기이다.

제4장

권세가를 향한 길

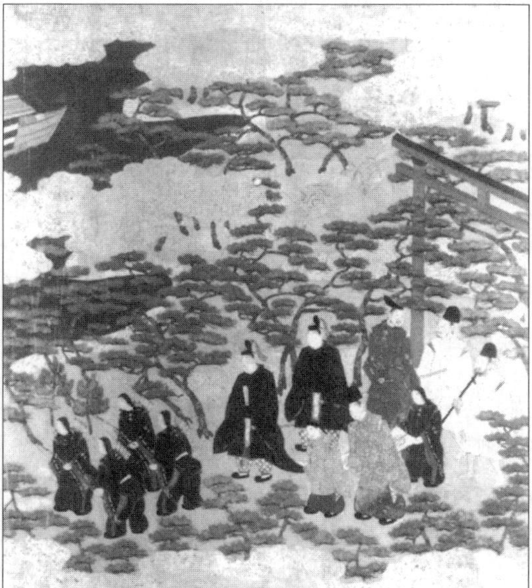

겐지의 스미요시사 참배 모습(「미오쓰쿠시澪標」). 중앙의 검은 의관 차림의 겐지가 옷자락을 잡아 주는 동자를 데리고 걷고 있다.
— 교토국립박물관 소장, 도사노 미쓰요시의 그림 「겐지모노가타리 화첩」에서

모노가타리 개요

히카루 겐지는 아카시에서 귀경하자 고인이 된 기리쓰보 천황을 공양하기 위한 법화팔강을 열고, 레이제이 천황의 즉위에 즈음하여 내대신으로서 천황의 후견인이 되어 정권을 장악했다. 천황이 바뀌면서 로쿠조노미야슨도코로와 그녀의 딸인 사이구가 귀경했다. 얼마 후 미야슨도코로는 겐지에게 딸을 부탁하고 죽는다. 겐지는 미야슨도코로의 딸을 양녀로 삼고 레이제이 천황의 후궁으로 입궐시킨다. 우메쓰보노 뇨고(후에 아키코노무 중궁)라고 불린다. 레이제이 천황에게는 곤 주나곤(옛날의 도노 주조)의 딸인 고키덴노 뇨고 등 유력한 황후 후보가 입궐해 있었지만, 천황의 총애는 우메쓰보노 뇨고와 고키덴노 뇨고와의 그림 겨루기 대회에서 이긴 우메쓰보노 뇨고에게로 기울어졌다. 겐지는 니조인 옆에 동원을 만들고 하나치루사토와 스에쓰무하나, 우쓰세미를 살게 했다. 또한 사가노에 불당과 가쓰라노인을 조영하여 법회나 유락을 할 때 이용하는 척하며, 오이에 사는 아카시노 기미 부녀를 방문했다. 겐지 서른두 살의 해에는 천재지변이 계속되고 후지쓰보가 죽는다. 그 직후 레이제이 천황은 밤에 기도를 하던 스님으로부터 자신의 친아버지가 겐지라는 말을 듣고 경악을 금치 못한다. 겐지에게 양위할 뜻을 비쳤으나 겐지는 받아들이지 않는다. 또한 겐지는 아사가오에게 구혼을 하여 무라사키노 우에를 불안하게 했다. 서른세 살의 나이에 우메쓰보노 뇨고가 황후가 되고 겐지는 태정대신이 되었으며, 장남 유기리를 대학에 입학시켰다.

—「미오쓰쿠시(澪標)」·「요모기우(蓬生)」·「세키야(関屋)」·
「에아와세(絵合)」·「마쓰카제(松風)」·「우스구모(薄雲)」·
「아사가오(朝顔)」·「오토메(少女)」

1. 히카루 겐지 정권의 확립

새로운 시대로 — 레이제이 천황의 즉위

히카루 겐지(光源氏)는 스물여덟 살 가을 무렵 아카시(明石)에서 교토로 돌아왔다. 스자쿠(朱雀) 천황은 눈병 때문에 동궁에게 양위할 것을 결심했는데, 그 일로 동궁의 후견인인 겐지의 소환이 필요했기 때문이다. 스자쿠 천황은 폭풍우가 불어 닥친 날 밤 꿈속에서 고인이 된 기리쓰보(桐壺) 천황에게 겐지의 건으로 질책을 받고 눈을 마주친 다음부터 시름시름 눈병을 앓게 되었다.

귀경 후에 겐지는 곧장 기리쓰보 상황의 공양 기도인 법화팔강(法華八講)[1]을 개최했다. 세상 사람들은 기리쓰보 천황 치세의 계승을 강조하는 겐지를 환영했다. 다음 해 2월 동궁의 관례식과 동시에 스자쿠 천황이 양위하고, 겐지는 새로운 천황인 레이제이(冷泉) 천황의 후견인으로서 내대신으로 취임한다. 내대신은 법령으로 규정되어 있지 않은 관직이나, 좌대신과 우대신보다 결코 직위가 낮은 건 아니다. 겐지는 좌·우대신을 능가하는 권력을 갖게 되었다.

레이제이 천황이 성인식을 치렀다고는 하지만 열한 살의 어린 나이였기 때문에 겐지는 섭정의 지위를 일찍이 좌대신을 사직한

1) 불도와 인연을 맺기 위해 행해졌다. 법회는 『법화경』 8권을 8좌(座)로 나누어 하루에 두 번 조좌(朝座)·석좌(夕座)로 강론하여 4일 만에 끝나게 되어 있었다.

장인인 치사대신(致仕大臣)에게 물려주고 그로 하여금 섭정 태정 대신을 하게 했다. 그의 장남으로 스마(須磨)에 있는 겐지를 방문했던 사이쇼노 주조(宰相中将 : 예전의 도노 주조頭中将)는 곧 주나곤(權中納言)[2]이 된다. 스자쿠 상황의 쇼쿄덴(承香殿)[3] 뇨고(女御)의 황자가 새로운 동궁이 되었다. 우대신 정권 하에서 빛을 보지 못하던 사람들이 부활하고 새로운 시대의 도래가 시작되었다.

스자쿠 상황의 탄식

우대신 집안은 우대신이 죽자 고키덴(弘徽殿) 황태후도 병으로 몸져누워 영락해 가는 모습이 역력했다. 특히 새로운 동궁이 우대신 집안의 혈통이 아닌 것을 고키덴 황태후도 스자쿠 상황도 몹시 애석하게 생각했다. 그들의 탄식은 오보로즈쿠요(朧月夜)에게로 향해졌다.

스자쿠 천황은 퇴위를 앞두고 오보로즈쿠요가 자신의 황자를 낳아 주지 않은 것을 원망했다. 겐지가 귀경했으므로 오보로즈쿠요는 겐지의 아이를 낳을 것이다. 하지만 겐지의 아이는 신하밖에 될 수 없다. 오보로즈쿠요가 황자를 낳았으면 그 황자를 동궁으로 지명할 수 있었고, 그렇게 되면 우대신 집안이 다시 정권의 좌에 오를 수가 있었는데 그것이 불가능해진 것을 애석해 한

2) 곤(權)이란 정식 관직 외에 추가로 둔 임시직을 말하며, 주나곤(中納言)은 종3위의 관직에 해당한다.
3) 후궁 전각의 하나.

것이다. 이 스자쿠 상황의 말은 고키덴 황태후의 생각을 그대로 대변하고 있다. 고키덴 황태후는 오보로즈쿠요가 스자쿠 천황의 황자를 낳는 일에 외척으로서 명운을 걸고 있었지만, 그 기대가 힘없이 허물어져 버린 것이다.

스미요시 참배

귀경 후 겐지는 자택인 니조인(二条院) 동쪽에 히가시노인(東院)을, 교토의 서쪽 교외 사가노(嵯峨野)에는 불당과 가쓰라노인(桂の院)이라는 별장을 만들었다. 절이나 별장을 조성하는 것은 권문 귀족이 권세를 갖고 있다는 증거이다. 이후 히가시노인에는 하나치루사토(花散里)와 스에쓰무하나(末摘花), 우쓰세미(空蟬)가 들어와 살게 되고, 사가노에 있는 불당과 가쓰라노인은 오이(大堰)에 옮겨 와 살고 있는 아카시노 기미(明石の君)를 방문할 때의 구실로 이용된다.

거슬러 올라가 레이제이 천황이 즉위하던 해의 가을, 겐지는 스미요시(住吉)에 참배했다. 스마(須磨)의 폭풍우가 한창일 무렵, 스미요시신에게 큰 소원을 이루어 주었던 것에 대해 감사의 뜻을 표하기 위해서였다. 참배에는 상류층 관료들과 당상관들이 서로 앞 다투어 수행을 자처하고, 훌륭한 공물을 가진 행렬들이 줄을 이었다. 아즈마아소비(東遊)[4]라는 행사에 참가한 악인(樂

4) 헤이안 시대 아즈마(東國) 지방풍의 가요에 맞추어 춤을 추었던 무악.

人) 열 사람은 모두 얼굴이 단아한 자들로 뽑았다. 이 성대한 행렬 속에서 겐지의 인력거에는 특별히 천황으로부터 허락된 어린 수행원이 따르고, 맏아들인 유기리(夕霧)가 타는 말에는 의장을 잘 갖춰 입은 시동이 따르고 있어 겐지 부자의 참배임을 눈에 띄게 했다.

우연히 그때 겐지의 참배 행렬인 것을 모르고 아직 아버지 뉴도(入道)의 보호 아래 있던 아카시노 기미도 매년 행하던 참배에 와 있었다. 아카시노 기미는 겐지의 성대한 행렬을 눈앞에 두고 신분과 처지의 차이를 느끼며 눈물로 지새웠다. 그것을 알게 된 겐지는 그녀의 심중을 알아차리고 노래 한 수를 지어 보낸다.

> 온 몸과 마음을 다 바쳐 사랑하는 증거로 여기서 다시 만나는 우리의 인연은 떼려야 뗄 수 없군요. —「미오쓰쿠시(澪標)」

이 노래로 아카시노 기미는 위로를 받는다.

로쿠조노 미야슨도코로의 죽음

레이제이 천황의 즉위에 의해 사이구(斎宮)가 교체되어 이세에 내려가 있던 로쿠조노 미야슨도코로(六条御息所)와 딸인 사이구가 귀경했지만, 얼마 되지 않아 미야슨도코로는 중병에 걸려 출가했다. 겐지가 놀라 급히 문안을 하러 갔더니 미야슨도코로는 딸의 장래를 걱정하여 간절히 부탁했다.

어머니를 일찍 여읜 딸은 곤궁에 빠지게 되는 일이 많기 때문에 겐지가 자신의 딸을 연인처럼 너무 잘 돌봐 주는 것은 곤란하다. 자신의 괴로운 인생에 비춰 보아도 여자는 생각지도 않은 일로 고민을 하게 되니 딸은 어떻게든 그러한 입장에 처하지 않게 하고 싶다고 부탁했다.

'괴로운 인생을 살다 보면, 여자는 생각지도 않은 일로 고민을 하게 되기 때문에'(「澪標」)라는 말에는 미야슨도코로가 겪은 불운한 생애의 탄식이 담겨 있다. 대신의 딸로 동궁에 입궐하여 장래에 황후를 꿈꾸었지만, 동궁의 갑작스런 죽음으로 딸을 안은 채 미망인이 되고 말았던 것이다. 그리고 겐지가 다가와 깊은 관계가 되었으나 이후 겐지는 냉담한 태도로 일관했다. 더욱이 원령 사건까지 일으키게 되어 겐지를 체념하려고 딸이 사이구가 된 것을 핑계로 이세에 내려갔다.

겐지에게 딸의 뒷일을 부탁한 미야슨도코로는 안심한 듯이 1주일 정도 지난 후 숨을 거둔다.

전 사이구의 입궐

일찍이 사이구가 이세에 내려갈 때, 다이고쿠덴(大極殿)에서 거행된 이별의 비녀를 꽂는 의식에서 그녀를 마음에 둔 스자쿠 천황은 이후에도 각별한 호의를 보였으며 귀경 후에는 열심히 구혼했다. 겐지는 그것을 알면서도 후지쓰보와 의논하여 미야슨도코로의 유언을 구실로 그녀를 현재의 레이제이 천황에게 들여

보내기로 했다. 이 무렵 곤 주나곤은 일찍이 딸을 입궐시켰고 효부쿄노 미야(兵部卿宮 : 후지쓰보의 오라버니)도 그 준비를 하고 있었지만, 겐지에게는 적당한 딸이 없었기 때문이다. 안정된 정권 기반을 만들기 위해서는 후궁을 견제하는 일이 요구되었다. 겐지에게 사이구는 로쿠조노 미야슨도코로에게서 받은 생각지도 않은 선물이 된 셈이다.

이때의 겐지와 후지쓰보의 연대는 철저하리 만큼 정치적이었다. 일찍이 용서받을 수 없는 사랑에 고뇌를 하던 모습과는 전혀 달리 그들은 당면한 정치 상황에 과감하게 대처하는 정치적 인간으로 변모해 있었다. 두 사람은 레이제이 천황의 부모로서 레이제이 천황의 시대를 지원하지 않으면 안 되었다.

사이구를 레이제이 천황의 뇨고로 만드는 일은 겐지에게는 정치적인 의미가 있었지만, 한편으로는 미야슨도코로의 진혼을 위한 가장 좋은 방법이기도 했다. 겐지는 미야슨도코로가 원한의 감정을 잊어버릴 수 있도록 돌보고 싶다고 이야기하는데, 후년 다시 원령이 되어 나타난 미야슨도코로는 겐지의 후견인 역할에 감사하고 있다.

그림 겨루기 대회와 덴토쿠 궁중 와카 경연 대회[5)]

전 사이구는 입궐하여 우메쓰보(梅壺)라는 전각에 살았기 때

5) 무라카미(村上) 천황의 치세 하인 960년 3월 궁중에서 천황의 덕(天德)을 기려 행해진 와카 경연 대회로, 후세의 와카 경연 대회의 틀을 마련했다.

문에 우메쓰보노 뇨고라 불렸다. 그녀는 그림을 잘 그렸다. 레이제이 천황은 먼저 입궐한 곤 주나곤의 딸 고키덴노 뇨고와 친숙했지만, 천황과 우메쓰보는 곧 친밀해졌다. 천황 자신이 그림에 능했고 우메쓰보와 그림에 관한 취미가 일치했기 때문이다. 곤 주나곤은 이를 알고 고키덴노 뇨고에 대한 총애가 약해질 것을 걱정하여 새로운 그림의 제작에 힘썼다. 그래서 고키덴과 우메쓰보의 그림 겨루기 대회가 행해지게 된 것이다.

우선 후지쓰보 앞에서 행해진 것이 모노가타리 그림 겨루기이다. 우메쓰보 쪽에서는 『다케토리 모노가타리(竹取物語)』[6]나 『이세 모노가타리(伊勢物語)』[7]라는 고풍스런 모노가타리 그림을 내걸고, 고키덴 쪽에서는 『우쓰호 모노가타리(宇津保物語)』[8]와 『쇼산미 모노가타리(正三位物語)』[9]라는 당대풍의 모노가타리 그림을 내걸어 우열을 겨루었다. 이것이 성황리에 이루어졌기 때문

6) 일본 최초의 모노가타리로 대나무 속에서 나온, 달세계의 천녀(天女) 가구야 히메를 주인공으로 한 이야기이다. 약 3개월 동안 아름답게 성장한 히메는 당시 내로라하는 귀족들의 구혼을 난제를 제시해 물리치고, 천황의 구혼에도 응하지 않고 다시 하늘나라로 돌아가 버린다는 내용이다.

7) 일본의 전통 시가인 와카를 중심으로 한 125편의 단편집. 헤이안 시대의 가인인 아리와라노 나리히라(在原業平)를 연상하게 하는 어떤 남자의 일대기를 이야기하는 형식으로 연애 · 결혼에 대한 여러 가지 사건 모자간(母子間)의 애정, 여행의 쓸쓸함 등을 담고 있다.

8) 10세기 후반에 성립된 장편 모노가타리. 전반부는 나카다다를 중심으로 한 와곤(和琴 : 거문고와 비슷한 현악기) 이야기이고, 후반부는 남자 주인공 아테미야에 대한 구혼담과 황태자 자리를 둘러싼 암투를 중심으로 예술, 사랑, 권력에 관한 이야기가 전개된다.

9) 화재로 손실되어 현재는 전하지 않는다.

에 레이제이 천황의 앞에서도 행할 것을 겐지가 제안하여, 양자가 모두 연중행사 그림과 산수화 등에까지 범위를 넓혀 최대한 재능을 발휘하며 겨루었다. 결국 겐지의 스마 시절 그림일기로 우메쓰보 쪽이 승리했다.

레이제이 천황 앞에서의 그림 겨루기 대회는, 좌측인 우메쓰보 쪽은 사용하는 도구나 장신구의 색과 시중 드는 상궁들의 복장을 보라색이나 적색 계통으로 통일하고, 고키덴노 뇨고 쪽은 청색 계통으로 통일하는 등 행사의 연출에서 장소까지 실제로 무라카미(村上) 천황의 덴토쿠 4년(960) 3월 열렸던 '덴토쿠 궁중 와카 경연 대회'를 모델로 한 창작이다. '덴토쿠 궁중 와카 경연 대회'는 후세의 와카 경연 대회의 규범으로 정해질 정도의 성대한 의식이었다. 세이료덴(清涼殿)의 서쪽 차양이 있던 곳에서 고료덴(後涼殿)의 격자문이 있는 곳까지 좌우 팀이 각각 자리를 잡고 20회의 승부를 겨뤘다. 이 대회는 후세에 무라카미 조정의 문화 융성을 상징하는 것으로 여겨졌다. 그림 겨루기 대회는 이를 모방해 레이제이 천황의 성대를 상징한다.

그렇다 할 의식이 있을 때마다 지금 천황의 치세 하에서 비롯되었다는 예를 남기려고 노력했다. 사사로운 민간 행사도 진귀하게 다루고 개최하여 과연 성대한 치세임을 만방에 보였다.

—「에아와세(絵合)」

겐지는 레이제이 천황 때부터 새로 시작되었다고 후세의 사람들에게 전해지도록 하기 위해 궁중 행사에서 그림 겨루기 같은 사적인 놀이도 새로운 취향으로 개최하였으며 레이제이 조정은 훌륭한 번영의 시대를 맞이하게 되었다는 내용이다. 이는 히카루 겐지의 노력에 의해 레이제이 성대(聖代)가 실현됨을 뜻한다. 무라카미 천황 시대에 관해 제1장에서도 언급한 바와 같이, 다이고(醍醐) 천황의 시대(엔기延喜 시대)에 버금가는 성대로 보는 엔기 · 덴랴쿠(天暦) 성대관이 무라사키시키부 시대에는 성립해 있었다. 모노가타리는 기리쓰보 천황과 레이제이 천황의 시대를 엔기 · 덴랴쿠에 견주어 이상적인 시대로서 이야기했던 것이다. 엔기 · 덴랴쿠 준거설은 겐지모노가타리를 이해하는 데 빠뜨릴 수 없는 시점이다.

영화의 절정에서 출가를 생각하다

히카루 겐지는 권문가로서의 지위를 확립하고 영화를 위한 계단에 차근차근 오르고 있었지만, 그런 속에서 그는 갑자기 자중과 겸허와 자제를 생각한다.

'이 세상은 무상하다. 레이제이 천황이 좀더 어른이 되면 출가를 하자. 오래전의 예를 들어도 젊어서 고위 고관에 올라 주목받은 사람은 장수한 예가 없다. 나는 관직도 지위도 인망도 분에 넘치고 있다. 중도에 역경에 처해 한탄의 세월을 보낸 대가로 장수하고 있는 것이다. 이제부터의 영화는 목숨이 걱정되니, 출가해 조용히 들어앉아 극락왕생을 위한 수행에 힘쓰고 목숨도 연

장하도록 하자.'

이렇게 생각하고 산속에 불당을 만들었다.

이런 생각이 깊은 구도심에서 나온 것인지 여부는 제쳐 두고라도 영화가 절정에 이르렀을 때에 인생을 무상하다고 보고 출가를 생각하는 점에는 히카루 겐지에게 일종의 뉘우침이 작용했다고 볼 수 있다. 권세를 위해 타인을 희생시키는 것은 어쩔 수 없다고 행동하면서도 권세가를 향한 길을 걷는 겐지의 심중에는 이를 주저하는 심리가 있다. 예를 들면 우메쓰보노 뇨고의 입궐을 위해서는 스자쿠 상황의 소망을 무시해야 하고 아카시노 기미에게서 낳은 딸의 장래를 위해서는 아카시노 기미로 하여금 딸을 떼어 놓게 해야 한다. 겐지는 이 같은 일을 죄를 짓는 일이라고 생각하고 있었던 것은 아닐까. 영화에 완전히 안주할 수 없는 의식이 잠재되어 있다고 보아야 할 것이다.

후지쓰보와의 밀통에 대해서도 겐지는 죄의식이 희박하다는 평을 받지만, 반드시 그렇다고 잘라 말할 수는 없다. 개인의 양심을 문제삼는 죄의식과는 다르지만 불교의 업보 의식이나 하늘의 눈이라는 관념에 의한 죄의식, 두려움이 강하게 존재하고 있다는 점에 대해서는 제3장에서 이미 언급했다. 스마에서의 금욕적인 불도 정진도 속죄 의식과 무관한 것이 아니고, 불당의 조영과 불사 공양도 겐지의 죄의식과 무관하지 않다. 단지 그것이 철저하지 못했다는 것은 작품 속에서 가끔 얼굴을 내밀어 따끔한 일침을 놓는 역할을 하는 해설자도 인정하고 있으며, 겐지가 곧장 출가하는 일은 없을 것이라고 덧붙이고 있다.

2. 레이제이 천황의 출생을 둘러싸고

후지쓰보의 죽음 — 레이제이 천황이 진실을 알다

겐지 서른두 살의 봄, 레이제이 천황이 즉위한 지 4년째 되던 해 천황은 열네 살이 되었다. 그해에는 섭정하던 태정대신(도노주조 : 아오이노 우에葵の上의 아버지인 좌대신)이 죽었고, 천재지변이 계속된 평온하지 않은 해였다. 그러한 속에서 후지쓰보가 죽었다. 서른일곱 살이었다.

생전의 후지쓰보는 모두에게 자비로웠으며 권세를 등에 업고 타인에게 폐를 끼치는 행동은 전혀 하지 않았다. 불사 공양도 사치스럽지 않게 하고 황족의 재산이나 수입의 범위 내에서 정성을 들여 행하였다. 이러한 후지쓰보의 고결한 인품을 아끼지 않는 자가 없었다.

후지쓰보를 추도하는 이 문장은 '육국사(六國史)'[10]에 실린 관리 고소쓰덴(薨卒伝)을 모방한 것이다. 제1장에서 닌묘(仁明) 천황의 뇨고 후지와라노 사와코(藤原沢子)의 소쓰덴(卒伝)[11]에 관해

10) 나라 시대에서 헤이안 시대 초기에 편찬된 6개 국사, 즉 『일본서기』·『속일본기』·『일본후기』·『속일본후기』·『일본 몬토쿠(文德) 천황 실록』·『일본삼대실록』을 부르는 총칭.
11) 36쪽 각주 참조.

언급했지만, 모노가타리는 뇨고의 고덴(薨伝)[12]을 모방해 후지쓰보의 생애를 찬양했다.

후지쓰보의 49재가 끝날 무렵, 밤에 천황 곁에서 기도하는 스님 한 분이 레이제이 천황에게 친아버지가 겐지라는 사실을 알려 주고, 천재지변은 천황이 분별력이 있는 나이에 달했기 때문에 출생의 진실을 알려야 한다는 신의 계시에 의한 것이라고 말했다. 레이제이 천황은 놀라 어떻게 해야 할지 고민한다. 기리쓰보 상황을 생각하면 죄스럽고 아버지 겐지가 신하로 있다는 사실도 황송하여 중국과 일본의 선례를 조사했더니, 중국에는 제왕의 혈통이 문란해진 사례가 많으나 일본의 역사서에는 그러한 예가 없었다. 예가 없다고 해서 실제로 없었다고 단정지을 수는 없으며, 신하가 되었던 1세 겐지[13]가 친왕(親王)이라는 직분으로 복귀해 즉위한 일이 있었다. 레이제이 천황은 그것을 따라 친아버지인 겐지에게 양위하려고 생각했다.

천황은 가을의 임관식(인사 이동의 의식)에 앞서 겐지와 인사 문제를 의논할 때에 양위의 의향을 내비치자, 겐지는 천황이 출생의 비밀을 안 것에 대해 두려워하며, 지금까지 지내 온 바와 같이 신하로서 섬길 결의를 이야기했다.

레이제이 천황이 출생의 비밀을 안 것은 어떠한 의미를 가지는가? 후지쓰보가 사망한 후의 레이제이 천황과 겐지의 관계는

12) 고(薨)는 세상을 떠난 황족 또는 3위 이상의 귀족을 이르는 말로, 고덴은 이들의 약력으로 추측된다.

13) 미나모토(源) 성을 받아 신하로 신분이 내려간 황자.

원래대로는 통상적인 군신 관계에 불과하지만, 실제 부자 관계임을 천황이 알게 되어 실로 이례적인 군신 관계가 된다. 후지쓰보를 매개로 하고 있던 천황과의 관계가 직접적인 부자 관계로 알려지면서 천황과 겐지의 유대 관계는 확고부동한 것이 된다.

안도 다메아키라와 모토오리 노리나가의 논쟁

레이제이 천황의 출생과 관련하여 에도 시대의 유학자 안도 다메아키라(安藤爲章)는 당시의 논쟁을 접하면서 다음과 같이 논했다.

> 창작물이기 때문에 시비를 가릴 필요가 없다거나 특별한 이유가 있기 때문에 들춰내서는 안 된다든가 추한 이야기여서 읽고 싶은 마음이 안 든다는 등 여러 가지로 말하고 있지만, 레이제이 천황은 기리쓰보 상황의 아들이자 손자이므로 황통의 문란으로 볼 수 없다. 그러나 후세의 황통에서 문란이 일어나지 않는다고도 볼 수 없기 때문에 그러한 일이 없도록 미리 방지하고자 하는 무라사키시키부의 풍유의 의도가 있다. 무라사키시키부의 식견은 대유학자의 생각과 같고, 독자는 그것을 잘 이해하고 읽어 내지 않으면 안 된다. —『자녀칠론(紫女七論)』

이를 가장 엄격하게 비판한 것이 국학자 모토오리 노리나가(本居宣長)이다. 노리나가는 다메 아키라의 풍유설은 모노가타리를 이해하지 못하는 유학자의 편견이라고 비판하고, 모노가타

리는 '모노노아와레(もののあはれ)'[14]를 독자에게 가르치는 것이 본질이라는 모노가타리론(論)을 전개한다. 레이제이 천황의 출생에 관계 있는 겐지와 후지쓰보의 밀통은 '연애 감정의 극한 상황까지 묘사해 보이기 위한' 것이고, 허용되지 않은 사랑이야말로 가장 깊은 '아와레(연민의 정)'의 감정을 표현할 수 있는 것이어서 모노가타리는 그것을 목적으로 한 것이라고 논했다(『겐지모노가타리 다마노오구시源氏物語玉の小櫛』: 겐지모노가타리의 주석서).

레이제이 천황의 문제는 다메아키라와 노리나가 외에도, 부정하게 태어난 아이의 즉위라는 구상과 관련지어 진나라의 시황제가 승상인 여불위(呂不韋)의 아들이라는 『사기』의 기록에 의거하고 있다고 논의되고도 있다(『가카이쇼河海抄』). 또 앞에서 설명한 바와 같이 겐지의 왕권 모노가타리로도 볼 수 있어 여러 가지 의미를 담고 있다. 이와 같은 모노가타리가 쓰인 이유를 단 하나의 정답으로 말할 수는 없지만, 이 모노가타리에는 커다란 의문이 담겨 있다. "일본 국사에 기록이 없다고 해서 역사적으로 없었다고는 말할 수 없다"라는 레이제이 천황의 말에 있듯이 역사의 이면에 주목한 의문이다. 레이제이 천황 이야기가 있을 수 없는 것은 아니라고 현대의 독자에게 생각하게 하는 것은 바로 이 역사의 이면에 던지는 의문의 깊이 때문이다. 겐지모노가타리는 이러한 복합적인 의미를 풀어 갈 것을 요구하는 이야기이다.

14) 모토오리 노리나가가 주장한 헤이안 시대의 미적 이념. 어떤 대상에 접했을 때 내면에서 자연적으로 느껴져 오는 깊은 감동을 말하는 것으로, 주체의 느낌이 대상과 조화를 이룬 상태를 일컫는다. 그 최고봉이 겐지모노가타리라고 했다.

3. 히카루 겐지의 방황

우메쓰보노 뇨고에게 사랑을 호소하다

우메쓰보노 뇨고는 레이제이 천황보다 아홉 살 위였으나 어린 나이의 천황을 돌보는 역할로서는 안성맞춤이었으며, 그림 겨루기 이후 천황의 총애는 한층 깊어졌다. 가을이 되어 뇨고가 니조인에 물러 와 있을 때 겐지는 마치 친아버지가 된 듯한 모습으로 그녀를 돌보았다. 그러던 어느 날 뇨고를 대면하고 그녀의 어머니 미야슨도코로를 회상하던 중 겐지는 돌연 그녀에게 연정을 호소하며 다가갔다. 전부터 강한 관심을 가지고 있었던 것이다.

> 내게도 마음을 주오. 내 마음속에 남모르는 가을녘 저녁 바람이 스며드는구려. —「우스구모(薄雲)」

뇨고는 갑작스런 사랑의 호소를 불쾌하게 여기고 겐지를 피한다. 겐지는 더 이상 그녀를 괴롭히지는 않고 '도리에 어긋한 사랑에 가슴을 태우는 버릇'(「薄雲」)이 아직 남아 있다고 생각하면서, 이는 있어서는 안 되는 일이라고 반성한다. 아울러 후지쓰보와의 사건에 대한 죄책감을 돌이키며, 옛날과 달리 자제하게 된 것은 자신도 사려가 깊어졌기 때문이라고 생각한다.

왜 우메쓰보노 뇨고에게 다가갔는지, 단순한 바람기인지 아니면 억누를 수 없는 연정이 있었는지, 자제했다고는 해도 이해하기 어려운 점이 있다. 겐지에게는 허용될 수 없는 사랑, 그리고 장애물이 많은 사랑에 열중하는 성벽이 있다는 점은 자주 언급했는데, 그러한 성벽이 또 발휘되었던 것일까?

그렇지만 이 행위는 후지쓰보와의 밀통 사건을 재현할 우려가 있는 성격을 가지고 있다. 천황 비에 대해 같은 잘못을 되풀이하고 똑같이 부정한 관계에서 태어난 아이가 즉위하는 일이 있을 수 없다는 것은 아니다. 겐지의 사랑의 충동에는 왕권 콤플렉스가 존재하는 것이 아닐까. 뇨고에게 다가가는 겐지의 행동에는 본인도 충분히 자각하지 못한 무의식의 심리가 있는 것처럼 생각된다.

무라사키노 우에의 불안과 고독

제3장에서 히카루 겐지가 한번 마음을 두면 체념하지 않는 성벽이 있다는 점에 대해서는 이야기했다. 「아사가오(朝顔)」에서 언급된 아사가오를 향한 사랑은 그 예로, 겐지가 열일곱 살 무렵에 아사가오, 즉 나팔꽃을 소재로 한 노래를 보낸 것이 단초이다. 아사가오는 시키부쿄노 미야(式部卿宮)의 딸로 겐지에게는 사촌에 해당한다. 겐지가 스물네 살 되던 해 봄에 사이인(斎院)이 되었고, 서른두 살이 되던 해 가을에 아버지가 사망하자 사이인을 그만두었다. 그후 아버지의 저택인 도원(桃園)에서 숙모인 온나고노 미야(女五の宮)와 함께 살았다. 겐지는 온나고노 미야의 병문안을 핑계로 그녀들이 사는 저택을 방문했으며, 아사가

오를 향한 겐지의 구혼은 금방 세간의 화제가 되었다. 온나고노미야는 기리쓰보 상황의 여동생이다.

이 사실에 신경을 곤두세운 것이 무라사키노 우에이다. 무라사키노 우에는 아카시노 기미의 딸 아카시노 히메기미(明石姬君)를 양녀로 삼고, 겐지의 정처 격의 지위에 올라 안정되어 있었다. 그러나 겐지가 진지하게 빠져 드는 것을 보고 자신보다 신분이 높은 아사가오를 처로 받아들이지 않을까 몹시 불안해 했다. 아사가오 자신이 결혼할 의사가 없어 무라사키노 우에의 걱정은 기우로 끝나지만, 이 일로 겐지의 처로서의 무라사키노 우에의 입장이 불안정하다는 사실은 분명해졌다. 겐지는 아사가오와 편지를 주고받는 일은 대수롭지 않으니 걱정할 일이 아니라며 변명했지만, 그녀는 겐지에 대한 불신을 떨쳐 버릴 수 없었다. 무라사키노 우에는 겐지의 이야기를 들으면서 눈 쌓인 겨울밤 정원의 경치에 빗대어 싸늘해진 자신의 마음을 노래했다.

> 정원에 끌어들인 물에 얼음이 얼어 돌 틈을 흐르는 물도 갈 길을 몰라 하는데, 밝은 달은 서녘을 향해 가고 있습니다.
>
> —「朝顔」

위에 인용한 시구는 무라사키노 우에의 차갑게 닫힌 마음을 '갈 길을 몰라 하는 물'로, 자신에게서 멀어져 가는 겐지를 '달'로 비유했다. 그리고 서쪽으로 기우는 달을 지켜보는 자신의 고독한 마음을 읊고 있다. 그러한 옆모습이 아름다운 후지쓰보와 꼭 닮았다고 생각한 겐지는 무라사키노 우에에 대한 애정을 새삼스레 다짐한다. 그러나 이는 무라사키노 우에가 여전히 후지쓰보의 대리 역할밖에 하지 못하고 있음을 보여 주고 있다. 후지쓰보는 사후에도 여전히 겐지의 마음을 사로잡고 있었던 것이다.

「아사가오」의 모노가타리는 무라사키노 우에의 처로서 지위의 불안 요인과 겐지가 여전히 후지쓰보에게 속박되어 있음을 이야기하고 있다. 이 두 사실은 겐지와 무라사키노 우에와의 관계를 규정하는 매우 중요한 문제이다. 후에 제6장에서 자세하게 설명할 「와카나(若菜)」 상권의 온나산노 미야(女三の宮) 하사[15)]의 모노가타리는 이 두 문제를 축으로 전개된다. 이런 점에서 「아사가오」 부분의 의미는 크다.

15) 원문은 '降嫁'로 되어 있다. '降嫁'란 황녀가 신하에게 시집가는 일을 말한다.

4. 태정대신 히카루 겐지

유기리의 대학 입학

히카루 겐지는 내대신으로서 확고부동한 권세가가 되었다. 장남이 유기리는 섭정 태정대신의 딸이고 세상을 떠난 아오이노우에와의 사이에 둔 자식이며, 조모인 오미야(大宮 : 기리쓰보 상황의 여동생)에게 양육을 맡겨 왔다. 유기리의 성인식을 계기로 겐지는 유기리를 6위에 상당하는 지위를 부여해 대학료(大學寮)에서 공부하게 하였다.

대학료는 나라 · 헤이안 시대의 고등 교육 기관이자 중 · 하급 관리의 양성 기관이다. 대학료의 전성기였던 10세기 중반 무렵에도 권문 자제가 입학하는 일은 거의 없었다. 당시 귀족에게는 음위(蔭位)라고 하는 특권 제도가 있어 친왕의 자식이나 1세 겐지는 4위 정도로 임관할 수 있었기 때문이다. 2세 겐지[16]인 유기리는 히카루 겐지의 권세를 감안하면 4위로 임관이 가능했고, 세상 사람들도 그렇게 예상하고 있었다. 그런데 겐지는 굳이 그러한 예상에 반하는 조치를 취해 유기리를 6위 대학의 학생이 되도록 했다. 이와 같은 사실에 조모인 오미야는 놀랐고 유기리도 이를 불만스럽게 생각했으며, 세상 사람들도 겐지의 의도를 궁금하게 여겼다.

16) 친왕의 아들로 미나모토 씨가 된 자.

그러나 겐지의 생각은 확실했다. 유기리에게는 대학 교육을 받게 하는 일이 집안과 유기리의 장래를 생각해 가장 필요한 일이라고, 오미야에게 말했다. 겐지는 자신은 궁중에서 성장했기 때문에 세상 물정을 모르고, 천황의 배려로 조금 공부는 했지만 불충분하다고 말했다. 그렇기 때문에 유기리가 권문의 자식으로서 관직의 승진이 순조롭거나 원하는 대로 영화를 누리게 되면 고통스럽게 학문하는 길을 멀리할 것이라고 강조하며, 다시 시대가 변하고 부모가 세상을 떠나고 집안이 쇠퇴해지면 학문을 갖추지 않은 실력 없는 몸으로는 세상에서 멸시당해도 의지할 데가 없다면서 다음과 같이 덧붙였다.

> 역시 학문을 기본으로 해야만 야마토 다마시(大和魂)가 중시되는 세상에서 중하게 쓰이지요. 당분간은 낮은 지위가 답답하게 여겨지더라도 장래에는 국가의 중진이 될 것이라는 각오를 갖는다면 제가 죽은 후에도 걱정할 게 없으리라 생각됩니다.
>
> —「오토메(少女)」

제대로 학문을 연마해야 지도력을 발휘할 수 있으니, 당장은 안타깝게 생각되어도 유기리는 장래 국가의 기둥이 될 자로서 이를 위해 지금 학문을 해 두면 자신의 사후도 안심이라는 뜻이다. 여기서 말하는 '야마토 다마시'란 한학의 지식을 일본의 실상에 맞추어 응용하는 판단력이나 상식을 의미한다.

겐지는 집안의 장기적인 번영을 위해서는 유기리를 제대로 교육해야 하며, 안이하게 음위라는 특권 제도에 의지할 것은 아니라고 생각했다. 귀족층의 신임을 얻기 위한 실력이나 인망 없이 장래 겐지 집안의 번영은 불투명하다. 겐지는 가문의 백년대계를 염두에 두고 있었던 것이다.

겐지의 방침은 엄격했다. 그때까지 유기리를 오미야에게 맡기고 있었지만, 오미야가 너무 애지중지해 공부에 방해가 된다고 생각했다. 그리하여 니조히가시노인(二条東院)의 하나치루사토에게 유기리를 돌보게 했다. 오미야에게는 한 달에 세 번밖에 갈 수 없도록 했다. 그 무렵 유기리는 오미야 밑에서 함께 자란 사촌인 구모이노 가리(雲居雁)를 마음에 두고 있었기 때문에 아버지의 엄격한 방침에 불만을 가졌지만, 성실한 성격으로 잘 참고 잡념 없이 공부에 전념했다. 네댓 달 만에 『사기(史記)』를 다 읽었고, 다음 해에는 문장생(文章生)[17]에 합격했으며, 그해 가을에는 작위를 부여받아 지주(侍従)[18]가 되었다.

문화 융성의 시대를 향해

유기리의 대학 입학은 내대신 겐지의 문교 정책과 일치하고 있었다. 겐지의 정책은 바로 '대학이 번영하는'(「少女」) 시대를 예견하고 있다. 신분의 상하를 불문하고 대학에 지망할 수 있게

17) 우리나라의 진사시험에 해당하며, 문장박사가 될 경우 종5위가 된다.
18) 종5위에 해당하는 관직.

되었기 때문에 세간에는 학문이 있는 유능한 인재가 많이 배출되었고, 학문과 예술의 각 분야에서 재능을 인정받는 시대가 되었다.

이러한 겐지의 대학 중시 정책은 모노가타리의 시대 설정과도 겹치는 당시의 학자에 의한 대학의 부흥을 호소하는 의견과 일치했다. 미요시 기요쓰라(三善淸行)는 엔기 14(914)년에 다이고 천황에게 「의견 12개조(意見十二箇条)」를 제출했다. 그 안에 대략 다음과 같은 구절이 있다.

> 나라를 다스리기 위해서는 현명하고 능력이 있는 인재가 필요하고, 그러한 인재의 양성은 학교가 기본이다. 그 때문에 옛날 명왕(明王)은 반드시 학교를 만들고 덕과 의를 가르치고 유교의 성전을 배우게 하며 지켜야 할 도를 순서를 정해 이야기했다. 『주례(周禮)』에는 가신이 왕에게 문서를 바치면 왕은 그것을 공손히 받았다고 하는데, 그것이 도를 존중하고 정치에 종사하는 자를 떠받드는 것이다.

미요시 기요쓰라는 이어서 "대학의 역할이 해마다 중시되어야 하나 경시되어, 근년에는 대학도 학생도 곤란해 하고 있다"라고 호소하면서 "조정은 대학에 재정 지원을 해야 한다"라고 언급하고 있다.

겐지가 '옛날을 상기해 대학이 번성했을 무렵'(「少女」)을 다시 실현한 것은 마치 기요쓰라의 의견에 답하고 있는 것과 같다. 모노가타리의 논리로 말하자면 겐지는 대학을 본래 있어야 할 모습으로 부흥시키고, 자신의 자녀 교육에서 이를 실천하고 사회에 그 모범을 제시한 것이다. 그러한 히카루 겐지의 정책이 레이제이 조정의 문화 융성을 이끌어 냈다.

태정대신이란 무엇인가

내대신으로서 히카루 겐지는 많은 성과를 올렸다. 뿐만 아니라 서른세 살의 나이에 우메쓰보노 뇨고를 황후로 만드는 데에도 성공했다. 황후가 된 그녀는 이전에 겐지가 봄과 가을의 정취를 화제로 삼을 때 가을이 좋다고 말했기 때문에 '가을을 좋아하는 황후, 즉 아키코노무(秋好中宮)'라고 불렸다. 이렇게 해서 후궁에도 확고한 체제를 확립한 겐지는 내대신에서 태정대신으로 승진하여 신하로서는 가장 높은 지위에 이르렀다. 겐지의 뒤를 잇는 내대신에는 곧 주나곤이 취임했으며, 겐지는 정치의 실무는 내대신에게 맡겼다.

그러면 히카루 겐지가 태정대신이 된 것에는 어떠한 의미가 있을까. 원래 태정대신이란 어떠한 관직인가. 그 점에 대해 생각해 보고자 한다.

태정대신이 좌대신이나 우대신과 다른 점은 지위에 따른 특정한 업무가 없으며, 적임자가 없으면 두지 않는 '측궐(則闕)의 관'이라는 점이다. 「직원령(職員令)」은 관청의 관명, 정원, 업무 등을 규정해 놓은 것인데, 태정대신에 대하여 다음과 같이 적고 있다.

태정대신 1인

위는 한 사람으로 하며, 사범(師範)으로서 세계의 법의 역할을 하게 한다. 나라를 다스리고, 도를 논하고, 음양을 순치해 다스린다. 그런 사람이 없으면 비워 둔다.

위 조문의 해석을 『영집해(令集解)』라는 주석서에 의해 정리하면 다음과 같다. 태정대신은 지(智) · 덕(德)을 겸비한 인격자로서, 천황의 사범이 되고 세계의 법이 되는 존재이다. 지는 모든 것과 통하고, 덕은 천지의 법칙에 합치된다. 태정대신은 그러한 지와 덕에 의해 나라를 다스리고, 도를 명백히 하여 천지자연의 운행을 부드럽게 하여 다스린다. 그와 같은 존재이기 때문에 적격자가 없을 때에는 두지 않는다.

태정대신이란 그와 같은 지위였다. 좌 · 우대신의 자격에는 이러한 인격과 관계된 규정은 없고 업무가 정해져 있을 따름이다. 하지만 태정대신에는 업무의 규정이 없다. 이와 같은 사실에서 종래에 태정대신은 지위만 있을 뿐, 실권이 없다고 여겨져 왔다. 그러나 하시모토 요시히코(橋本義彦)는 나라 · 헤이안 초기의 유명한 법가의 해석을 검토하고 단순히 업무가 없는 명예 관리로 규정짓는 것은 잘못이며, "사범훈도(師範訓道)와 만기총섭(万機總攝)의 양면을 가지고 있다"(『헤이안귀족平安貴族』)라고 결론짓고 있다.

겐지는 통상의 정치는 내대신에 맡기고 자신은 전면에 나서는 것을 삼갔다. 그러나 레이제이 천황의 정치는 '사범훈도와 만기

총섭'이라는 입장이나 권한에 의해 분명히 지도되고 있었다고 생각할 수 있다.

히카루 겐지는 그러한 지위에 있었다. 히카루 겐지는 태정대신의 이념을 체현하는 인물로서 조형되고, 그러한 겐지의 지도하에 레이제이 천황은 이상적인 시대를 실현한다. 모노가타리는 히카루 겐지의 태정대신 역할에 대해 이와 같은 의미를 부여하고 있다고 볼 수 있다.

제5장

로쿠조인의 영화와 사랑

세밀에 여인들에게 보낼 옷감을 고르는 겐지(「다마카즈라玉鬘」). 겐지의 왼쪽에 있는 여인이 무라사키노 우에이다. — 교토국립박물관 소장, 도사노 미쓰요시의 그림 「겐지모노가타리 화첩」에서

모노가타리 개요

겐지 서른다섯의 가을, 로쿠조인이 완성되어 무라사키노 우에 · 하나치루사토 · 아카시노 기미가 들어와 살게 되었다. 겐지는 죽은 유가오의 딸 다마카즈라를 염려했는데, 유가오의 유모 딸로 지금은 겐지의 시중을 드는 우콘이 하세데라라는 절에서 다마카즈라와 만나게 된다. 겐지는 소식을 듣고 다마카즈라를 양녀로 삼았다. 다마카즈라는 16년 정도 규슈에서 방황하고 있었다. 다른 사람들에게는 친자식으로 소개했기 때문에 호타루노 미야라든가 히게쿠로 다이쇼 등이 구혼해 왔다. 그러나 겐지 자신도 그녀를 사모하게 되어 그녀에게 구애하자, 다마카즈라는 당황한다. 우여곡절을 겪은 후, 다마카즈라는 가장 싫어하는 히게쿠로 다이쇼와 결혼한다. 히게쿠로는 오로지 다마카즈라만 사랑하여 정실 부인과 이혼하게 되었기 때문에 정실 부인의 친정인 시키부쿄노 미야 집안에서는 이것이 다마카즈라의 양부인 겐지와 무라사키노 우에가 짜고 하는 일이라고 원망한다. 겐지가 서른아홉 살이 되던 해, 아카시노 히메기미가 동궁으로 입궐하고 유기리도 구모이노 가리와 결혼하며, 겐지는 준태상 천황으로, 내대신은 태정대신으로 승격한다. 그해 겨울 레이제이 천황과 스자쿠 상황이 함께 로쿠조인에 행차했다. 히카루 겐지의 영화는 정점에 달했다.

—「오토메(少女)」·「다마카즈라(玉鬘)」·「하쓰네(初音)」·
「고초(胡蝶)」·「호타루(螢)」·「도코나쓰(常夏)」·
「가가리비(篝火)」·「노와키(野分)」·「미유키(行幸)」·
「후지바카마(藤袴)」·「마키바시라(眞木柱)」·「우메가에(梅枝)」·
「후지노우라바(藤裏葉)」

1. 로쿠조인의 조영

사계절을 배치한 대저택

태정대신이 된 히카루 겐지(光源氏)가 조영한 저택이 로쿠조인(六条院)이다. 이후 이곳이 겐지 일생의 본거지가 된다. 전년도 가을에 착공하여 완성까지 1년이 걸렸으며, 저택의 규모로 보면 밤낮을 가리지 않고 공사를 진행했을 것으로 생각된다. 4년 전에 완성한 니조히가시노인(二条東院)이 2년 반 걸렸는데, 로쿠조인은 그 네 배의 규모이기 때문이다.

헤이안 시대 귀족의 저택은 통상 잇초(一町)로 정해져 있었다. 잇초는 사방 약 120미터의 부지에 해당한다. 로쿠조인은 욘초(四町)로 되어 있고, 여기에 사계절을 배치한 저택이라는 독특한 구조를 하고 있다. 동남쪽은 봄의 거리로 하여 봄을 즐기는 정원을 만들었고, 여기가 겐지와 무라사키노 우에(紫の上)가 상주하는 주거 공간이 된다. 동북쪽은 여름의 정취를 즐기는 곳으로 만들어 하나치루사토(花散里)와 유기리(夕霧)가 생활한다. 서남쪽은 가을의 자연을 만끽할 수 있는 가을의 거리로 만들었지만, 여기는 원래 로쿠조노 미야슨도코로(六条御息所)의 저택이었기 때문에 아키코노무 주구(秋好中宮)의 주거 공간이 된다. 서북쪽은 겨울을 감상하는 겨울의 거리로 만들고 동시에 벼나 재물을 보관하는 창고를 두었다. 그리고 아카시노 기미(明石の君)와 그녀의 어머니인 아마기미(尼君)가 함께 살았다.

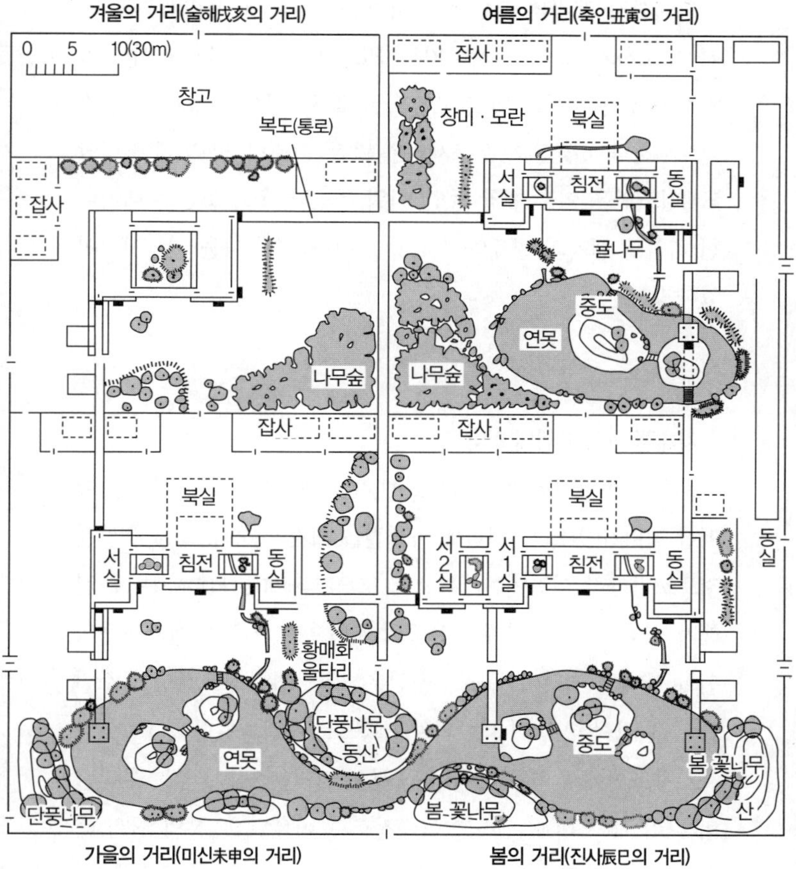

로쿠조인 상정(想定) 평면도

출전 : 이케 고조(池浩三) 『겐지모노가타리 — 그 주거의 세계』

그때까지 겐지의 부인들은 니조인(二条院)에 무라사키노 우에, 니조히가시노인에 하나치루사토, 오이(大堰)에 아카시노 기미가 따로따로 살고 있었지만 모두 로쿠조인으로 들어갔다. 스에쓰무하나(末摘花)와 우쓰세미(空蟬)는 니조히가시노인에 남았고, 니조인은 이후 한참 동안 비워 두었다. 로쿠조인은 태정대신 히카루 겐지의 권세와 지위를 상징하는 데 어울리는 저택이었다.

사계절 배치 저택의 의미

로쿠조인이 사방에 사계절을 배치한 저택이었던 사실에는 어떠한 의미가 있을까. 사방에 사계절을 배치한 저택 그 자체는 겐지모노가타리 이전에는 『우쓰호 모노가타리(宇津保物語)』에 전례가 있고, 중세 소설에는 용궁의 저택으로 나온다. 불로장생의 신화 세계의 저택이다. 로쿠조인은 그와 같은 불로장생의 소원을 담은 저택이며, 이 세상의 이상향으로 생각되었다.

로쿠조인에서 처음 맞은 정월 봄의 거리는 '살아 있는 부처님의 나라'(「하쓰네初音」)라고 극락정토로 비유되고, 봄의 연회 때에는 시녀 중 한 사람이 "거북이 등에 올라 봉래산을 찾는 일은 없을 것이다. 바로 이 배 안에 불로의 낙원이 있다는 평판을 남기자"(「고초胡蝶」)라고 노래했다. 이는 "옛날 진시황은 거북이 등을 타고 있다는 봉래산에 불로불사의 약을 구해 배를 타게 했지만 우리에게는 그럴 필요가 없다. 이 봄의 거리의 배에 탄 우리는 늙을 일이 없다는 평판을 남기자"라는 의미이다. 로쿠조인은 불로불사의 선경이라 여겨졌던 것이었다.

사방 사계절 저택이 태정대신의 저택이 된 데에는 그로써 태정대신의 이념을 상징한다는 의미가 있었다. 사방 사계절 저택의 구조에 「직원령(職員令)」에서 말하는 태정대신의 "음양을 순치해 다스린다"라는 이념을 적용했기 때문이다. 그런 의미에서 이 저택이 태정대신의 저택으로서 적격이었다. 또한 이는 다름 아닌 겐지모노가타리의 새로운 아이디어의 산물이었다.

태정대신의 "음양을 순치해 다스린다"라는 구절에 대해 『영집해(令集解)』는 "이 사람의 덕행이 천지를 감응시킨다. 닷새 동안 바람이 불어도 나뭇가지를 상하게 하지 않고, 열흘 동안 비가 내려도 땅이 파이지 않는다. 이러한 사람을 소위 현인군자라고 하며, 그의 언행은 법칙으로 삼아야 할 것이다"라고 주석을 달고 있다. 태정대신은 그 덕행이 천지를 감응시켜 바람이 불든 비가 내리든 자연을 온화하게 할 수 있어야 하며, 태평 시대로 인도해야 한다고 되어 있다. 로쿠조인의 새봄의 풍경은 그 같은 상징적인 의미를 가지고 있다.

해가 바뀐 새해 아침 하늘은 구름 한 점 없이 화창했다. 보통 사람들이 사는 집 담장 안에서도 녹아 있는 눈 사이로 싱싱한 풀들이 모습을 드러내기 시작했다. 오래 기다렸다는 듯 봄을 예고하는 아지랑이 속으로 움트는 나무의 눈이 어렴풋이 모습을 나타냈다. 자연히 사람들의 마음도 구김살 없어 보였다. 더구나 옥 같은 자갈을 깐 겐지의 집은 넋을 빼앗길 정도로 아름다웠다. 여느 때보다 한층 화려하게 꾸민 여인들의 모습은 말로 다 표현하기 어려울 정도였다. —「初音」

로쿠조인이 완성되어 비로소 맞이한 새봄의 풍경이지만, 이 구절에 대해 중세의 겐지 주석서 『민고닛소(岷江入楚)』(권 23)는 이 부분에는 '천지인의 삼재(三才)의 조화'가 언급되어 있다고 해석하고, '아침 하늘의 모습'은 '천', '보통사람들이 사는 집'을 '지', '자연히 사람들의 마음'은 '인'의 표현이라고 주석을 달았다. '천지인의 삼재'란 천지의 자연과 인간이 살아가는 모습이 조화를 이룬 태평 시대를 의미한다. 그러한 태평 시대는 태정대신 히카루 겐지의 덕행에 의한 것이다. 로쿠조인은 단지 넓고 장중하며 더없이 사치스러운 저택이 아니라 태정대신의 이념을 상징하는 공간이었다. 모노가타리는 그같이 이야기하고 있다고 보아도 될 것이다.

그러나 히카루 겐지는 이상적인 위정자로서 세상으로부터 칭찬을 받으면 받을수록 그는 내면에 깃든 정념(情念)과의 모순으로 고민했다. 젊은 시절처럼 정열에 몸을 맡겨 행동하는 것은 그제는 불가능했던 것이다. 겐지는 스스로가 만든 세계를 유지하기 위해 봉사해야 했다. 그의 정념이나 정열은 자신을 둘러싼 세계의 규정들과 충돌하고 갈등했다. 「다마카즈라(玉鬘)」의 이야기는 그러한 겐지의 내면 세계를 자세히 묘사해 간다.

2. 다마카즈라의 이야기

다마카즈라의 등장

히카루 겐지는 열일곱 살 때에 돌연 세상을 떠난 유가오(夕顔)를 잊은 적이 없었다. 유가오가 남긴 아이인 다마카즈라라고 불리는 여주인공의 파란만장한 인생을 이야기한 것이 '다마가즈라 10첩(帖)'이라 불리는 부분의 이야기이다. 「다마카즈라」·「하쓰네(初音)」·「고초(胡蝶)」·「호타루(螢)」·「도코나쓰(常夏)」·「가가리비(篝火)」·「노와키(野分)」·「미유키(行幸)」·「후지바카마(藤袴)」·「마키바시라(真木柱)」의 열 권으로 구성되어 있다. 왜 이 시점에서 다마카즈라가 등장하는 것인지, 다마카즈라가 모노가타리에 꼭 필요한 이유를 생각해 가며 이야기를 진행하고자 한다.

다마카즈라는 유가오와 도노 주조(頭中將 : 지금의 내대신) 사이에 태어난 아이이다. 유가오가 죽었을 때 겐지는 그 아이를 맡으려고 생각했지만 결국 이루지 못하고 말았다. 「다마카즈라」 부분은 그후 그녀가 어떻게 되었는가 하는 것에서 시작된다.

어머니 유가오의 생사도 모른 채 다마카즈라는 네 살 때, 유모의 남편이 다자이노 쇼니(大宰少貳)[1]가 되어 유모 일가와 함께 규슈로 내려갔다. 쇼니는 임지에서 사망하고 일가는 규슈에 남았고, 유모의 아이들도 그곳에서 결혼했다. 다마카즈라가 스무

1) 다자이부(大宰府)의 차관으로 종5위에 해당.

살이 되었을 무렵, 지방 호족인 다이후노 겐(大夫監)이란 자가 다마카즈라의 미모에 관해 소문을 듣고 구혼했다. 다마카즈라는 유모 일가의 헌신적인 노력으로 다이후노 겐으로부터 도망쳐 상경하고, 우연히 겐지에게 맡겨져 그의 양녀가 된다. 겐지는 다마카즈라를 미끼로 삼아 귀공자들이 구혼해 오는 모습을 보며 즐기려고 계획했다. 겐지는 마치 구혼극의 연출가처럼 행동하려고 한다.

하세데라의 영험담

다마카즈라는 왜 겐지의 양녀가 되었을까. 그 경위는 하세데라(長谷寺)의 영험담으로서 설명될 수 있다. 유가오의 시녀 우콘(右近)은 유가오가 죽은 후 겐지에게 봉사해 왔지만 다마카즈라의 행방을 알고 싶어 오랫동안 하세데라에 소원을 빌었다. 상경한 다마카즈라가 유모의 가족과 하세데라에 참배하기 위해 나섰을 때, 우연히 우콘도 와 있어 문전 거리의 쓰바이치(椿市)라는 여관에서 재회했다.

너무나 잘 꾸며진 이야기 같지만, 이는 하세 관음의 영험담이 담겨져 있기 때문이라고 볼 수 있다. 『스미요시 모노가타리(住吉物語)』에서도 남자는 자신이 청혼을 했으나 계모의 방해로 행방불명이 된 여자를 찾고자 하세데라에 참배하여, 이레째 되는 날 관음의 계시가 있어 재회하는 것으로 되어 있다. 또한 영험담은 계모담의 일부이기도 하다. 다마카즈라와 우콘의 만남도 같은 이야기 형태에 의한 것으로 간주할 수 있다.

다마카즈라를 발견한 우콘은 겐지에게 다마카즈라를 맡아 돌보는 것이 유가오에 대한 죄책감을 더는 것이라고 이야기했다. 그 이야기에는 겐지도 동감했다. 갑작스런 죽음을 맞은 유가오를 위한 진혼은 겐지의 현안이 되어 있었다. 단지 사람들은 현세에 걱정이나 한을 남기고 죽은 이를 위해 그것을 해소시켜 주는 일이 살아 있는 자의 의무라고 생각했다. 다마카즈라의 행복과 번영을 위해 힘써 주는 일이 유가오의 진혼이 되는 것이다. 다마카즈라를 양녀로 삼아 돌보기로 한 겐지는 우콘에게, "풍류를 즐기는 젊은이들에게 마음껏 애태우는 대상으로 다마카즈라를 소중히 다루자"(「玉鬘」)라고 말했다.

하지만 겐지의 이 발언은 좀 이상하다. 무라사키노 우에한테도 똑같은 말을 했는데, 그때 무라사키노 우에는 남자 마음을 부채질할 일을 가장 먼저 생각하다니 묘한 부모의 마음이다, "옳지 않다"(「玉鬘」)라고 비판했다. 겐지의 생각은 상식적이지 않았던 것이다. 왜 겐지는 그와 같은 일을 생각했을까.

겐지는 다마카즈라를 이용해 로쿠조인을 사람들이 주목하는 곳으로 만들려고 했다. 로쿠조인에 세상의 이목을 집중시키려는 것은 로쿠조인을 세계의 중심으로 만들겠다는 뜻이다. 다마카즈라에게 접근하는 남자들이 어떠한 행동을 하는지 그 모습을 지켜보겠다는 것은 비유적으로 말하면, 겐지는 세계의 중심에 군림하여 자신이 꾸민 하나의 장치로 세계가 어떻게 움직여 가는지를 보겠다는 것이었다. 세계의 중심은 천황이지만 '제왕의 상'을 가지고 천황이 될 수 없었던 겐지의 대리 보상 행위였다고도 생각할 수 있지 않을까. 겐지의 생각에는 이러한 심층 동기가 존재했던 것은 아닐까 싶다.

전례 없는 사랑의 시작

겐지는 다마카즈라를 친아버지인 내대신에게는 알리지 않고 로쿠조인의 여름 거리에 살게 했고, 하나치루사토가 키우도록 했다. 무라사키노 우에를 제외한 사람들에게는 친딸로 소개하고 하나치루사토에게도 진실을 알리지 않은 채 다마카즈라에게도 진짜 아버지인 양 행동했지만, 겐지는 아버지처럼 행세하는 동안 어느 틈엔지 다마카즈라를 사랑하게 되어 버렸다. 전례가 없는 사랑의 시작이다.

다마카즈라를 로쿠조인에 맞아들이고 나서 반년쯤 지난 3월 하순, 봄의 거리에서 뱃놀이가 성대하게 행해졌다. 그 다음 날에는 가을의 거리에서 아키코노무 주구가 계절 법회[2)]를 열었다. 상류층 귀족들과 당상관, 친왕들이 모여들었는데 다마카즈라의 소문을 들은 귀공자들이 앞 다투어 연서를 보내 왔다. 겐지는 자신의 의도대로 진전되는 것에 만족하여 편지를 뜯어 보고는 각각의 인품을 비평하고 자신의 남동생인 호타루노 미야(螢宮 : '반딧불이 황자'라는 뜻)와 유력한 귀족인 히게쿠로 다이쇼(鬚黒大将)

2) 많은 중을 초대해 대반야경을 읽는 의식.

에게만 답장을 쓰게 했다. 그러면서 실은 겐지 자신이 다마카즈라에게 마음을 두고 있었다.

무라사키노 우에는 겐지가 다마카즈라에게 빠져 있는 것을 알아채고, 자신은 지금까지 겐지의 바람기 때문에 마음고생을 해왔다고 미리 쐐기를 박았다. 겐지는 단순한 오해일 뿐이라고 빠져나가지만, 말과는 달리 어느 날 밤 다마카즈라의 침소를 방문해 속마음을 털어놓았다. 세상에는 친부모라고 공표하면서 연인으로 접근해 오는 겐지에게 다마카즈라는 당혹스러워하고 불쾌함을 느끼며 그를 성가시게 여긴다.

히카루 겐지의 모노가타리론

다마카즈라는 겐지에게서 벗어나고 싶어 호타루노 미야가 열심히 구애해 오면 답장을 하기도 했다. 그것을 뻔히 알고 있다는 듯이 겐지는 호타루노 미야가 찾아오는 날 밤 그를 다마카즈라의 방문 앞으로 인도한 다음 미리 숨겨 놓았던 수많은 반딧불이를 실내에 풀어 놓아 다마카즈라의 모습을 보여 주었다. 이러한 까닭으로 이 장면의 주인공 역 남자를 호타루노 미야, 즉 '반딧불이 황자'라고 부른다. 미야가 다마카즈라에게 반한 것은 말할 나위도 없다.

5월의 장마가 계속될 무렵, 겐지는 모노가타리에 열중해 있는 다마카즈라를 상대로 모노가타리에 관해 장광설을 늘어놓았다. 모노가타리와 역사의 차이, 모노가타리의 내력과 성격, 모노가타리는 독자적인 방법에 의한 허구 세계라는 점을 언급했다. 겐지의 입을 통한 것이지만, 작가 무라사키시키부의 모노가타리론이라고 생각해도 좋다. 겐지모노가타리의 방법을 이해하는 데에도 유익하지만 문학론으로서도 허구의 방법이나 그러한 의미를 논한 것으로 탁월하다. 이러한 주장을 설파하면서 다마카즈라를 설득하기 시작한다.

옛날 모노가타리에도 자신처럼 정성을 다해 돌보면서 뜻을 이루지 못한 바보 같은 남자 이야기나 다마카즈라처럼 냉담하게 시치미 떼는 사람에 관한 이야기는 없다며 자신들의 이야기를 세상에 아주 드문 이야기로 만들어 널리 알리자고 겐지는 말한다. 또한 옛날의 모노가타리를 뒤져 보아도 부모의 의향을 어긴 자식 내용의 예는 없으니 너는 불효자식이라는 내용의 노래를 지어 읊는다. 농담으로 얼버무리는 투의 설득이다. 이에 대해 다마카즈라는 겐지와 같은 부모 마음을 가진 이야기는 아무리 찾아보아도 없다고 되받는다.

실로 다마카즈라와 겐지의 관계는 지금까지의 모노가타리에는 예가 없는 모노가타리로서 쓰이고 있는 것이다. 그러한 두 사람의 관계에 대해 해설자는 앞으로 어떻게 되어 갈지 기대를 갖도록 표현하고 있지만, 이는 전례 없는 모노가타리에 도전하는 작가의 범상치 않은 의욕을 감춘 말투이다.

겐지는 다마카즈라의 처우에 대해 진지하게 생각하게 되었다. 다마카즈라에 대해 친아버지인 내대신에게 알려 준 다음 정식으로 결혼할 수 있을지를 생각한 것이다. 이는 겐지가 내대신의 사위가 되는 일이고, 또한 다마카즈라를 무라사키노 우에와 동등하게 대우해야 하는 일이기도 했다. 내대신에게 사위 취급받는 일은 겐지의 체면에 관계되는 일이고, 다마카즈라 때문에 무라사키노 우에의 지위를 위협할 수는 없다. 그렇다면 다마카즈라는 호타루노 미야의 정실 부인이 되는 쪽이 행복할 것이다. 그것이 상식이고 도리였다.

그러나 겐지는 다마카즈라를 포기하지 않았다. 그래서 생각한 것이 로쿠조인에 다마카즈라를 그대로 머물게 하고 호타루노 미야나 히게쿠로 다이쇼를 사위로 맞아들여 그들을 다니게 하고, 남몰래 다마카즈라와 만날 기회를 가지겠다는 것이다. 미혼인 동안은 설득하는 일도 귀찮고 측은하기도 하지만, 결혼하면 남녀간의 정도 알고 애처롭게 생각하는 일도 없어지며 사람들 눈이 많아도 방해가 되지 않을 것이라고 생각했다. 히카루 겐지의 호색적인 속성이 생생하게 묘사되고 있다.

다마카즈라의 마음의 움직임

다마카즈라는 겐지의 마음에 당혹해 하면서 겐지의 계획을 몰랐기 때문에 그가 최후의 일선을 넘지 않고 자제하고 있는 점에 마음을 놓고 어느새 겐지를 사모하게 되었다. 겐지에게 마음이 끌리지 않은 여자는 없었던 것이다. 그녀는 부모님 밑에서 겐지를 사위로 들이는 결혼이 가능하다면 좋겠다고 생각했지만, 그것은 겐지가 내대신과 라이벌인 관계로 불가능하다고 알고 나서도 겐지를 이상적인 연인처럼 생각하게 되었다. 거문고를 가르쳐 준다며 방문하는 겐지와 거문고를 베개 삼아 함께 누워 지내기도 하고 늦가을 태풍이 불어 닥친 다음 날 유기리가 몰래 들여다보고 놀란 두 사람의 포옹 장면 등을 보면 다마카즈라가 겐지에 대한 경계심을 풀었다기보다는 그 이상으로 겐지를 사모하게 되었다고 보는 것이 옳을 것이다.

겐지가 다마카즈라를 레이제이(冷泉) 천황에게 나이시노 가미(尙侍)로 출사시키려고 생각하게 된 것은 그녀의 이 같은 마음의 변화를 알았기 때문이다.

그해 12월, 겐지는 다마카즈라에게 레이제이 천황의 오하라노(大原野) 행차를 구경시켜 주었다. 천황의 장엄한 아름다움에 매료된 다마카즈라에게는 수행하는 아버지 내대신과 호타루노 미야는 전혀 돋보이지 않았고, 피부색이 검고 수염이 많은 히게쿠로 다이쇼는 혐오스럽게만 느껴졌다. 이때부터 그녀는 아키코노무 주구나 고키덴노 뇨고를 조심스러워하면서도 출사할 마음이 되었다. 그것은 겐지 입장에서 보면, 레이제이 천황을 보고 입궐해 시중을 들고 싶어하지 않는 젊은 여자는 없다는 것이겠지만, 다마카즈라의 경우는 겐지를 빼닮은 레이제이 천황의 시중을 드는 일은 겐지를 향한 사모의 보상 행위라는 의미가 있다고 할 수 있다.

이는 다마카즈라의 두 번째 사랑이다. 그러나 이때도 겐지는 그녀를 나이시노 가미로 출사하게 한 후 밀회의 기회를 가지려고 계획하고 있었다.

겐지와 내대신의 불화

다마카즈라를 나이시노 가미로 출사하게 하려면 다마카즈라의 신분을 밝혀야 한다. 겐지는 다마카즈라의 성인식〔裳着〕[3]을 행하는 날에 맞추어 친아버지 내대신에게 허리끈을 묶는 역할을 부탁해 부녀지간에 대면하게 하려고 계획했다. 겐지로부터 성인식에서 치마의 허리끈을 묶는 역할을 의뢰받은 내대신은 사정을 몰랐기에 어머니 오미야(大宮)의 병환을 이유로 거절했다. 그래서 겐지는 오미야를 문안하여 내대신의 딸 다마카즈라를 돌보고 있다는 이야기를 하고 내대신에게 전해 줄 것을 부탁한다. 오미야는 놀라 내대신에게 급한 용무라고 이르고 불러들여 겐지와 내대신이 오랜만에 대면을 하게 된다.

젊은 시절부터 친구였던 두 사람이 마주하는 데 오미야의 중개가 필요하게 된 것은 두 사람 사이에 몇 번 대립적인 문제가 발생했기 때문이다. 내대신은 딸인 고키덴노 뇨고가 황후 자리를 아키코노무 주구에게 빼기고 구모이노 가리(雲居雁)를 동궁비로 생각했을 때는 이미 유기리와 사랑하는 사이여서, 무슨 일이든 겐지 쪽이 늘 앞서서 분하게 생각하고 있었다. 유기리와 구모이노 가리의 사랑을 방해했던 것도 그 화풀이였던 것이다. 그뿐만 아니라 겐지가 다마카즈라를 칭찬하여 세상에 평판이 자자하여, 내대신도 지지 않으려고 젊은 시절 버려두었던 딸(다마카

3) 원문에는 '裳着'으로 되어 있다. 여자 아이가 성인이 되었다는 증거로 처음으로 치마를 입게 했기 때문에 명명된 것으로 보인다. 머리를 손질해 주는 사람과 허리끈을 묶어 주는 사람이 필요했다.

즈라)을 찾으려고 하다 예상치도 않은 오미노 기미(近江の君)라는 딸을 거두어들이는 신세가 되었다. 오미노 기미는 교양이 없는 유모에게 양육되어 언동이 상류 귀족의 규범에서 벗어났다. 너무 빠른 말투에 주사위 놀이를 좋아했으며 생각한 일은 뭐든 입 밖으로 내뱉었고 변기 청소도 할 수 있다고 말하는가 하면, 나이시노 가미로 삼아 주었으면 좋겠다고 하기도 하고, 유기리에게 연가를 읊어 보내기도 했다. 내대신도 다루기 힘들어 조롱하기도 했지만, 그 소문을 들은 겐지는 내대신의 자식들을 상대로 드러내어 놓고 내대신을 비난했다. 겐지와 내대신 사이에는 그러한 대항 의식과 대립적인 문제가 깔려 있었다.

내대신, 겐지의 계획을 꿰뚫어 보다

겐지에게서 다마카즈라의 이야기를 들은 내대신은 놀라 성인식 때 치마 허리끈을 묶는 역할을 하겠다고 승낙했다. 해가 바뀌어 겐지 서른일곱 살의 2월, 다마카즈라의 성인식이 행해지고, 부녀가 정식으로 대면했다. 17년 만의 일이다.

내대신이 차분하게 생각해 보니 석연치 않은 게 많았다. 그는 겐지의 계획에 속셈이 있다고 추측했다. 내대신은 다마카즈라가 나이시노 가미가 되어 고키덴노 뇨고와 천황의 총애를 다투게 되는 것은 좋지 않다고 생각했다. 그리고 겐지가 다마카즈라를 연인으로 만들기는 했지만 무라사키노 우에를 두고 정실 부인으로 삼을 수 없기 때문에 궁중에 출사시켜 밀회하려는 것이 아닌가 추측하고, 이러한 이야기를 주변에 흘렸다. 부녀지간의 상봉을 이룬 내대신은, 다마카즈라의 처우는 겐지에게 맡길 수밖에 없다고 하고 아버지로서 책임을 다해 돌보려고 하지 않았다.

내대신의 추측을 유기리가 그대로 겐지에게 내뱉었다. 유기리는 다마카즈라가 형제가 아닌 남이라는 이야기를 들은 후, 늦가을 폭풍우가 부는 날 아침 두 사람이 포옹하던 장면을 생각해 내고 아버지 겐지를 불신하고 있었다. 겐지는 유기리의 말에 당치도 않은 일이라고 일축하면서 자신의 속마음을 모두 들켰음을 깨달았다. 따라서 궁중으로 출사시켜 밀회하려던 계획은 단념할 수밖에 없었다. 다마카즈라의 출사와 결혼은 내대신이 딸과 대면한 이상 겐지 자신의 생각으로 정할 수는 없다고 겐지는 말한다. 다마카즈라는 자신의 입장이 이도 저도 아닌 게 되어 누구 하나 책임 있는 후견인이 되지 않으리라는 사실을 깨달았다.

다마카즈라, 히게쿠로 다이쇼와 맺어지다

다마카즈라가 나이시노 가미로 출사하는 것은 10월로 결정되었다. 그 사실을 안 히게쿠로 다이쇼와 호타루노 미야는 다마카즈라가 입궐하기 전에 결혼하려고 열심히 구혼했다. 다마카즈라의 마음은 호타루노 미야에게 기울어졌다. 다마카즈라가 마음을 두고 있는 상대는 히카루 겐지 · 레이제이 천황 · 호타루노 미야인데, 그녀는 겐지와 인연이 있는 사람들을 좋아했다.

그런데 다마카즈라는 결국 아주 싫어하던 히게쿠로 다이쇼와 맺어지게 되었다. 왜 그와 결혼하게 되었을까. 그 경위에 대해서는 언급되어 있지 않지만, 히게쿠로는 내대신의 지지를 얻었고 그 의향을 알아차린 시녀가 안내 역할을 했을 것이다. 다마카즈라는 비탄에 잠기고 겐지도 안타까워했다. 레이제이 천황도 마찬가지로 안됐다고 여겼다.

다마카즈라는 히게쿠로에 대해 노골적으로 냉담한 태도를 취하나 히게쿠로는 전혀 이에 개의치 않고 혼자 기쁨에 들떠 있었다. 다마카즈라와 겐지의 사이를 의심했지만 그 의심이 풀렸기 때문이다.

한편 히게쿠로의 집에서는 정실 부인이 원령에 씌어 정신을 잃기도 했다. 히게쿠로가 다마카즈라를 찾아갈 준비를 하고 있을 때도 부인이 돌연 원령에 씌었는지 화로의 재를 끼얹는 사건이 일어났다. 정실 부인은 히게쿠로와의 사이에 아이가 셋 있었는데, 이 사건 때문에 마키바시라(眞木柱)란 딸을 데리고 아버지 시키부쿄노 미야(式部卿宮)[4]의 친정으로 불려 갔다. 두 아들은 히게쿠로에게 남겼다. 이러한 이혼 소동이 겹쳐져 다마카즈라의 우울한 마음은 풀리지 않았다.

다마카즈라가 계모 이야기의 여자 아이 속성을 가지고 있는 것은 앞에서도 언급했지만, 계모 이야기에서 여자 주인공의 결혼은 늘 해피 엔딩으로 정해져 있었다. 다마카즈라가 싫어하는 남자와 결혼하고, 나아가 남편의 가정 소동에 말려든다는 것은 계모

4) 옛 효부쿄노 미야(兵部卿宮), 무라사키노 우에의 아버지.

이야기의 행복한 결혼이라는 결말을 희비극의 이야기로 고친 것이다.

방황의 처지를 한탄하는 다마카즈라

다마카즈라는 세 살때 어머니 유가오와 사별하고 유모를 따라 규슈에 내려갔다가 상경하여 겐지의 양녀가 되었다가 히게쿠로와 결혼했는데, 이는 방황하는 인생이라고 단언하기에 충분하다. 그녀가 처음으로 부른 노래는 방황하는 처지를 탄식하는 노래였다.

> 목적지도 보이지 않는 파도 위에 배 띄우고 바람 부는 대로 내 몸은 떠 가는구나.
>
> —「玉鬘」

규슈를 떠날 때의 노래이다. 목적지도 보이지 않는 정처 없는 항해의 불안과 초조를 노래한 것이지만, 동시에 의지할 데 없이 떠도는 장래의 자신의 모습을 탄식한 것이다. 다마카즈라의 어머니 유가오는 겐지에게 이름을 댈 때 '어부의 딸이기 때문에'라며 미천한 신분인 자신에게는 정해진 거처도 없다고 대답했지만, 다마카즈라의 "바람 부는 대로 내 몸은 떠 가는구나"라는 것은 유가오의 말을 연상시켜 떠도는 처지를 한탄하는 노래로 되어 있다. 다마카즈라는 하세데라를 참배할 때 "얼마나 죄 많은 몸이기에 이렇게 방랑해야 하는가"(「玉鬘」) 하고 탄식했다. 그녀는 어머니와 똑같이 떠도는 운명이었다.

다마카즈라는 공간적인 방랑만이 아니라 마음의 방랑도 한다. 겐지, 레이제이 천황, 호타루노 미야 등 사모하는 상대와는 맺어지지 못하고 싫어하는 남자와 결혼했기 때문에, 결혼은 끝없는 마음의 방랑을 의미한다. 히게쿠로와의 결혼 후 다마카즈라는 겐지에 대해 다음과 같은 노래를 읊는다.

> 삼도천(三途川)을 건너기 전에 눈물로 이루어진 강에 떠도는 물거품처럼 사라져 버리고 싶다. —「眞木柱」

노래는 여자가 저승 가는 길의 삼도천을 건널 때 처음으로 만난 남자에게 업혀 건넌다는 속세의 믿음을 토대로 하고 있다. 다마카즈라가 히게쿠로와 결혼하는 것을 측은하게 여긴 겐지가 자신이 다마카즈라를 업어 삼도천을 건너고 싶었다고 노래한 데 대한 답가이다. 결국 이 노래는 히게쿠로와의 결혼을 파기하고 죽어 버리고 싶다는 것이다. 이 노래는 '삼도천', '눈물', '거품', '사라지다'라는 엔고(緣語)[5]와 중의법을 이용해 방황과 죽음의 이미지를 형성한다. 히게쿠로와의 결혼 생활에 아무런 기대도 없으며 회한 속에 살아가는 인생밖에 예기치 못한다는 노래이다. 결혼 초에 이와 같은 자포자기의 노래를 부를 수밖에 없다는

5) 와카의 수사법으로 서로 관련이 있는 말들을 노래 속에 사용하여 표현 효과를 높이는 역할을 한다.

것은 다마카즈라에게 구원은 없다는 이야기이다. '얼마나 죄 많은 몸이기에'라는 다마카즈라의 탄식은 그만큼 마음속 깊은 곳에서 우러나온 것이었다.

그렇지만 히게쿠로 다이쇼는 동궁의 백부이며, 차세대의 외척으로 관백이 될 장래성이 있는 유력한 정치가였기에 세간에서 보기에는 어울리는 혼인이었다. 다마카즈라가 견딜 수 없다고 느낀 것은, 히게쿠로에게 풍류가 없고 섬세한 배려가 없으며 천황의 의향에도 복종하지 않는 직선적인 인물이라는 점이었다. 즉 히카루 겐지와 정반대의 인물이었던 점에 기인한 것이었다. 그러나 히게쿠로는 그러한 행동력으로 다마카즈라를 겐지의 저택인 로쿠조인에서 끌어내어 자신의 집으로 데려갔던 것이다. 히게쿠로 가정 문제에 그녀가 휘말리면서 「다마카즈라」는 막을 내린다. 결혼이 회한으로 시작되는 다마카즈라의 인생은 다음의 「와카나(若菜)」 상권 이후 모노가타리의 서곡 역할을 하고 있다.

3. 히카루 겐지의 영화와 '제왕의 상'

히카루 겐지의 경사

다마카즈라의 비탄에 잠긴 모습과는 대조적으로 로쿠조인은 영화의 정점을 향하고 있었다. 「우메가에(梅枝)」와 「후지노우라하(藤裏葉)」 양 권에는 히카루 겐지 서른아홉 살 1년 동안의 경사가 묘사되어 있다.

겐지는 아카시노 히메기미의 성인식과 동궁 처소로의 입궐을 앞두고 정월부터 향을 조합하거나 가나 문장의 책자를 만드느라고 바빴다. 향도 책자도 겐지가 솔선하여 무라사키노 우에를 제외한 부인들을 동원하여 준비하고, 완성된 것을 당대 풍류인으로 가장 이름이 높았던 호타루노 미야로 하여금 평하게 했다. 히메기미의 성인식에서 아키코노무 주구가 허리끈을 매주었고, 4월에 히메기미는 동궁의 처소로 입궐하였다. 히메기미의 나이 열한 살이었다. 레이제이 천황의 다음 시대에도 히카루 겐지 집안이 번영할 기반은 든든하게 마련되었다.

아카시노 히메기미의 입궐과 때맞추어 유기리와 구모이노 가리의 결혼도 실현되었다. 오랫동안 두 사람 사이를 방해해 온 내대신이 결국 꺾여 내대신 집안의 등꽃 연회에 유기리를 초대해 결혼을 허락한 것이다. 「오토메(少女)」 권에서 사이가 갈라진 이후, 6년째 되는 해에 두 사람은 떳떳하게 맺어졌다. 유기리가 열여덟 살, 구모이노 가리가 스무 살 되던 해였다.

히메기미의 입궐에는 무라사키노 우에가 따르고, 사흘간의 혼례가 끝나 퇴궐하는 무라사키노 우에는 뇨고 수준의 대접을 받아 인력거 사용을 허락받았다. 무라사키노 우에는 자신의 친자식의 입궐이었더라면 하고 남몰래 애석해 했다. 이후의 히메기미의 궁중 생활에 관해서는 무라사키노 우에를 대신하여 친어머니 아카시노 기미가 봉사한다. 그녀는 겐지와 무라사키노 우에의 배려에 감사하면서도 무라사키노 우에와 비교해 자신의 처지를 유감스럽게 여기는 한편, 히메기미의 신변에 봉사할 수 있는 것은 스미요시신의 가호라고 생각했다.

그해 가을 히카루 겐지는 '태상천황에 준하는 지위'(「후지노우라바(藤裏葉)」)를 얻었다. 태상천황은 상황을 일컫는 말이다. 준태상천황이 되어 겐지는 신하의 신분을 벗었다. 신하에서 준태상천황이 된 예가 역사 기록에는 없다. 그 뒤 겐지의 호칭은 인(院)을 붙인 상황의 호칭으로 바뀐다.

점성술가 스쿠요의 예언

이야기의 순서가 뒤바뀌었지만, 앞의 「미오쓰쿠시(澪標)」 권에서 레이제이 천황의 즉위에 이어 아카시노 기미에게서 딸이 태어났을 때 겐지가 스쿠요(宿曜)의 예언을 상기해 냈다. 스쿠요는 점성가인데, 그에 따르면 겐지에게는 천황과 황후와 태정대신이 될 세 아이가 태어난다는 것이었다. 언제 예언이 있었는지 분명하지는 않지만, 이는 히카루 겐지에게 세 번째 예언이다.

최초의 예언은 일곱 살 때 고려의 관상가에게서 들은 '제왕의 상'(「기리쓰보桐壺」)에 관한 것이다. 그리고 열여덟에는 '천황의 아버지가 된다는 꿈속의 예언'(「와카무라사키若紫」)이 있었다. 스쿠요의 점성술은 겐지 자손의 번영을 예언한 것이다. 겐지는 자신의 인생이 예언을 실현해 가는 삶이라고 확신한다.

그 근거는 세상에는 비밀이지만, 실은 겐지의 아들 레이제이 천황이 즉위했기 때문이다. 이는 다름 아닌 해몽과 점성술이 적중했다는 이야기이다. 겐지는 이 세 예언의 연관성에 대해 생각했다. 생각 끝에 '제왕의 상'의 예언이란 자신이 천황이 된다는 것이 아니라 천황의 아버지가 된다는 사실을 뜻한다는 것을 깨달았다. 아버지 기리쓰보(桐壺) 상황이 자신을 신하로 강등했으므로 천황이 되는 운명에는 이르지 못했지만 레이제이 천황의 아버지가 됨에 따라 예언은 성취된 것이고, 그것이 '제왕의 상'을 의미하는 것이었다고 납득한다.

독자도 겐지의 생각처럼 이해해도 될 것이다. 겐지의 '제왕의 상'은 본인의 즉위를 의미하지 않는다. 천황의 아버지로서 실현되는 왕권이었다. 이것이 프롤로그에서 언급한 「기리쓰보」 권에서 시작되는 제3의 수수께끼였던 '제왕의 상'의 해답이다.

'제왕의 상'이란 무엇인가?

도대체 히카루 겐지의 '제왕의 상'이란 무엇일까.

모노가타리는 히카루 겐지가 태어날 때부터 '예쁘고 잘생긴 귀한 남자 아이' 또는 '빛나는 도련님'(「桐壺」) 등으로 비유하고 있다. 그리고 여러 곳에서 그의 초인적인 자질을 칭찬하고 있다. 특히 이러한 비유는 후지쓰보(藤壺)와의 밀통 사건 전후에 현저하다.

예를 들어 겐지가 학질을 치유하기 위해 기타야마(北山)에 갔다가 병이 나아 귀경할 때 기타야마의 스님이 이별을 아쉬워하며 다음과 같은 노래를 부른다.

> 우담바라라는 꽃을 기다리다 드디어 본 듯하여 깊은 산중의 벚꽃 따위에는 눈길도 가지 않는다. —「若紫」

우담바라는 불경에 나와 있는 3천 년에 한 번 피는 꽃이다. 그 꽃이 피어 있을 때에는 전륜성왕(轉輪聖王)이라는 이상적인 황제가 나타난다고 한다. 스님은 히카루 겐지를 전륜성왕이라고 빗대어 그와 같은 겐지와의 만남을 기뻐하고 쇼토쿠(聖德) 태자의 것이라고 전해 내려오던 염주를 헌상했다.

거기에 좌대신 집안의 도노 주조 등이 마중 나와 다시 겐지를 둘러싸고 연회를 베푸는데, 그때 도노 주조의 남동생이 「가쓰라기(葛城)」라는 사이바라(催馬樂)[6]를 노래한다. 그것은 『속일본기(續日本紀)』의 「고닌 즉위 전기(光仁卽位前紀)」에는 고닌 천황의 즉위를 예상하여 불리던 동요로 인용된 노래이며, "가쓰라기 절

6) 고대 가요의 일종. 원래는 민요였지만 헤이안 시대에는 궁중의 아악에 도입되었다.

에 와 보니 도유라(豊浦) 절 서쪽 문 앞이구나. 팽나무 밑 샘에 가라앉은 새하얀 물방울… 그 새하얀 물방울을 손에 뜨면 나라가 번영하고 우리 집도 부유해질 것이다"라는 내용이다. 고닌 천황이 즉위하면 나라가 번성하고 우리 집도 번성한다는 내용이다. 동요라고 해도 어린이 노래가 아니라 정치적으로 혼란한 시기에 유행하게 되는 풍자적인 노래를 뜻한다. '새하얀 물방울'을 겐지에 관한 비유로 해석하면 마치 히카루 겐지의 즉위를 몹시 바라는 것 같은 의미가 된다. 그것은 좌대신 집안의 번영도 된다고 말이다.

또한 기리쓰보 천황이 아버지 이치노인(一院)의 축하연을 위한 시악(試樂)[7]을 세이료덴(清涼殿)에서 행했을 때 겐지가 춤추는 모습은 말할 나위 없이 아름다웠고, 한시를 읊는 소리가 '불어가릉빈가성(仏御迦陵頻伽聲)'(「모미지노가紅葉賀」)처럼 들렸다고 언급되고 있다. '가릉빈가'는 극락정토에 있는 아름다운 목소리를 가진 새로, 그 소리는 아미타여래가 행하는 설법의 묘음(妙音)으로도 비유된다. 여기서 겐지는 아미타여래에 비견되고 있는 것이다.

히카루 겐지는 이와 같이 모든 면에서 초인적으로 뛰어난 자질이나 능력을 갖추고 있었고, 그러한 이상적인 품성이 제왕의 자리에 어울리도록 기능하고 있었다. 이것이 곧 '제왕의 상'이고, 기리쓰보 천황이 또한 겐지를 즉위시키고자 했던 이유였다.

7) 천황 행차나 궁중 축하연 때 거행되는 무악(舞樂)을 2~3일 전에 미리 연습하는 것.

준태상천황 히카루 겐지

'제왕의 상'의 궁극적인 도달점이 준태상천황이다. 레이제이 천황은 진심으로 겐지에게 양위하고 싶어했기 때문에, 그것이 이루어지지 않은 사실에 대해 내심 불만을 가지고 있었다. 이는 아버지가 신하인 점을 고통스럽게 생각한 레이제이 천황의 효심을 나타낸다.

준태상천황에 대하여 『가카이쇼(河海抄)』는 『사기』에서 한나라 고조가 부친 태공(太公)을 '태상황(太上皇)'이라고 존칭한 예를 든다. 그것은 고조의 부친에 대한 효심이었다. 레이제이 천황은 이를 모방한 것이다. 물론 표면적인 이유는 태정대신 히카루 겐지의 "인품이 뛰어나고 훌륭하다"(「우스구모薄雲」)라는 것이지, 효심을 이유로 한 것은 아니었다. 겐지의 태정대신 후임으로는 내대신(옛 도노 주조)이 취임했다. 그도 히카루 겐지에 버금가는 권문에 이르렀다.

그해 10월, 레이제이 천황과 스자쿠인(朱雀院)이 함께 히카루 겐지의 로쿠조인으로 행차해 단풍놀이 연회를 벌였다. 히카루 겐지는 영화의 정점에 이르렀다. 새로운 태정대신은 겐지를 기려 다음과 같은 노래를 읊었다.

> 보랏빛 구름처럼 보이는 국화꽃이 티 없이 맑은 별빛으로 보이는구나.
>
> —「藤裏葉」

'보랏빛 구름'은 태평성대에 나타나는 서운(瑞雲), 즉 상서로운 구름으로 레이제이 천황을, '국화꽃'과 '별빛'은 히카루 겐지를 비유한 것이다. 보랏빛 구름으로 착각할 정도로 국화꽃은 맑고 깨끗한 태평성대의 별빛인 양 보인다는 뜻이다. 천황과 나란히 히카루 겐지를 태평성대의 별빛이라고 한 것이다. 레이제이 천황의 태평성대는 준태상천황 겐지가 천황과 함께 만들어 낸 것이다. 새해가 되면 히카루 겐지는 마흔 살, 조정을 비롯해 세간에서는 겐지의 40세를 축하하는 연회[8] 준비에 힘쓰고 있었다.

8) 당시 마흔이란 나이는 현대와는 달리 상당히 장수한 편에 속했다. 요즘 환갑에 해당하는 나이쯤으로 생각할 수 있다.

제6장

암운으로 덮여 가는 히카루 겐지의 세계

정원에서 축국을 하고 있던 가시와기 등이 당고양이의 줄에 엉켜 발이 들리는 바람에 온나산노 미야(오른쪽)의 모습을 보게 된다(「와카나若菜」 上). — 교토국립박물관 소장, 도사노 미쓰요시의 그림 「겐지모노가타리 화첩」에서

모노가타리 개요

스자쿠인은 로쿠조인 행차 후에 병환이 깊어져 출가를 결심하고 후견인이 없는 온나산노 미야를 위해 히카루 겐지를 사위로 택했다. 겐지는 마흔 살이 되었다. 정월에는 다마카즈라가 40세 축하연을 열었고, 2월에는 온나산노 미야가 로쿠조인으로 가마를 타고 들어왔다. 무라사키노 우에는 겐지에게 헌신적으로 협력하지만 겐지는 온나산노 미야를 맞아들인 것을 후회한다. 온나산노 미야의 결혼을 계기로 스자쿠인이 서쪽 산에 있는 절에 들어가자 겐지는 오보로즈쿠요와 재회하고, 이를 알게 된 무라사키노 우에는 겐지에 대한 불신을 더하게 된다. 겨울에는 무라사키노 우에, 아키코노무 주구, 유기리가 잇달아 겐지의 40세를 축하했다. 다음 해 3월 아카시노 뇨고는 동궁의 아들을 출산하고, 이 소식을 들은 아카시노 뉴도는 편지를 보내 간절히 바라던 염원이 이루어졌음을 기뻐했다. 그로부터 5년 후 레이제이 천황은 동궁에게 양위하고, 새로운 동궁에는 아카시노 뇨고의 아들이 임명되었다. 10월 겐지는 아카시노 뇨고, 무라사키노 우에, 아카시노 기미 등을 데리고 스미요시 참배를 행한다. 다음 해 스자쿠인의 50세 축하연을 열기 위해 겐지는 온나산노 미야에게 거문고를 가르치고, 그 성과를 주변 사람들에게 알리기 위해 로쿠조인의 여성들이 연주하는 음악회를 열었다. 그 직후 무라사키노 우에는 발병하고 겐지는 계속 간병을 위해 그녀 옆에 있게 된다.

—「와카나(若菜)」 상 · 하

1. 온나산노 미야를 받아들이다

제2부에 대하여

제2부의 이야기는 히카루 겐지와 무라사키노 우에(紫の上)의 고뇌에 찬 인생의 후반기, 그리고 유기리(夕霧)와 가시와기(柏木)라는 후세대를 둘러싼 이야기가 전개된다. 「와카나(若菜)」 상·「와카나」 하·「가시와기(柏木)」·「요코부에(横笛)」·「스즈무시(鈴虫)」·「유기리」·「미노리(御法)」·「마보로시(幻)」의 여덟 권으로 이루어져 있다. 겐지모노가타리의 약 6분의 1을 차지하는 분량인데, 그중 「와카나」 상·하의 두 권은 제3부의 「우키후네(浮舟)」 권에 다음가는 긴 분량을 차지한다.

「와카나」 상은 히카루 겐지의 40세 축하연을 이야기하고 있고, 「와카나」 하는 스자쿠인(朱雀院)의 50세 축하연을 이야기하고 있다. 권명(巻名) '와카나'는 장수를 빌어 헌상하는 봄나물이라는 말에서 따왔다. 상·하권으로 나눈 것은 한 권으로는 너무 길기 때문이겠지만, 이 두 권은 한 권의 책으로 완성되는 모노가타리로 감상할 수 있는 긴밀한 구성으로 되어 있다. 모노가타리에서는 '와카나'라는 권명이 뜻하는 경사스러움과는 상반되게 고뇌하는 사람들의 인생을 이야기한다. 작가는 히카루 겐지의 영화 속에 숨겨진 어두운 인생을 확인하고 있다.

스자쿠인, 온나산노 미야의 장래를 염려하다

제1부의 모노가타리는 히카루 겐지의 영화와 영광을 이야기했다. 제2부의 모노가타리는 시간적으로 단절되지는 않지만 스자쿠인의 병에 관한 이야기부터 시작된다.

스자쿠인은 준태상천황이 된 히카루 겐지의 축하연에 참석한 이래 병이 깊어져 제1부의 마지막인 「후지노우라바(藤裏葉)」 권에서 출가를 결심한다. 그런데 애지중지하는 딸 온나산노 미야(女三宮)의 앞날이 몹시 걱정되었다. 온나산노 미야에게는 스자쿠인 외에 의지할 만한 후견인이 없기 때문이다

온나산노 미야는 여기에서 처음으로 등장하는 인물이며, 지금까지 그 존재에 대해 언급된 일이 없었다. 새로운 인물을 등장시키는 모노가타리는 새로운 구상 하에 시작된다고 보아도 좋다.

온나산노 미야의 어머니는 후지쓰보노 뇨고(藤壺女御)이다. 기리쓰보(桐壺) 천황의 황후 후지쓰보의 이복동생으로, 스자쿠인의 동궁 시절에 입궐했다. 황후가 되기에 충분한 인물이었지만 고키덴(弘徽殿) 태후가 오보로즈쿠요(朧月夜)를 나이시노 가미(尙侍)로 만들었고 스자쿠 천황도 오보로즈쿠요를 총애했기에, 후지쓰보노 뇨고는 밀려나게 되었다. 그녀는 세상을 비관하고 자신의 불운을 원망하며 죽어 갔다. 스자쿠인은 후지쓰보노 뇨고의 원통함을 풀어 주기 위해서라도 온나산노 미야를 몹시 사랑했다.

온나산노 미야의 장래를 걱정한 스자쿠인은 동궁과 유모에게 의논했다. 생각하면 생각할수록 여자의 일생은 정처 없고 의지

할 데 없이 불안정하여, 고귀한 신분의 여자라도 별수 없다는 생각에 이르며 걱정은 끊이지 않는다. "여자란 의외로 의지할 데 없고, 사람들에게 업신여김을 당하는 운명이어서 더욱 안쓰럽고 서글픈 존재다", "대단한 신분의 여자라 해도 여자의 운명이란 불안하기 때문에"(「若菜」 上)라는 말이 되풀이된다. 스자쿠인이나 유모들의 이러한 언설은 이와나미(岩波) 『신일본고전문학 대계본(新日本古典文學大系本)』을 보자면 25쪽에 이른다.

이는 '비 오는 날 밤의 여인 품평회' 이래 모노가타리의 중요한 주제이다. 제2장에서 '비 오는 날 밤의 여인 품평회'는 여성의 존재 방식을 묻는 논쟁거리라고 언급했지만, 온나산노 미야의 결혼을 둘러싼 언설은 그 문제에 모노가타리가 본격적으로 다루고 있는 것을 나타낸다.

온나산노 미야를 받아들인 것을 후회하는 히카루 겐지

스자쿠인은 온나산노 미야에게 신분에 어울리며 후환의 염려가 없는 결혼 상대를 정해 주기로 결심했다. 유력한 후보자를 평가한 끝에 결국 옛날 겐지가 무라사키노 우에를 양육한 것처럼 온나산노 미야의 후견인 역할을 해 주는 것이 안심이 될 것이라는 결론에 이른다.

처음에 겐지는 거절했다. 그러나 온나산노 미야의 어머니가 후지쓰보 황후의 여동생으로 미모가 뛰어나다는 평판이 떠올랐다. 그러자 온나산노 미야도 보통 미모가 아닐 것이라는 생각이

들면서 마음이 움직였다. 이것이 겐지가 온나산노 미야의 하사를 받아들인 심층의 이유였다. 후지쓰보 황후의 질녀인 점은 무라사키노 우에와 같지만 온나산노 미야는 스자쿠인이 가장 아끼는 공주였다. 신분도 무라사키노 우에보다 높다. 겐지는 무라사키노 우에보다 나은 후지쓰보 황후와 '인연'을 가진 인물을 기대하고 있었던 모양이다.

후지쓰보에 대한 사모의 정은 무라사키노 우에와 평안한 날을 보내는 가운데서도 여전히 겐지의 마음 깊은 곳에 면면히 흐르고 있었다.

겐지가 온나산노 미야와 결혼한 것은 마흔 살이 되던 2월로, 뇨고의 입궐 의식에 준해 공경(公卿) 이하가 가마 행렬에 봉사했다. 이해는 겐지의 40세 축하연이 다마카즈라(玉鬘), 무라사키노 우에, 아키코노무 주구(秋好中宮), 유기리에 의해 1년 내내 계속되었다. 세간에서는 온나산노 미야의 하사에 관해, 준태상천황이라는 히카루 겐지의 신분에 어울리는 부인을 맞이하게 된 것이라고 평가했다. 무라사키노 우에를 비롯한 여러 부인들은 지금의 겐지의 신분에는 못 미친다고 생각했기 때문이다.

그러나 온나산노 미야를 맞이한 겐지는 낙담했다. 미야는 열네댓 살인데 나이에 비해 매우 어렸고, 무라사키노 우에와 같은 재기발랄함도 없었다. 이 수준이라면 무라사키노 우에에게 대항하여 그녀를 제압하려 드는 일은 없을 것이라고 안도하면서도 무라사키노 우에를 마음 아프게 했다는 사실을 후회했다. 로쿠조인은 암울한 세계로 바뀌었다.

2. 무라사키노 우에의 고뇌

의붓딸로서 무라사키노 우에

겐지에게서 온나산노 미야를 받아들이겠다는 말을 들은 무라사키노 우에는 두 사람의 애정에서 비롯된 일은 아니나 그만둘 수도 없다는 겐지의 설명을 곧이곧대로 받아들였다. 후지쓰보와 인연이 있는 여성을 사모하는 겐지의 속마음을 알 수는 없었다. 그녀는 이성을 잃고 세상의 웃음거리가 되는 일은 하지 않을 것이라고 다짐했다. 단지 계모에 해당하는 시키부쿄노 미야(式部卿宮 : 옛 효부쿄노 미야兵部卿宮)의 정처가 "그것 봐라" 하고 쾌재를 부를 것 같다는 생각에 우울했다. 계모인 그녀는 히게쿠로 다이쇼(鬚黒大将)가 다마카즈라와 결혼하여 정실 부인이었던 자신의 딸이 이혼당한 것을 무라사키노 우에의 사주라고 오해하고 있었기 때문이다.

하지만 그렇다 하더라도 왜 이 대목에서 계모 이야기가 언급된 것일까. 이 삽화의 의미는 무라사키노 우에를 의붓자식으로 방황하는 입장에 처하게 하여 새로이 자리매김하려는 데 있다. 무라사키노 우에는 의붓딸로 등장하여 히카루 겐지에게 발견되어 행복한 결혼 생활을 했으며, 겐지의 준태상천황에 걸맞게 아카시노 히메기미(明石姫君)의 입궐에 즈음해서도 뇨고에 준한 대우가 주어졌다. 이것이 계모 이야기에 등장하는 의붓딸의 행복을 그린 구도이다. 따라서 여기에서 해피 엔딩으로 끝났어야 한다. 그런데 계모의 에피소드를 삽입한 것은 무라사키노 우에의 의붓딸로서의 입장을 재확인한 것이다. 행복의 구도라는 의미를 다시 묻는 것이라고 할 수 있다.

온나산노 미야의 하사에 따른 무라사키노 우에의 고뇌는 다시 그녀가 의붓딸로서 방황하는 처지에 있음을 의미한다. 작가는 이러한 방황 의식이 심화되는 궤적을 추적하고 있다. 방황 의식이란 자기가 귀속해야 할 세계를 빼앗긴 의지할 데 없는 정신의 동요이다. 무라사키노 우에의 고뇌의 모노가타리는 그와 같은 황폐해진 정신의 구원처를 찾고자 하는 것이다.

사랑의 덧없음

온나산노 미야와의 결혼식은 사흘 동안 계속된다. 당시 의식의 예를 따른 것이다. 겐지는 사흘 동안 계속해서 온나산노 미야의 거처에 다닌다. 무라사키노 우에는 겉으로는 평온하게 겐지에게 협조했다. 그러나 겐지의 처로서 지금까지 노력하여 공들인 현실이 예전과 같지 않을 것이라는 불길한 예감을 느끼고 있었다. 젊은 온나산노 미야가 화려하게, 그리고 무시하기 어려운 모습으로 나타났을 때에는 정말 견디기 힘들었다. 로쿠조인(六条院)에서의 자신의 입장이나 지위가 바뀌어 가는 데 대한 불안감은 점점 커져만 갔다.

금방 이렇게 눈앞에서 변해 가는 게 남녀 관계인데, 오랫동안

변치 않을 것이라고 믿어 왔군요. —「若菜」上

위 노래에서 알 수 있듯이 겐지의 사랑 역시 믿기 어렵다고 한탄하고 있다. 겐지가 더 이상 다른 사람에게 마음을 향하는 일은 없을 것이라고 안심하고 있을 때, 온나산노 미야의 하사라는 세상의 이목을 집중시키는 사태가 벌어졌던 것이다. 그렇기 때문에 이후에 또 어떤 일이 일어날지 불안해서 견딜 수가 없었다. 이러한 원망과 불안을 안고 있으면서도 무라사키노 우에는 겐지에게 완벽하게 협력하는데, 이러한 점에서 그녀의 고뇌는 더욱 깊었다고 볼 수 있다.

귀속해야 할 세계를 잃어버리다

이런 와중에 겐지에 대한 불신감을 더욱 증폭시키는 사건이 일어났다. 온나산노 미야의 결혼식이 끝난 후 마음이 놓인 스자쿠인이 서쪽 산에 있는 절로 거처를 옮기자 겐지는 기다렸다는 듯이 오보로즈쿠요를 몰래 만났다. 무라사키노 우에는 알면서도 모르는 척했다. 온나산노 미야의 하사 이래 겐지에 대한 신뢰가 무너진 그녀는 겐지의 바람기를 눈치 채고도 지금까지와 달리 질투하지 않았다. 모르는 척하며 겐지와 마음의 거리를 두었다. 그녀의 태도는 겐지가 "왜 이렇게 쌀쌀맞게 굴며 마주 보려고도 하지 않을까" 하고 당황해 할 정도로 단호했다.

불안해진 겐지는 그럴 때면 늘 하던 방식대로 이승에서뿐만 아니라 내세까지도 변함없을 사랑을 맹세하고, 오보로즈쿠요에 관한 일을 털어놓고 용서를 구한다. 그러나 용서를 구하면서도 남몰래 다시 한 번 만나고 싶다고 이야기한다. 겐지는 솔직한 마음을 표시한 것이지만 무라사키노 우에의 입장에서 보면 뻔뻔스럽고 절도를 잃은 언동이다. 무라사키노 우에는 다음과 같이 원망한다.

> 한창 젊은 시절로 되돌아간 모습이구나. 옛사랑을 못 잊어 되풀이할 때마다 허공에 떠 있는 이 내 몸은 괴롭기만 하다.
>
> —「若菜」上

한창때로 되돌아간 모습이라고 비꼬면서 옛사랑을 다시 거론하는 것은 의지할 곳 없는 자신에게는 괴로운 일이라며 눈물을 머금는다. '허공에 떠 있는 몸'이란 문자 그대로 땅에 발붙이지 못하고 붕 떠 있는 상태 혹은 그러한 존재 감각을 말한다. 여기서는 자신의 귀속해야 할 세계가 없는 것, 마음이 안주할 장소가 없는 것을 의미한다. 무라사키노 우에의 방황 의식이란 바로 이러한 것이다.

자부심과 굴욕

온나산노 미야가 들어오고 나서 서너 달 지난 무렵, 무라사키노 우에는 겐지의 마음을 읽고 미야와 대면하게 해 달라고 스스로 요구해 겐지를 기쁘게 했다. 그러나 내심으로는 굴욕감에 괴로워하고 있었다.

> 무라사키노 우에는 자진해서 인사하려고 마음먹기는 했지만, 또 줄곧 이렇게도 생각하고 있었다. '나보다 나은 사람이 있을 수 있단 말인가. 그럴 리가 없다. 그는 의지할 데 없는 나를 돌보아 준 것에 불과한데…'라고만 생각되어 멍하니 깊은 생각에 잠기곤 했다.
>
> —「若菜」上

무라사키노 우에는 "온나산노 미야보다 자신을 낮춰 인사를 여쭙겠다고 했으나 겐지의 처로서 나보다 뛰어난 사람은 있을 수 없다. 과거에 의지할 데 없는 나를 겐지가 돌봐 준 것뿐인데, 그 때문에 이렇게까지 처신해야 하는가" 하는 생각을 한 것이다.

인용문의 '의지할 데 없는 나를 돌보아 준 것'이라는 부분의 표현에 대해 『민고닛소(岷江入楚)』는 "정식으로 아내로 맞아들이는 결혼식이 없었음을 원통해 하다", "무라사키노 우에와 같이 정식 결혼이 없이 함께 지내는 것을 야합(野合)이라고 한다"라고 주석을 달고 있다. 무라사키노 우에의 결혼이 아버지 시키부쿄노 미야의 승낙도 없이 도코로아라와시(露顕)[1]라는 피로

1) 헤이안 시대 결혼 풍습은 남자가 여자의 집을 방문하는 형태였다. 결혼하고 나서 3일간 계속해서 신부의 집을 방문하면 3일째 되는 날 밤, 신부의 집에서 사위와 그가 동행한 하인들을 맞아들여 향응을 베풀었는데, 이를 '도코로아라와시'라고 했다.

연도 없이, 양육해 준 겐지와 사실혼으로 시작된 것은 제도적으로 말하면 '정식으로 아내로 맞아들이는 결혼식'이 없는 야합이었다. 애정만으로 맺어진 결혼이었다. 그것이 그녀에게 콤플렉스가 된다. 겐지는 자신에게 헌신적인 무라사키노 우에를 감탄하고 찬미를 아끼지 않았지만, 그것이 구원이 되지는 못했던 것이다.

3. 아카시 일족의 이야기

아카시노 뉴도의 꿈의 예고

겐지가 마흔한 살 되던 해인 2년 전 동궁에 입궐한 아카시노 뇨고(아카시노 히메기미)가 제1황자를 출산했다. 황자의 탄생은 히카루 겐지 일가의 오랜 번영을 보장하는 경사였다. 황자 탄생 소식을 들은 아카시노 뉴도는 지금까지 계속 염원했던바 큰 소원성취를 이룬 다음 날 새벽에 스미요시신에게 행해야 할 감사 참배에 관한 일 등을 기록한 장문의 편지를 딸에게 보내고 소식을 끊는다. 아카시노 뉴도의 소원성취 이야기가 이 부분에서 확실히 밝혀진다.

편지에 따르면 뉴도는 아카시노 기미가 태어날 때 꾼 신령스런 꿈의 실현을 위해 살아왔다고 한다. 그 꿈의 내용은 다음과 같다.

> 네가 태어나던 해 2월의 그 밤에는, 꿈에서 내가 수미산[2]을 오른손으로 받들고 있지 그 산의 좌우에서 일월의 빛이 선명하게 나와 세상을 비추었다. 나는 산 아래 그늘에 숨어서 그 빛에는 닿지 않았다. 넓은 바다에 산을 띄워 놓고 나는 조그만 배로 서방을 향해 저어 나가는 꿈이었다. —「若菜」上

2) 불교의 세계관에서 세계의 중심에 우뚝 솟아 있다는 산을 지칭한다.

이 꿈에 대해 중세의 겐지 주석서인 『가초요조(花鳥余情)』는 『과거현재인과경(過去現在因果経)』에 이와 닮은 꿈 이야기가 있다고 지적하면서 뉴도가 꾼 꿈의 의미를 밝히고 있다. '오른손'은 여자를 상징하기 때문에 아카시노 기미를 가리키고, '달'은 황후를 의미한다. 이는 아카시노 기미의 딸이 장래에 황후가 될 것임을 예고한 것이다. '해'는 동궁을 의미하는데 아카시노 기미의 손자에게서 동궁이 태어난다는 길조를 의미한다. 뉴도가 산속 그늘진 곳에 숨어 빛이 닿지 않았다는 것은 뉴도에게 영화를 탐하는 마음이 없어 자손의 번영의 은덕에 기대지 않는다는 것이다. '넓은 바다 위에 산을 띄워 놓고'에서 말하는 산은 수미산으로 세계의 중심이 되기 때문에 동궁이 이윽고 즉위하여 천하를 다스린다는 의미이다. '작은 배로'는 뉴도가 서방 극락세계에 왕생한다는 의미라고 해석하고 있다. 이처럼 이해해도 될 것이다. 뉴도 자신도 이 꿈을 이처럼 해석하고 믿어도 된다고 생각하면서 그 실현을 위해 살았던 것이다.

아카시 일족의 부흥은 어떻게 이루어졌는가

뉴도는 왜 이 꿈에 일생을 걸었을까? 불교의 경전이나 유교 서적에 꿈을 믿어야 한다는 사실이 많이 기록되어 있기 때문이라고 하지만 상식상 꿈의 신빙성에 아무런 보장이 없는 것은 당시에도 마찬가지였다. 뉴도는 자손의 번영의 은덕을 입는 것을 기대하지 않았다. 뉴도의 집안은 뒤를 이을 아들이 없어 대가 끊길 수밖에 없었다. 기리쓰보노 고이의 아버지인 아제치노 다이나곤(按察大納言) 집안이 대가 끊긴 것과 같다. 집안의 계보가 남성 중심 계보 원리인 이상, 대가 끊겼다고 이해할 수밖에 없다. 아들이 없는 경우 양자를 들이는 일은 가능했다. 그럴 경우에는 동족의 근친을 맞아들이는 것이 원칙이다. 역사적 사실을 보면 아들이 없었던 태정대신 후지와라노 요시후사(藤原良房)가 조카인 모토쓰네(基経)를 양자로 삼은 일이 좋은 예이다. 하지만 뉴도가 소원한 바를 달성한 데에는 그와 같은 방법은 무관했다.

아카시노 기미를 히카루 겐지와 결혼시키는 것이 당초 뉴도의 계획이었다. 겐지가 스마(須磨)에 왔을 때 생각해 낸 것이 아니다. 딸을 '도읍지의 고귀한 사람'(「아카시明石」)과 결혼시키고 싶다고 했는데, 그런 사람은 겐지 외에는 없었던 것이다. 겐지의 어머니 쪽의 피는 아카시 일족의 피다. 뉴도는 이를 강하게 의식하여 겐지와의 혼인 실현에 모든 힘을 쏟았다.

이 혼인에 의해 아카시 일족의 부흥이 이루어진다고 생각했기 때문이다. 히카루 겐지 일족이라는 새로운 가문의 재생이다. 집안의 계보가 남성 중심인 이상 뉴도의 집안도 기리쓰보노 고이의 집안도 대가 끊어지지만, 일족은 겐지의 가문으로서 재탄생한다. 그것도 집안의 여성을 매개로 하여 재탄생하는 것이다. 이것이 뉴도가 바라던 바였다. 이것은 남성 계보 중심의 집안이라는 관념과는 어긋나지만, 그와 같은 사고방식을 다음에서 볼 수 있는 바와 같이 히카루 겐지가 이야기하고, 게다가 주석서인 『가초요조』가 시사하고 있다.

역사적 사실로 본 산조 천황의 예

아카시노 기미가 건네준 뉴도의 편지를 보고 나서 겐지는 아카시노 뉴도 집안의 역사에 대해 언급하며, 뉴도 집안은 몰락했지만 여자에 의해 자손을 남겼다고 다음과 같이 이야기한다.

> 그 뉴도의 아버지였던 대신은 매우 뛰어난 사람으로 드문 충성심으로 조정에서 일했지만 무언가 오해가 있어 원한을 사게 되었다. 자손이 몰락했다고 세상에서는 말하고 있었던 모양이지만, 여자 쪽의 핏줄로 이처럼 자손이 끊겼다고 할 수 없는 것 또한 뉴도의 공덕이라고 할 수 있을 것이다. —「若菜」上

'여자 쪽의 핏줄로 이처럼 자손이 끊겼다고 할 수 없는 것'이라는 말은 뉴도의 생각을 적확하게 이해해 그것이 실현되었음을 인정한 것이다.

『가초요조』는 이에 대해 산조(三条) 천황의 황통을 예시하며 다음과 같이 이야기했다. 옛날 무라카미(村上) 천황의 제1황자인 히로히라(広平) 친왕은 레이제이(冷泉) 천황과 동궁의 자리를 놓고 다투다 패했다. 히로히라의 외조부인 민부쿄노 모토카타(民部卿元方)는 그것을 한탄하며 죽었다. 이후 모토카타의 원령이 레이제이 · 가잔(花山) · 산조와 레이제이 황통에 계속 재앙을 일으켜 아쓰아키라 친왕(敦明親王 : 고이치조인小一条院과 동일 인물)이 동궁을 사퇴하기에 이르러 산조 천황의 황통은 끝났다. 그러나 산조의 딸 데이시(禎子) 내친왕이 고스자쿠(後朱雀) 천황에게

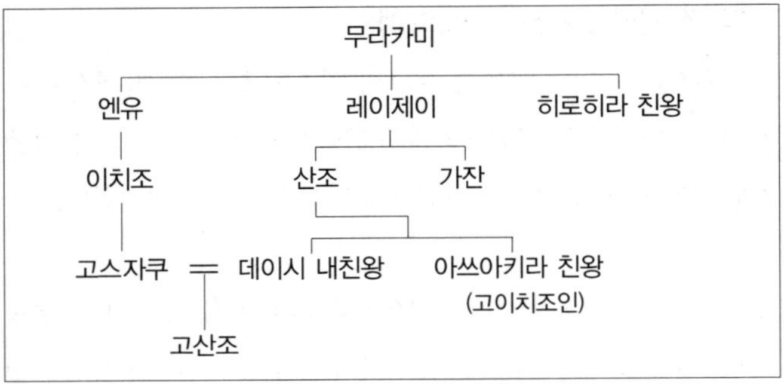

입궐하여 고산조(後三条) 천황을 낳았기 때문에 자손은 남았다. '산조인의 다음 대에 남자 쪽 혈통은 끊어지고 여자 쪽에서 자손을 남기게 된 경우'이다.

이는 아카시노 뉴도 일족이 남자 쪽 자손은 끊겼지만 아카시노 기미에 의해 자손이 번영한다는 모노가타리와 흡사하다고 지적하고 있다. 산조 천황의 경우는 겐지모노가타리 이후의 일이기 때문에 모노가타리가 역사를 참고한 것은 아니지만, 세상의 이치는 예나 지금이나 다르지 않다고 덧붙이고 있다.

『가초요조』는 산조인의 황통을 남성 쪽으로는 단절되었으나, 딸을 통해 자손이 황통으로 회귀했다는 해석을 보인 것이다. 이러한 『가초요조』의 지적은 아카시 일족이 기리쓰보노 고이와 아카시노 기미라는 여성을 통해 히카루 겐지의 가문으로 재생했다는 견해를 가능하게 한다. 아카시 일족은 히카루 겐지라는 겐지 가문으로 번영하게 된 것이다. 이것이 뉴도의 염원 달성의 제1단계였다.

아카시노 뉴도의 자손으로 황후와 천황이 태어난 것은 그 제2단계라고 봐도 좋다. 아카시노 뇨고(明石女御)의 황자 탄생 소식을 듣고, 뉴도는 비로소 “일월의 빛이 선명하게 나와 세상을 비추었다”라는 꿈의 계시를 이야기했다. 자손이 왕권을 획득하는 것, 그것이 뉴도가 기원한 목표이다. 그리고 그것은 기리쓰보노 고이를 입궐시켰던 아제치노 다이나곤의 유언과도 통하는 아카시 일족의 염원이라고 봐야 한다. 다이나곤도 뉴도와 똑같이 자손으로 천황이 될 사람이 태어날 것을 염원했다. 그것이 다이나곤이 남긴 유언의 참뜻이라고 이해해도 될 것이다. 히카루 겐지가 ‘제왕의 상’을 가진 황자로서 태어난 것은 다이나곤의 염원이 이루어진 것이고, 겐지가 준태상천황이 된 것은 완벽하지는 않더라도 그의 염원이 성취되었음을 의미했다. 겐지의 자손이 잇달아 즉위하면서 뉴도와 다이나곤의 유지(遺志)는 이루어질 수 있었다. 그들은 아카시 일족의 공통된 유지를 받들며 살아온 것이다.

이상이 기리쓰보노 고이의 입궐을 둘러싼 제2의 수수께끼 풀이이다.

아카시 일족과 왕권담

도대체 그들은 왜 이처럼 왕권에 집착했을까. 아카시 일족의 선조가 황위 계승에서 패한 친왕 계통이라는 점에서 왕권으로부터 배제된 선조의 원통함을 회복해야 한다는 의식이 비원(悲願)

으로 남은 것이 아닐까. 그것이 그들의 유언의 바탕에 깔린 정신이었을 것이다.

모노가타리에는 아카시 일족의 혈통이 겐지(미나모토 씨源氏)인지 후지와라 씨인지 분명히 나타나 있지 않다. 그러나 아제치노 다이나곤과 뉴도의 유언에서 공통점은 왕권 이외에 생각할 수 없기 때문에, 그들이 달성해야 할 목적은 다름 아닌 왕권의 회복이었다. 만약 그들이 후지와라 씨라면 외척으로서 섭정 · 관백의 지위를 확보하는 것이 목적이 될 것이고, 외손이 즉위했다고 해서 집안이 단절되었다면 모든 걸 잃어버리는 것이다. 그러나 아카시 일족이 겐지의 가문이고, 선조가 좌절했던 왕권의 회복을 간절하게 염원했다면 사정은 다르다.

예를 들면 무라사키노 우에의 아버지인 시키부쿄노 미야는 선제의 황후에게서 태어난 황자였다. 그가 왜 즉위하지 못했을까. 황위 계승에서 제외된 경위는 불분명하다. 그러나 선황의 황통과 기리쓰보 천황의 황통 사이에 무언가 불투명한 사정이 있었음이 분명하다. 시키부쿄노 미야가 친왕 중에서 정치적 야심이 강한 황자였다는 점이 황위 계승에서 배제된 사실과 무관할 리는 없다. 여동생인 후지쓰보를 기리쓰보 천황에게 입궐시키고 레이제이 천황에게는 차녀인 오뇨고(王女御)를 입궐시킨 사실을 보면 왕권 지향의 의지가 강했음이 분명하다. 그것은 외척으로서 권세가를 목표로 삼는 것이 목적이 아니고, 딸을 통해 자신에게 주어질 수도 있었던 왕권의 회복을 이룬다는 의식에서 비롯된 것이라고 볼 수 있다.

그런 점에서는 히카루 겐지도 같았다. 그가 레이제이 천황에게 양녀 아키코노무 주구를 입궐시키고 다음 천황에게는 친자식인 아카시노 뇨고를 입궐시킨 것도 단지 외척으로서 권세가를 지향하는 것이 아니라 시키부쿄노 미야와 마찬가지로 왕권 회복의 의도가 있던 것으로 보인다. 겐지가 '제왕의 상'을 갖고 있으면서 왕권에서 배제되어 신하가 되면서 그에게 왕권 회복에 대한 소망이 잠재하게 된다. 결과적으로 스스로 준태상천황이 되고, 밀통으로 태어난 아들 레이제이 천황은 즉위한다. 레이제이 천황에게 황자는 태어나지 않았지만, 대신에 딸인 아카시노 히메기미의 황자가 즉위하게 되었다. 이렇게 하여 겐지의 왕권을 향한 소망은 이루어지게 되는 것이다. 히카루 겐지의 소망은 왕권에 대한 끝없는 꿈을 향하고 있었다고 볼 수 있다. 겐지의 왕권 콤플렉스였지만, 그것은 아카시 일족이 바라던 왕권 회복의 소망을 계승하고 있었다. 아카시노 뉴도와 아제치노 다이나곤에게 나타난 일가의 간절한 염원은 히카루 겐지에 의해 달성된 것이다.

왕권 이야기의 배경

왜 이런 이야기가 언급되었을까. 역사상의 태자 폐위 사건 혹은 섭관 세력에 의해 태자로 옹립될 기회를 잃어버린 비운의 황태자들에 대한 역사적 사실과 전승이 배경에 깔려 있다고 생각해야 한다. 『오카가미(大鏡)』의 이서(裏書)는 앞에서 언급한 고이치조인이 동궁을 사퇴하는 부분에 '태자 폐위의 사건'으로 후나도 친왕(道祖親王 : 덴무天武 천황 계통) · 오사베 친왕(他戸親王 : 고닌 천황의 황자) · 사와라 친왕(早良親王 : 고닌 천황의 황자) · 다카오카 친왕(高岳親王 : 헤이제이平城 천황의 황자) · 쓰네사다 친왕(恒貞親王 : 준나淳和 천황의 황자) 등 다섯 사람을 예로 들고 있다. 폐위된 태자는 아니지만 『이세 모노가타리(伊勢物語)』에 등장하는 고레타카(惟喬) 친왕은 몬토쿠(文德) 천황이 몹시 아끼던 황자이다. 몬토쿠는 고레타카 친왕에게 양위하고 싶었지만 태정대신 후지와라노 요시후사를 꺼려 그렇게 할 수 없었다는 이야기가 『고단쇼(江談抄)』에 실려 있다.

즉위의 길을 차단당한 친왕에 무라카미 천황의 황자 다메히라(爲平) 친왕이 있었다. 『오카가미』에 의하면, 다메히라는 부친인 천황과 모후의 사랑이 남달라 동궁으로 간택될 예정이었으나 좌대신 미나모토노 다카아키라(源高明)의 딸과 결혼했기 때문에 세자가 될 수 없어 남동생인 엔유(圓融) 천황이 동궁이 되었다. 다메히라가 즉위하면 미나모토노 다카아키라에게 권세가 옮겨질 것을 후지와라 씨가 두려워했기 때문이다. 다메히라는 딸인 엔시(婉子)를 가잔 천황에게 들여보냈는데, 황자가 태어나면 옛날 자신이 이루지 못한 즉위의 소망이 이루어지는 것이라고 생각해서였다. 다메히라와 시키부쿄노 미야는 유사한 점이 많다. 다메히라에게 전형적으로 나타나는 왕권에의 회귀 원망(願望)은 겐지모노가타리의 왕권담의 배경으로서 알아 두어야 할 사항이다.

왕권 회복의 테마는 『사고로모 모노가타리(狹衣物語)』 · 『하마마쓰 주나곤 모노가타리(浜松中納言物語)』 등 겐지모노가타리 이후의 모노가타리에도 되풀이되고 있다.

번영 속의 스미요시 참배

아카시노 뇨고가 스자쿠인의 황자인 동궁의 제1황자를 출산하고 다섯 해가 지나 겐지가 마흔여섯 살 되던 해, 레이제이 천황이 양위했다. 천황의 재위 기간은 18년이었다. 새로운 동궁으로는 아카시노 뇨고가 낳은 제1황자가 세워졌다. 새로운 천황의 백부인 히게쿠로 다이쇼가 우대신으로, 유기리가 다이나곤으로 승진했다. 아카시노 뇨고가 황후가 되어 국모가 되는 것은 틀림없었다. 겐지의 자식이 천황 · 황후 · 태정대신이 된다고 하는 「미오쓰쿠시(澪標)」 권의 점성술가 스쿠요(宿曜)의 예언대로 진행되고 있었다. 히카루 겐지 가문의 번영에 불안은 없었다.

그해 10월, 겐지는 이러한 경사가 스미요시신에 대한 기원의 보상이라고 생각하여 성대한 답례 참배를 했다. 아카시노 뉴도 역시 오랫동안 기원했던 답례 차원의 참배를 유언하고 있었지만, 너무 분에 넘치는 것이었기에 아카시노 뇨고가 국모가 될 무렵에 하기로 생각했다. 이번에는 준태상천황이 된 히카루 겐지가 아카시노 뇨고, 무라사키노 우에, 아카시노 기미, 아카시노 아마기미(明石尼君), 유기리와 함께 참례했다.

4. 무라사키노 우에의 기도

출가를 원하는 무라사키노 우에

무라사키노 우에의 헌신적인 노력으로 로쿠조인의 나날은 겉으로는 평온하게 흘러가고 있었다. 온나산노 미야가 들어온 후에도 무라사키노 우에를 향한 겐지의 애정은 변함없었고, 온나산노 미야도 무라사키노 우에보다 뛰어난 점은 없었다. 하지만 스미요시 참배에서 돌아온 무렵부터 무라사키노 우에는 출가를 생각한다. 온나산노 미야는 스무 살이 되고 오라버니인 새로운 천황의 지원 또한 든든하여 2품으로 승진되었다. 겐지의 방문도 무라사키노 우에를 찾는 횟수와 같아졌다. 무라사키노 우에는 겐지의 애정이 약해지고 온나산노 미야에게 밀리게 되는 굴욕적 상황에서 벗어나고 싶었다. 정신의 안식처가 필요했다. 그러나 겐지는 무라사키노 우에의 출가를 허락하지 않았다.

다음 해에 스자쿠인이 50세가 되는데, 겐지는 그 축하연에서 온나산노 미야가 훌륭하게 성장한 모습을 보여 주고 싶었다. 그래서 미야에게 거문고를 열심히 가르쳤다. 그 성과를 시험하기 위해 정월 무렵, 겐지는 로쿠조인의 부인들로만 이루어진 연주회를 개최했다. 로쿠조인의 봄의 거리에서 무라사키노 우에는 화금(和琴)[3]을, 아카시노 뇨고는 쟁금을, 아카시노 기미는 비파

3) 일본 고유의 악기로 우리나라의 거문고와 비슷한 6현금.

를, 온나산노 미야는 거문고를 연주했다. 제각기 자신 있는 악기를 가지고 합주를 했다. 유기리와 그의 아들 그리고 히게쿠로 다이진(鬚黒大臣)의 아들(다마카즈라의 아이)도 초대되었다. 겐지는 훌륭한 연주에 만족했으며, 유기리를 상대로 음악에 관한 이야기에 꽃을 피웠다.

우아하고 화려한 연주회에 참여하면서도 무라사키노 우에는 남몰래 깊은 고민에 빠져 있었다. 그러나 겐지는 이를 알아차리지 못했다. 연주회 다음 날, 무라사키노 우에를 상대로 자신의 반생을 이야기하던 겐지는 다음과 같은 말을 한다.

"당신의 인생은 스마의 이별 기간을 제외하고는 부모 밑의 온실에서 지낸 것같이 편안하지 않았는가. 온나산노 미야의 하사는 당신에게 그다지 기분 좋은 일은 아닐 테지만, 그것 때문에 당신에 대한 내 애정은 전보다 몇 배나 커지고 있다는 걸 알 것이다."

이러한 말이 무라사키노 우에한테 상처를 준다는 사실을 겐지는 알지 못했다.

이에 무라사키노 우에는 눈물지으며 "세상에 의지할 곳 없었던 저는 지금 분에 넘칠 정도로 행복한 신세로 보이겠지만, 마음속에는 견디기 힘든 슬픔이 늘 자리 잡고 있어 그것을 벗 삼아 살고 있지요"라고 대답했다. 겐지는 자기로 인해 싹튼 무라사키노 우에의 고뇌를 이해하지 못했다. 출가가 허락되지 않은 속에서 그녀는 암담한 심정으로 겐지를 바라볼 뿐이었다.

고뇌와 발병

무라사키노 우에가 지닌 고뇌의 한 자락을 살펴보자.

> 무라사키노 우에는 평소와 같이 겐지가 오지 않는 밤에는 늦게까지 자지 않고 시녀들에게 이야기책을 읽게 하여 듣고 있었다.
>
> 세상 이야기를 써서 모아 놓은 수많은 옛이야기들은 거짓말장이 남자, 색을 좋아하는 남자, 두 여자를 동시에 상대하고 있는 남자와 그들과 관계를 맺는 여자들에 관해 자세히 써 놓아서 결국은 의지할 데가 있어 결말이 나게 되어 있는 것 같지만, 나는 이상하게도 그것과는 반대로 정처 없이 지내 온 신세로구나! 정말 그분의 말씀대로 남과 다른 운명인 신세였지만, 보통 사람으로서는 도저히 견디기 어려운 고뇌로부터 해방되지 못하는 몸으로 끝나는 것이 아닌가, 참으로 한심한 일이다. 무라사키노 우에는 생각을 거듭하다 밤이 이슥한 후에 쉬었다. 그 새벽녘에 그녀는 가슴이 몹시 아팠다. —「若菜」下

위의 글에서 볼 수 있듯이 무라사키노 우에는 겐지가 온나산노 미야를 방문해 혼자 지내게 되는 밤에는 시중 드는 여자들에게 밤새 모노가타리를 읽게 했다. 그녀는 모노가타리 속의 여인들과 자신의 인생을 비교했다. 모노가타리에는 세상에 흔히 있는 허풍장이, 호색남, 두 마음이 있는 남자와 관계되는 여자에 대한 이야기가 많다, 그러한 여자들에게도 마지막에는 의지가 되는 남자가 있는 법인데 자신은 의지할 데가 없다, 겐지가 말하는 대로 보통 사람보다 훨씬 행복한 신세이지만 세상의 여인들이 견디기 어렵고 참을 수 없어하는 것처럼 고뇌가 끊이지 않는 일생으로 끝나는 것일까, 하는 내용인 것이다. 보잘것없는 인생이라고 그녀는 탄식한다.

그녀는 자신의 인생이 '이상하게도 어디에도 안주하지 못하고 지내는 모습'이라고 생각한다. 앞에서 언급한 '허공에 떠 있는 몸'이라고 인식한 것과 같은 자기 인식이다. 자신의 인생이 마음의 안식처를 발견하지 못하고 목적지 없이 방황하고 있는 것이다. 정신이 안주할 수 있는 곳, 자신이 귀속해야 할 세계를 발견할 수 없었다. 그날 새벽 무라사키노 우에는 발병했다.

니조인으로 옮기다

겐지는 온나산노 미야의 거처에서 무라사키노 우에의 발병 소식을 들었다. 놀라서 달려가 옆에 붙어 간병을 하면서 부처님의 가호를 빌거나 법회를 시작했다. 그러나 병세는 호전되지 않았다. 3월이 되어 무라사키노 우에는 로쿠조인에서 니조인으로 옮겨 요양에 전념한다. 니조인은 겐지가 무라사키노 우에한테 내린 저택으로 그녀가 '자신만의 저택'(「若菜」 上)으로 생각하는 공간이다. 겐지는 간병에 여념이 없어 로쿠조인의 온나산노 미야를 방문하는 일도 게을리 했다. 병의 상태는 일진일퇴를 반복했다.

4월의 가모마쓰리 무렵, 온나산노 미야의 상태가 좋지 않다는 말을 듣고 로쿠조인을 찾은 겐지는 그곳에서 무라사키노 우에가 세상을 떠났다는 소식을 듣는다. 마치 무라사키노 우에가 온나산노 미야가 있는 곳에서 겐지를 불러들이고 있는 것과 같은 형국이다. 겐지의 필사적인 기도가 통했는지 무라사키노 우에한테 들러붙었던 원령이 정체를 드러냈고, 그녀는 소생했다. 원령은 로쿠조노 미야슨도코로(六条御息所)의 죽은 혼령이었다. 원령은 로쿠조인의 여인들로 이루어진 연주회 다음 날 겐지가 무라사키노 우에에게 미야슨도코로를 헐뜯듯이 화제로 삼은 것을 원망하여 무라사키노 우에에게 들러붙게 되었다고 실토했다. 원령이 날뛰는 것을 두려워한 겐지는 무라사키노 우에가 출가를 간절히 원하기도 하므로 재가신자(在家信者)로서의 공덕을 기대해 오계(五戒)를 받게 하여 연명을 비는 것과 동시에 미야슨도코로를 구원하기 위하여 법화경의 공양을 행했다. 계율을 받아들인 탓인지 6월이 되어 무라사키노 우에의 병의 증상은 어느 정도 진정된다.

온나산노 미야의 상태가 나빠진 것은 다음 장에서 이야기하는 가시와기(柏木)와의 밀통 사건에 의한 것이었지만 겐지는 아직 그 사실을 모르고 있었다.

이러한 상황에서 스자쿠인의 50세 축하연은 연기될 수밖에 없었다. 겐지는 여성들로 이루어진 연주회의 성공에 힘입어 스자쿠인의 50세 축하연을 성대히 축하하려고 계획하고 있었지만 좌절되었다. 로쿠조인은 암운 속에 갇히고, 히카루 겐지는 스스로 사태를 타개해 나갈 힘을 잃고 있었다.

제7장 히카루 겐지의 숙명

편지를 태우는 겐지의 모습(「마보로시幻」). — 교토국립박물관 소장, 도사노 미쓰요시의 그림 「겐지모노가타리 화첩」에서

모노가타리 개요

도노 주조의 장남 가시와기는 소년 시절부터 온나산노 미야를 사모하고 있었다. 그렇기 때문에 미야가 겐지에게 하사되었다는 사실에 매우 속상해 했다. 사모하는 마음이 점점 강해져 결국 밀통하기에 이른다. 겐지는 자초지종을 알고 분노를 느끼지만, 황후 후지쓰보와의 일을 생각하면 가시와기를 비난할 수는 없다고 생각한다. 가시와기는 겐지가 주최한 스자쿠인 50세 축하연의 예행 연습에 초대되어 겐지의 빈정거리는 투의 이야기와 차가운 눈초리에 충격을 받아 발병한다. 가시와기는 병상에서 친구인 유기리에게 겐지와의 중재 역할을 부탁하고 부인인 오치바노 미야의 후견을 유언한다. 가시와기가 죽기 직전 온나산노 미야는 가시와기의 아들(후에 등장하는 가오루)을 출산하고, 그후 출가한다. 겐지는 출산 50일을 기념하는 날에 가오루를 품에 안으면서 후지쓰보와 저지른 죄의 업보라고 생각한다. 유기리는 가시와기의 유언을 받아들여 오치바노 미야를 문안하는 사이 미야를 사랑하게 되고, 우여곡절 끝에 결혼한다. 오랫동안 함께한 정처 구모이노 가리와는 파탄을 맞는다. 무라사키노 우에는 니조인에서 불도에 마음을 쏟으며 병든 나날을 보내고 있었지만, 출가의 바람은 이루어지지 않고 마흔세 살이 되던 해 가을에 죽는다. 겐지는 비탄에 젖어 1년 반 남짓한 세월을 상복을 입고 지내고 쉰두 살의 나이로 연말을 맞이했다. 히카루 겐지의 모노가타리는 여기에서 끝난다. 이후 겐지는 출가하여 몇 년 후 세상을 떠난다.

—「와카나(若菜)」 상 · 하 ·「가시와기(柏木)」·「요코부에(横笛)」·「스즈무시(鈴虫)」·「유기리(夕霧)」·「미노리(御法)」·「미보로시(幻)」

1. 가시와기의 사랑

태정대신 가문의 기대를 짊어진 가시와기

겐지 마흔일곱 살 때의 여름 가모마쓰리 무렵, 겐지가 무라사키노 우에(紫の上)를 간병하기 위해 니조인(二条院)에 들어앉아 있어 로쿠조인(六条院)에 발길이 뜸해진 틈을 타 가시와기(柏木)는 온나산노 미야(女三宮)와 밀통한다. 어떻게 이런 일이 일어난 것일까. 온나산노 미야에 대한 가시와기의 사랑이 시작되던 때로 거슬러 올라가 보자.

8년 전 온나산노 미야의 하사 문제가 대두되었을 때 맹렬히 문제를 제기한 이가 가시와기였다. 가시와기는 태정대신(옛 도노주조頭中将)의 장남으로 '다마카즈라(玉鬘) 10첩'에서는 여동생이라는 사실도 모르고 다마카즈라에게 구혼하기도 하고 오미노 기미(近江の君)를 찾아내기도 하는 경솔한 청년으로 나온다. 하지만 제2부에 들어서는 아주 새로운 인물로 등장한다. 스자쿠인(朱雀院)은 가시와기에 관하여, 고귀한 아내를 얻고 싶다는 소망이 강하고 계속 독신으로 지내며 침착 냉정하고 기품이 있으며 학문도 뛰어나 장래 국가의 기둥이 될 청년이라고 평가했다. 제2부에 이르러 가시와기의 이미지는 달라졌다. 태정대신(당시는 사이쇼노 주조宰相中将)의 차세대를 등에 업고 나타난 유망주로 정실 부인이 낳은 아들이었다.

태정대신 가문에서는 그러한 가시와기에게 온나산노 미야가 하사되도록 총력을 기울였다. 이 무렵 태정대신 집안은 스자쿠인이나 동궁과 매우 친밀한 관계를 유지하고 있었다. 왜냐하면 스자쿠인의 외척인 옛 우대신과 고키덴(弘徽殿) 태후가 사망했으며, 태정대신의 처와 스자쿠인이 총애하는 오보로즈쿠요(朧月夜)가 자매여서 태정대신과 스자쿠인의 관계가 매우 좋았기 때문이다. 태정대신의 태도 역시 달라졌다. 히카루 겐지가 스마에 은거해 있을 때 단호하게 겐지를 문안하러 나섰던 스자쿠 조정에 대한 당시의 도전적 태도와는 달랐다. 온나산노 미야의 성인식에서 치마의 허리끈을 묶는 역할도 태정대신이 행했다.

가시와기에게 온나산노 미야가 하사되기를 바라는 배경에는 태정대신 가문의 고유한 역사가 있다. 가시와기의 조부인 좌대신(후의 섭정인 태정대신)이 기리쓰보(桐壺) 천황의 여동생인 오미야(大宮)를 하사받아, 기리쓰보와 협력하여 동궁의 외척인 우대신 집안을 능가한 권력을 누리게 되었다는 성공담은 집안의 명예가 되어 있었다. 현재의 동궁에게는 겐지의 딸 아카시노 뇨고(明石女御)가 있지만, 태정대신 가문에는 입궐이 가능한 여인이 없었다. 레이제이(冷泉) 천황의 뒤를 이을 동궁의 즉위 후 겐지 가문에 대항하기 위해서 동궁의 여동생인 온나산노 미야를 하사받는 것이, 기리쓰보 천황 시대의 좌대신의 성공 사례를 다시 재현할 수 있는 방법이라고 기대했던 것이다.

나아가 태정대신의 개인적인 생각도 한몫 거들었다. 아버지인 좌대신에게는 내친왕(공주)이 하사되었는데, 자신에게는 그것이 불가능했다는 것을 원통하게 생각하던 그는 가시와기에게 미야가 하사되면 자신에게도 명예로운 일이라고 생각했다. 이와 같이 가시와기는 태정대신 집안의 지원을 받으며 온나산노 미야의 하사를 기대하고 있었던 것이다.

가시와기, 온나산노 미야를 훔쳐보다

스자쿠인은 가시와기에게 부족한 점은 직위가 낮고 나이가 어리다는 것뿐 가계나 인물이나 장래성에는 아무런 문제가 없다고 평가했다. 이 말을 들은 가시와기는 강한 자부심을 느꼈다.

가시와기는 열네댓 살쯤 되던 소년 시절 유모에게 온나산노 미야에 관한 소문을 들은 후 그녀를 사모하기 시작했다. 소년 시절 시작된 사모의 마음을 사랑의 원점으로 삼는 것은 겐지의 후지쓰보(藤壺)에 대한 경우와 같다. 온나산노 미야를 향한 가시와기의 사랑은 이러한 집안의 기대, 스자쿠인에게 인정받고 있다는 자부심, 소년 시절부터의 동경이라는 여러 조건에 의해 강하게 자리 잡는다. 그 때문에 히카루 겐지에게 하사하기로 했다는 결정에 너무 속상해 그대로 체념할 수가 없었다. 그리고 미야가 무라사키노 우에의 기세에 눌려 있다는 소문을 듣고 가시와기는 겐지가 미야를 부당하게 대우하고 있다고 생각했다. 가시와기가 온나산노 미야를 훔쳐본 것은 이 무렵이었다.

온나산노 미야가 겐지에게 하사된 후 1년이 되던 3월 어느 날, 벚꽃이 만개할 즈음, 로쿠조인 봄 거리의 남쪽 정원에서 축국(공차기 놀이)이 개최되었다. 온나산노 미야는 깊게 드리운 발

너머로 그것을 구경하고 있었다. 그런데 그녀가 아끼며 기르는 당고양이가 커다란 고양이에게 쫓겨 뛰쳐나갔다. 그때 고양이에게 매단 끈에 걸려 발이 들어올려지면서 가시와기는 우연히 미야를 보았다. 그는 이것이 오래전부터 사모하고 있던 자신의 사랑이 이루어질 전조가 아닐까 하고 기쁘게 생각했다.

가시와기는 온나산노 미야를 돌보는 유모의 딸 고지주(小侍從)라는 시녀에게 부탁하여 편지를 보냈다. 뿐만 아니라 동궁을 통해 온나산노 미야의 당고양이를 수중에 넣고, 이를 미야의 '형상'(「와카나若菜」 下)이라며 예뻐하였다. 그는 고양이를 품에 넣고 귀여워하며, 온나산노 미야가 돌려 달라고 재촉해도 응하지 않았다.

밀회

그로부터 6년이 지났다. 가시와기는 주나곤이 되었고, 온나산노 미야의 언니 오치바노 미야(落葉の宮)와 결혼했다. 그러나 온나산노 미야를 잊을 수가 없었다. 겐지 마흔일곱 살이 되던 해 정월, 제6장에서 언급한 것처럼 여인들로 구성된 연주회가 행해졌다. 연주회 직후 무라사키노 우에가 병으로 앓아 누워 니조인으로 옮겨졌고, 겐지는 간병을 위해 로쿠조인을 비우는 일이 잦았다. 그해 4월 가모마쓰리 무렵, 가시와기는 고지주에게 안내를 부탁해 밀회했다.

그는 온나산노 미야를 만나 자신의 심정을 호소하고 미야에게서 한마디의 대답이라도 들으면 그것으로 만족할 생각이었다. 그러나 온나산노 미야는 갑작스런 사태에 어찌할 바 몰라 두려움으로 대답할 엄두도 못 냈다. 가시와기는 분별력을 잃어 미야를 데리고 이 세상에서 자취를 감추어 버리고 싶다고까지 생각하게 되었다.

관계를 가진 후 잠시 졸고 있을 때, 귀여워하고 있었던 당고양이의 꿈을 꾸다 눈을 떴다. 그는 미야가 회임했음을 굳게 믿어 의심치 않았다. 고양이 꿈은 회임의 전조이기 때문이다. 『민고닛소(岷江入楚)』가 "짐승의 꿈을 꾸는 것은 회임의 징조이다"라고 주석을 달고 있는 것처럼, 이는 당시의 민간에서 전해지는 믿음이었다.

새벽 어스름녘에 가시와기는 온나산노 미야와 헤어져 돌아간다. 그리고 두 사람은 아래와 같은 노래를 주고받는다.

일어나 갈 곳도 모르는 새벽 어느 곳의 이슬이 적시는 소매인가.

새벽 어스름녘 속으로 괴로운 이 내 몸이 사라진다면 모든 게 꿈이었다고 생각하고 끝나 버릴 텐데. —「若菜」下

위의 가시와기의 노래는 "당신과 헤어져 돌아가는 한 치 앞도 모르는 새벽 어스름녘에 어느 곳의 이슬이 이렇게도 소매를 적시는가"라는 내용인데, 헤어지기 어려운 심정을 읊고 있다. '새벽 어스름녁'은 '망설이다', '방황하다', '모른다' 등과 함께 쓰이는 경우가 많은 말로, 여기에서도 단지 새벽 시간을 의미하는 것만이 아니라 가시와기가 분별력을 잃고 방황하는 마음을 상징한다.

목적지도 모르고 당황해 하며 눈물로 지샐 뿐이라는 가시와기는 어디로 가는 것일까. 이후 죽음을 눈앞에 두었을 때 가시와기는 온나산노 미야에게서 "안됐구려"라는 한마디 말을 듣기를 원한다. 그리고 그것을 "어두운 길을 헤맬 때 빛으로 삼고 싶다"(「가시와기柏木」)라고 호소한다. 가시와기의 목적지는 캄캄하고 긴 밤길 같은 어둠에 휩싸여 있었던 것이다. 미야의 한마디를 그 어둠을 밝혀 주는 빛으로 삼고 싶다고 말하지만 밀회는 가시와기를 어둠 속으로 데려갈 뿐이다. 그는 그것을 예감하고 있었다. 위의 노래는 그러한 의미에서 상징적이라 할 수 있다.

온나산노 미야는 가시와기가 돌아간 것에 안도의 숨을 내쉰다. "이 새벽 어스름녘 속으로 괴로운 이 몸은 사라져 버렸으면 좋겠다. 모든 것은 꿈이었다고 생각하고 끝나 버리도록…" 하고 연약하나 젊고 아름다운 소리로 답장을 했다. 가시와기는 혼백이라도 미야의 곁에 머물렀으면 하고 바랐다. 미야는 살아 있을 수 없는 마음이었다.

가시와기는 아내인 오치바노 미야가 있는 곳이 아니라 사람들의 눈길을 피해 아버지의 저택으로 돌아갔는데, 저지른 죄로 몸이 움츠러들고 더 이상 살아갈 수 없다고 생각하게 된다. 그렇게 생각하면서도 온나산노 미야를 그리워해 아내인 오치바노 미야를 찾아가지 않았다.

아오이의 두 잎 중 어찌하여 나는 낙엽을 줍게 되었을꼬. 이름은 그리운 장식 이파리이지만. —「若菜」下

“자매(두 잎) 중 자신은 왜 오치바[1]를 선택하게 되었을까. 이름은 그리운 황녀(이파리)이지만” 이라며 가시와기는 오치바노 미야를 가볍게 여기는 노래를 읊는다. 가시와기의 아내가 오치바노 미야라고 불리는 것은 이 노래에 의해서이다. 모노가타리의 해설자는 가시와기가 무례한 이야기를 하고 있다고 비판하지만, 이제 그의 안중에는 온나산노 미야밖에 없었다.

발각

가시와기와 온나산노 미야의 밀회가 벌어지고 두 달이 지난 6월 어느 날, 온나산노 미야에게서 기분이 좋지 않다는 말을 들은 겐지는 무라사키노 우에를 간병하는 중에 틈을 내 오랜만에 미야를 문안한다. 그때 겐지는 가시와기가 보낸 연서를 발견한다. 어디선가 본 적이 있는 필적인데, 미야를 향한 심정이 잘 나타나 있었다. 그것은 방석 밑에 아무렇게나 끼워져 있었다.

겐지는 처음에는 시녀가 가시와기의 필적을 흉내 내 쓴 것인가 하고 생각했으나, 말투나 문맥으로 보아 가시와기의 연서가 틀림없다고 확신한다. 사건을 알게 된 겐지는 가시와기가 조심

1) 오치바(おちば)는 ‘낙엽’이라는 뜻이다.

성 없이 편지를 보낸 사실을 경멸한다. 또한 온나산노 미야의 회임 이유를 알게 되어 어떻게 다루면 좋을지 고민하면서 분노를 안으로 삭인다. 천황비와의 밀통 사건과 비교해도 가시와기의 행동은 변호의 여지가 없는 용서하기 어려운 것이라고 생각하다가 겐지는 그것이 오래전 자신이 저지른 죄업을 심판하는 일임을 깨닫고 가시와기를 비난할 자격이 없다고 뉘우친다. 기리쓰보 상황도 지금의 자신과 똑같이 알고 있으면서 모르는 체하셨을까. 생각하면 그때 실로 두렵고 용서할 수 없는 잘못을 저질렀다고 괴로워했다.

2. 가시와기는 왜 죽었는가

인과응보의 구도

가시와기의 밀통 사건은 겐지와 후지쓰보의 밀통 사건과 유사점이 많다. 모두 밀통의 상대는 천황비와 준태상천황의 아내이다. 그 사랑은 소년 시절 사모의 정에서 시작되고, 대리 충족 대상(무라사키노 우에 · 당고양이)을 통해 마음을 위로하고, 꿈에 의해 회임을 알고, 저지른 죄의 두려움에 전율하며, 부정으로 아들(레이제이 천황 · 가오루薫)이 탄생했다는 점 등으로 대비된다. 후지쓰보와 온나산노 미야가 모두 출가했다는 공통점도 들 수 있다.

가시와기의 밀통 사건은 겐지의 후지쓰보 사건과 중복되는데, 이는 겐지의 후지쓰보 사건에 대한 인과응보 구도를 의미하는 것으로 보아야 한다. 두 밀통 사건을 대응시킴으로써 제1부 이래의 히카루 겐지의 숙명을 테마로 한 모노가타리는 완결된다.

그것은 부정하게 태어난 아들의 탄생을 겐지가 죄업의 대가라고 받아들인 곳에도 나타나 있다.

> 그럼에도 이상한 일이다. 이것은 늘 두렵다고 생각하고 있었던 죄업의 보상일까. 현세에서 이러한 뜻밖의 응보를 받았기 때문에 후세의 죄는 조금 가벼워지게 되는 것일까? —「柏木」

그러나 가시와기 모노가타리가 단순히 겐지의 후지쓰보 사건을 반복해서 응보의 구도를 보인 것만이 아니다. 사건이 들통 나고 당사자들이 서로에게 들켰다는 사실을 알면서 모노가타리는 새로운 단계에 접어든다.

히카루 겐지의 보복

「가시와기」의 모노가타리를 사랑으로 자멸하는 남자의 이야기라고 한다면, 그것과 유사한 예는 『이세 모노가타리(伊勢物語)』와 『우쓰호 모노가타리(宇津保物語)』에서 찾아볼 수 있다. 가시와기의 모노가타리가 이러한 모노가타리의 계보 하에 있다고 자리매김해도 좋을 것이다. 하지만 그 이상으로 겐지모노가타리의 내부에서의 의미를 생각하면, 가시와기는 히카루 겐지에게 있을 수 있었던 후지쓰보 사건에 의한 파멸의 운명을 계승했다고도 볼 수 있다. 예언에 의해 비로소 가능했던 겐지의 밀통과 영화를 담은 모노가타리는, 그와 반대로 겐지가 파멸할 가능성을 잉태하고 있었다. 가시와기의 파멸은 겐지의 부귀영화 이야기의 음화(陰畵)로서 이해할 수 있다.

가시와기 파멸의 형상은 오로지 그의 내면에서 펼쳐지는 드라마로 구성된 것이 특징이다. 스자쿠인의 50세 축하연은 8월에서 9월로 그리고 10월로 그때마다 걸림돌이 생겨 연기되었다. 결국 12월이 되자 더 이상 연기할 수 없게 되었다. 로쿠조인에서 예행연습을 할 때 이러한 행사의 단골손님인 가시와기도 당연히 초대받았다. 그는 병을 이유로 거절했다가 어쩔 수 없이 출석한다. 겐지는 죄의식으로 유령처럼 창백해진 가시와기를 안채 옆의 조그만 방으로 불러들였다. 자신은 안채 안에서 발을 드리우고 가시와기를 응시하면서 이야기를 했다. 가시와기와 겐지의 대면이 발을 사이에 두고 간격을 유지하며 이뤄진 것은 이례적인 일이었다. 적어도 겐지가 태정대신의 지위에 있을 때까지 그를 대면하는 방식은 이렇지 않았다. 여기에서 겐지는 준태상천황의 격식을 의도적으로 나타내고 있는 것인지도 모른다. 가시와기가 있는 곳에서 겐지의 표정은 보이지 않지만, 가시와기의 모습은 모두 겐지에게 보이게 되어 있었다. 겐지의 태도는 은근하고 온화했지만, 오랫동안의 격조와 온나산노 미야에 관해 언급하는 말에 가시와기는 폐부를 도려내는 듯한 아픔을 느낀다.

무악의 예행연습은 남쪽 정원에서 행해졌다. 겐지는 구경하기 위해 안채에서 그 옆의 작은 방으로 자리를 옮기고, 시키부쿄노 미야와 히게쿠로 대신만 옆자리에 앉혔다. 그 이하의 상류 귀족들과 가시와기는 툇마루에 착석했다. 여기에서도 겐지는 발을 드리우고 다시 가시와기를 지명하며 비난을 퍼부었다.

겐지는 "나이가 들고 취하면 울게 되는 습관을 그만둘 수 없는 법. 노취를 보이는 나를 네가 비웃고 있어 부끄럽기만 하다. 그렇다고는 해도 세월은 거꾸로 흐를 수는 없는 법. 너도 늙음은 피할 수 없다"(「若菜」 下)라고 취한 척하며 빈정거린다. 젊음에 대한 패배감을 자조하면서, 반격의 기력도 없는 먹이를 쥐고 흔들듯이 가시와기를 향해 비아냥거린다. 가시와기가 두통 때문에 술잔을 비우는 척하며 적당히 넘어가려고 하면, 겐지는 그것을 나무라며 무리하게 술잔을 건네고 몇 번이고 마시게 한다. 가시와기는 견딜 수 없어 연회 도중에 물러나고 만다.

가시와기의 죽음

이날 이후 가시와기는 재기 불능의 상태가 되어 자리에 누웠다. 겐지의 언동은 가시와기를 나락의 밑바닥으로 떨어뜨리기에 충분한 독기를 품고 있었다. 가시와기는 밀통 직후부터 살아남아 있을 수 없다고 생각할 정도로 겁에 질려 있었다. 그것은 도의적 죄책감뿐만 아니라 로쿠조인 히카루 겐지에게 잘못 보이면 파멸할 수밖에 없다는 현실적이며 정치적인 두려움에서 기인한 것이기도 했다. 히카루 겐지라는 대단한 존재의 막강한 권위와 권력 앞에 두려워하지 않을 수 없었다. '천황의 부인'과의 과실이 아니기 때문에 중죄에는 해당하지 않는다고 생각했지만, 그렇다고 공포로부터 해방될 수는 없었다. 가시와기는 히카루 겐지를 향한 공포심에 스스로 파멸한 것이다.

가시와기의 죽음은 자신이 스스로를 고독한 내면의 극으로 옥죄었다고 하는 점에 커다란 특징이 있다. 히카루 겐지는 예행연습 날의 빈정거림 이외에 가시와기에게 눈에 띄는 방해나 압력을 가하지는 않았다. 오히려 겐지는 자기 자신을 증오했을 뿐, 가시와기의 젊음에 대한 패배감과 숙업(宿業)의 대가라는 운명적인 것에 대한 공포에 사로잡혀 있었다. 가시와기는 히카루 겐지의 환영에 패배한 것이다. 내면에 기인한 죽음의 모습, 이는 특별한 죽음이었다. 가시와기 서른두세 살 때의 일이다.

가시와기를 위한 진혼

가시와기의 죽음을 슬퍼하지 않은 사람은 없었다. 그의 인정 많은 성품 때문인지 신분의 고하를 막론하고 모든 사람들이 애석해 하고 안쓰럽게 생각했다. 겐지는 온나산노 미야나 그의 아들 가오루를 볼 때마다 그가 생각났다. 생전에 가시와기가 아침저녁으로 친근하게 자신이 있는 곳에 출입하고 자신도 그를 총애하고 있었기에 무엇을 보든 그가 생각나지 않을 때가 없었다. 1주기에는 남몰래 가오루의 몫과 합쳐서 황금 1백 냥을 추도 공양의 뜻으로 내놓았다. 이러한 각별한 추도의 마음에 가시와기의 아버지 태정대신은 황송스러워했다.

겐지의 각별한 공양은 모두 생전의 가시와기가 예측했던 일이다. 그는 자신이 죽으면 겐지가 용서해 줄 것이라고 믿었다. 원망도 사라질 것이며, 밀통 이외의 과실은 없는 데다 오랫동안 친근하게 지내 왔던 관계이니 연민의 정으로 아껴 줄 것이라고 생각하고 있었다. 겐지는 가시와기의 예측을 꿰뚫어 보기라도 한 것처럼 더할 나위 없는 추도와 공양을 했다.

이러한 각별한 추도는 가시와기의 죽음이 횡사이며 이 세상에 원한을 남기고 죽은 사람의 영혼은 재앙을 일으킨다는 관념에서 비롯된 것으로 봐야 할 것이다. 즉 원망을 해소하고자 노력했다고 생각해도 될 것이다. 가시와기는 유기리(夕霧)가 병문안을 왔을 때 세상과 이별하려고 하니 미련이 많다고 하며 부모보다 앞서 세상을 등지게 되는 불효, 천황에 대한 불충, 입신할 수 없었던 한탄과 함께 겐지에게 저지른 무례한 일을 용서받을 수 있으면 감사할 것이라고 이야기했다. 이러한 가시와기의 사죄에 대하여 겐지는 각별한 공양으로 응답해 준 것이다.

3. 온나산노 미야의 슬픔

히카루 겐지의 굴욕

겐지는 사건을 알았을 때, 가시와기와 온나산노 미야가 서로 사랑해 자신을 배신했다고 생각했다. 온나산노 미야의 입장에서 보면 사건은 우발적인 사고와 같은 것인데, 겐지는 그렇게 생각하지 않았다. 두 사람이 서로 사랑하고 있다고 오해했다. 그만큼 정성을 다해 소중하게 돌봐 준 미야에게 배반당했다는 생각과 미야가 가시와기 같은 남자에게 마음을 준 것은 너무나 뜻밖의 일이라는 생각으로 굴욕감에 시달렸다. 그러한 생각은 자조하는 말투가 되어 가시와기에게 쏟아졌으며, 온나산노 미야를 향해서도 내뱉어진다. 그는 미야에게 부친인 스자쿠인을 걱정시키는 일이 없도록 일깨우며, 억누르기 어려운 분한 마음을 토로한다.

"지금은 완전히 늙어 버린 내 모습을 당신은 멸시하며 보기만 해도 싫증이 난다고 하겠지요. 속상하고 한심하겠지만 아버지 스자쿠인이 살아 계시는 동안은 참으시오. 스자쿠인이 나를 남편이라고 정해 주신 데는 생각이 있으셨기 때문이니까. 나이 많은 나를 아버지 스자쿠인과 똑같이 생각하시고 그렇게 경멸하지 마시오"(「若菜」 下)라고 했으며, 또한 겐지는 자신을 '한창때를 넘긴 사람', '늙은이', '어쩔 수 없는 노인' 등의 말로 자조를 섞어 이야기했다. 겐지의 말은 온나산노 미야의 마음을 얼어붙게 했다.

온나산노 미야의 출가

온나산노 미야가 가시와기의 아이를 출산한 것은 겐지가 마흔여덟 살 되던 해의 1월이다. 이 아이가 후에 이어지는 '우지(宇治) 10첩'의 주인공인 가오루이다. 3일제, 5일제, 7일제 등 성대한 출산 축하 의식이 행해졌다. 7일제는 천황이 열었다. 겐지는 축하 의례를 관장할 뿐 새 아기를 보려고도 하지 않았다. 그 때문에 늙은 시녀들은 겐지가 냉담하다고 비난했다.

온나산노 미야는 자신의 불운을 생각하고, 죽고 싶은 마음이 되어 겐지에게 출가하고 싶다고 호소했다. 미야에 대한 불쾌한 기분을 정리하지 못한 겐지는 일단 제지했지만, 온나산노 미야가 말하는 대로 해 주는 것이 배려일지도 모른다고 생각했다. 그리고 지금 이대로 미야가 자신을 어렵게 여기는 것도 딱하고 자신도 기분을 추스릴 수 없어 소홀한 대접을 해 다른 사람들로부터 비난받는 것도 곤란하며, 스자쿠인이 들으면 자신의 잘못이라고 여길 것이다, 하나 산후병을 이유로 출가시키는 것은 체면을 유지하는 이유가 되고 스자쿠인을 향한 변명도 될 것이다, 라고 겐지는 생각하면서도 한편으로는 젊은 온나산노 미야를 위해서는 너무 안된 일이라고 고민했다.

스자쿠인은 온나산노 미야의 출산이 무사히 끝났다는 소식을 듣고 가 보고 싶다고 생각하던 차에 미야의 용태가 나쁘다고 하는 소식이 있어 돌연 밤중에 로쿠조인을 방문했다. 아버지를 대면한 미야는 더 이상 살 수 없을 것 같으니 이 기회에 출가시켜 달라고 호소했다. 스자쿠인은 미야의 소원을 듣고 친히 출가시켰다. 스자쿠인도 여태까지 온나산노 미야에 대한 겐지의 대우가 그다지 좋지 않았다고 생각하고 있었다.

온나산노 미야가 출가한 날 밤, 로쿠조노 미야슨도코로(六条御息所)의 원령이 나타나 무라사키노 우에를 죽이지 못한 것은 유감이지만 대신 온나산노 미야를 출가로 내몰았다며 웃었다. 로쿠조노 미야슨도코로는 악령으로 변해서 겐지를 괴롭히는 일로 생전의 한을 풀고 있었다.

덧없는 인생을 노래하다

제6장에서 언급했지만 온나산노 미야의 장래를 걱정하는 스자쿠인은 동궁에게, 여자는 본인의 의지와 관계없이 마음에도 없는 남자와 만나기도 하고, 경솔하다고 세상 사람에게 멸시받는 운명에 처하기도 한다. 자신이 출가한 후 온나산노 미야가 의지할 곳 없이 방황하게 되는 것이 걱정되어 몹시 슬프다고 이야기한다. 스자쿠인은 그때 '떠다니다'라든가 '방황하다'라는 말을 사용하는데, 이 말이 모노가타리 속에서 여자의 일생의 덧없음을 이야기하는 주제가 되는 말이라는 것은 앞에서 이미 설명했다. 온나산노 미야의 삶은 이러한 스자쿠인의 걱정이 적중한 듯한 결과가 되었다.

온나산노 미야의 이야기는 여자의 일생의 덧없음을 주제로 하는 모노가타리의 하나라고 볼 수 있다. 그녀가 최초로 읊은 노래는 실로 그러한 덧없는 인생을 예감하고 있는 것 같았다.

허무해서 바람에 나부끼는 봄날의 잔설처럼 나도 하늘 속으로 사라져 버렸으면. —「若菜」上

신혼 닷새째 되던 날 아침, 겐지가 전날 밤에 찾아올 수 없었던 것을 사과하는 노래를 보내오자 읊은 답가였다. 겐지가 찾아오지 않기 때문에 바람에 나부끼는 봄날의 잔설처럼 하늘 속으로 사라져 버릴 것 같다는 것이다. 노래는 신혼 초 남편이 벌써 멀어져 가는 것을 원망하는 상투적인 내용이다. 그러나 '허무해서', '하늘 속으로 사라져 버렸으면', '바람에 나부끼는'이라는 말이 연쇄적으로 사용되고 있는 것으로 보아 죽음과 방황을 예감한 노래임이 확실하다.

죽음을 목전에 둔 가시와기가, 자신을 화장한 연기는 하늘로 오르지도 못하고 미야에 대한 생각은 죽은 후에도 이승에 남을 것이라고 읊어 보낸 것에 대한 미야의 답가는 다음과 같다.

당신의 연기와 함께 나도 사라져 버렸으면. 한심한 신세를 한탄하는 내 한숨이 얼마나 깊은지를 비교하기 위해서라도. —「柏木」

게다가 가시와기의 뒤를 쫓아가겠다고 덧붙이고 있었다. 온나산노 미야는 자신을 불행하게 한 가시와기와 함께 죽고 싶다는 것이다. 가시와기가 눈물나도록 고마워하며 안타깝게 생각한 것은 당연하다. 겐지와의 결혼 생활에 견디지 못하고, 자신을 불행하게 한 남자를 따라 죽고 싶다고 하는 온나산노 미야의 슬픔은 깊기만 하다. 출가를 구원의 길로 삼은 것은 필연이었던 셈이다.

그로부터 2년 후 겐지가 50세가 되던 해 여름, 그는 출가한 온나산노 미야를 위해 성대한 지불개안(持佛開眼) 공양식을 개최하고, 미야의 출가 생활이 아무런 불편함이 없도록 세심한 배려를 했다. 겐지도 불도 정진에 힘쓰는 일이 많아졌다. 레이제이인(冷泉院)과 한가하게 보내는 아키코노무 주구(秋好中宮)도 어머니 미야슨도코로의 원령 소문에 마음 상해 하며 어머니의 고통을 구원하기 위해 출가하고 싶다고 생각한다. 겐지 주변의 인물들은 불도를 통해 구원을 추구하고 있었던 것이다.

4. 유기리, 구모이노 가리와 오치바노 미야

유기리의 사랑

병석에 누운 가시와기는 문안 온 유기리에게 자신이 죽으면 아내인 오치바노 미야를 배려해 주었으면 한다고 유언했다. 유기리는 그의 청을 들어 가시와기가 사망한 후, 오치바노 미야를 위로하러 다녔다. 그러는 동안에 점차 오치바노 미야에게 마음이 끌린다.

「요코부에(橫笛)」와 「유기리」 등 두 권은 오치바노 미야에 대한 유기리의 사랑으로 인해 어린 시절부터 사랑해 맺어진 구모이노 가리(雲居雁)와의 가정이 붕괴되는 희 · 비극을 이야기한다. 유기리 스물여덟 살 때부터 스물아홉 살 시기에 해당하는 이야기이다.

오치바노 미야의 어머니인 이치조노 미야슨도코로(一条御息所)는 황녀는 독신으로 지내는 것이 좋다고 생각하는 보수적 사고방식의 소유자였다. 그래서 미야와 가시와기와의 결혼에 찬성하지 않았지만, 가시와기의 아버지 태정대신과 스자쿠인이 함께 권했기 때문에 마지못해 승낙했다. 하지만 가시와기의 이른 죽음으로 결혼 생활도 끝나고 미야가 불운하게 되어 통탄스럽다고 유기리에게 호소했다.

유기리의 눈에 비친 이치조노 미야 저택은 쓸쓸함과 슬픔에 둘러싸여 있었으며, 그 속에서 생활하는 오치바노 미야의 그윽

한 인품과 우아함이 유기리에게는 무엇보다도 이상적으로 생각되었다. 왜냐하면 유기리는 구모이노 가리와의 사이에 아이들이 여럿 생겨 가정은 떠들썩하게 활기에 차 있었지만, 역으로 풍류를 전혀 모르는 생활과 아무런 거리낌도 그윽함도 없이 마음대로 행동하는 아내의 태도에 불만을 느끼고 있었기 때문이다. 오치바노 미야의 조용함과 슬픔과 무료함을 달래는 생활에 유기리는 마음이 끌리고 있었다.

사랑의 전말

유기리가 정성스레 자신들을 돌봐 주었으므로 어머니인 이치조노 미야슨도코로도 마음을 허락하고 오치바노 미야도 거문고를 함께 합주하게까지 되었다. 가시와기가 죽은 지 2년이 지난 8월 어느 날, 이치조노 미야슨도코로가 병 치료차 오치바노 미야와 함께 오노(小野) 산장에 갔다. 문안하러 찾아간 유기리는 그날 밤, 미야에게 의중을 털어놓고 하룻밤을 같이 보냈다. 기도해 주는 스님에게서 그 이야기를 듣고 놀란 미야슨도코로는 유기리의 진의를 확인하기 위해 편지를 보냈는데, 그 편지를 구모이노 가리가 빼앗아 숨겨 버렸다. 유기리는 초조하면서도 답장을 쓸 방도가 없었다. 미야슨도코로는 유기리에게서 답장이 없다는 사실에 낙담하여 갑작스럽게 숨을 거두었다. 오치바노 미야는 어머니의 죽음이 유기리 때문이라고 생각하며 굳게 마음을 닫았다.

미야슨도코로의 장례식은 유기리가 도맡아 극진히 치렀다. 그후에도 유기리는 오치바노 미야에게 매일 사람을 보내 문안을 드리게 하고 선물도 빠뜨리지 않았다. 그러나 미야의 마음은 풀리지 않는다. 유기리는 뜻을 굳히고 무리하게 오치바노 미야를 오노 산장에서 이치조노 미야의 저택으로 옮기게 한 후, 형식뿐인 결혼 생활을 시작한다. 이에 구모이노 가리가 화를 내며 아이들을 데리고 친정으로 돌아가 버린다. 유기리는 오치바노 미야에게는 거절당하고 구모이노 가리는 떠나고 어찌할 바를 모른다. 누가 이런 사랑을 놓고 즐겁다고 했던가. 유기리는 진저리를 쳤다.

로쿠조인의 패러디 모노가타리

유기리의 가정 소동은 로쿠조인의 패러디라고 보아도 될 것이다. 겐지도 유기리도 새로운 아내를 맞이했기 때문에 부부 관계가 파탄났다. 겐지와 무라사키노 우에의 경우에는 갈등이 심각한 수준에서 그쳤지만 유기리와 구모이노 가리의 경우에는 치정싸움이 별거로까지 이어져 희화화(戱畵化)되면서 전개된다. 유기리가 구모이노 가리를 도깨비 같은 여자라고 비난하자, 그녀는 도깨비 이상이 되어 보이겠다고 되받는다. 히카루 겐지에게는 볼 수 없었던 부부 싸움이었다.

구모이노 가리는 유기리가 무슨 일에든 로쿠조인의 부인들을 칭찬하며 그들을 본받으라고 말하고, 자신을 귀염성 없고 기품 없는 여자라고 생각하며 대하는 태도가 당치 않다고 성토했다.

구모이노 가리는, 로쿠조인의 부인들은 옛날부터 그러한 식으로 살아왔으며 자신도 옛날부터 똑같은 생활에 길들여져 있으면 같은 식으로 지냈을 테지만, 아무렇지 않게 받아들였던 일을 오치바노 미야를 사랑하면서 돌연 문제 삼으며 그대로 보아 넘기지 못하고 있다고 생각했다. "세상의 거울이라고 부모 형제 모두가 칭찬한 유기리였는데, 세월이 지나 보니 창피스러운 일을 저지르기도 하는구나" 하며 그녀는 탄식했다. 이러한 구모이노 가리의 탄식은 역시 무라사키노 우에의 고뇌에 견디는 정신의 고결함을 단지 일상적인 차원으로 끌어내린 것에 불과함을 알 수 있다. 유기리가 두 명의 아내 사이에서 어찌할 줄을 몰라 하며 지긋지긋한 기분이 되는 것도 겐지를 희화화한 것이다. 유기리의 가정 소동은 로쿠조인의 희화로서 생기를 더하고 있다.

그러나 유기리와 결혼한 오치바노 미야의 경우는 로쿠조인의 온나산노 미야의 패러디라고 볼 수 없다. 오치바노 미야의 인생은 바로 온나산노 미야와 똑같이 스자쿠인이 두려워하던 여자의 운명의 덧없음을 대변하는 것이다.

오치바노 미야의 인생이 의미하는 것

어머니를 잃은 오치바노 미야는 아버지 스자쿠인에게 출가하고 싶다고 호소했지만, 스자쿠인은 허락하지 않는다. 스자쿠인에게 온나산노 미야에 이어 오치바노 미야마저 출가하는 것은 세상에 체면이 안 서고, 또한 든든한 후견인도 없는 오치바노 미야의 출가는 비구니가 되어서도 사실무근의 뜬소문이 나는 일이 있으리라는 걱정도 있었다.

이와 같은 오치바노 미야의 모노가타리에는 어떠한 의미가 있는 것일까. 히카루 겐지는 유기리가 미야와 「상부련(想夫戀)」이라는 곡을 연주했다는 이야기를 듣고 여자는 남자의 마음을 끌어들이는 행동을 해서는 안 된다고 말하는데, 무라사키노 우에는 오치바노 미야를 동정하면서 다음과 같은 생각을 내보이고 있다.

> 여자처럼 처신을 어떻게 해야 할지 답답하고 불쌍한 존재는 없다. 어떤 것에 대한 정취나 계절에 따른 분위기를 모르는 척하고 들어앉아 얌전하게 있어서는 무엇으로 살아갈 의욕이 있으며, 덧없는 이 세상의 머물 곳 없음을 위로할 수 있단 말인가? ―「夕霧」

여성의 삶의 옹색함, 자신이 느끼고 생각하는 것을 말하지 않고 있어서는 이렇게 보잘것없는 삶은 없다고 한다. 이는 무라사키노 우에가 자신의 인생을 되돌아보며 생각한 바라고 볼 수 있다.

그러면 여자들은 어떻게 살면 좋을까. 구체적인 대답이 모노가타리 속에 제시되어 있는 것은 아니다. 오히려 오치바노 미야의 이야기는 여자의 삶의 방식을 독자에게 "당신은 어찌할 것인가" 하고 묻고 있다. 이는 곧 모노가타리를 여기까지 전개해 온 무라사키노 우에의 물음이기도 하다.

5. 무라사키노 우에의 죽음

죽음을 응시하는 무라사키노 우에

로쿠조인의 연주회가 끝난 후 무라사키노 우에가 병으로 쓰러진 것은 서른아홉 살의 1월이지만, 그때부터 병이 지속되어 4월의 아오이노마쓰리 무렵에 일시 숨이 거의 끊어졌다. 그때 겐지의 비탄에 잠긴 모습을 본 무라사키노 우에는 겐지가 너무 안돼 보여 자신이 죽는 것은 마음씀씀이가 부족한 탓이라고 생각하고 기력을 되찾았다.

병으로 쓰러지기 전 무라사키노 우에는 자신의 인생을 "이상하게도 허공에 떠 있는 듯한 불안한 생활이구나"(「若菜」 下)라며, 마음 편할 날이 없는 불안정한 인생이라고 깊이 탄식하고 있었다. 그것은 겐지의 애정이 머지않아 젊은 온나산노 미야에게로 옮겨 갈 것이고 아내의 자리까지 빼앗기는 것은 아닐까 하는 불안 때문이었다. 그러한 생각 때문에 발병되으나, 생사의 기로를 극복하고 나서 그녀의 심경에는 변화가 일어나고 있었다. 병은 회복되지 않고 점점 심해졌고 그녀는 정신적으로 침착하게 죽음을 응시하는 삶의 방식을 취하게 된다.

「미노리(御法)」 권은 중병을 앓고 난 4년 후, 무라사키노 우에의 죽음과 사람들의 깊은 애도를 다루고 있다. 무라사키노 우에는 겐지가 출가를 허락해 주지 않는 것을 원망하고 있었지만 후생의 공덕이 되는 불공을 매일 드렸다. 3월에는 오랜 기간에 걸친 법화경의 서사(書寫)를 끝내고, 니조인에서 법화경 천 부의 공양을 성대히 치렀했다. 그리고 이 법회를 마친 것을 안도하듯 그해 가을 8월 겐지와 아카시노 주구(明石中宮) 두 사람이 지켜보는 가운데 조용히 숨을 거두었다.

일어나 앉아 있다고 보시는 것도 한순간의 덧없는 목숨입니다.
바람에 날려 흩어지는 싸리나무의 이슬 마냥. —「御法」

이것이 무라사키노 우에의 최후의 노래이다. "제가 일어나 앉아 있는 것을 보시는 것도 한순간의 덧없는 인생입니다. 바람에 날려 흩어지는 싸리나무의 이슬처럼 말이에요"라는 의미로, 자신의 죽음을 조용히 받아들이겠다는 각오가 느껴진다.

숨을 거둔 것은 8월 14일 새벽이며, 15일 새벽에 화장했다. 이례적으로 빨리 치러진 장례식이었다. 아오이노 우에의 경우는 8월 14일 죽었고, 8월 20일이 지나 화장을 했으며, 그간 소생의 주술 등이 여러 번 시도되었다. 무라사키노 우에의 화장을 서둔 이유는 알 수 없다.

무라사키노 우에의 죽음에 즈음해 세간에서는 생전의 덕을 절찬하는 평판이 끊이지 않았다. 행운이 따르는 훌륭한 사람이라도 세상에서 질시를 당하거나 교만하여 타인을 곤혹스럽게 만드는 사람도 있지만, 무라사키노 우에는 그녀와 관계없는 사람들로부터의 평판도 좋았다. 사소한 일을 해도 칭찬을 받았고, 어떤 일이든 빈틈없이 기품 있게 잘해 내는 드문 인품이었다고 이야기되고 있었다. 이는 「우스구모(薄雲)」 권의 후지쓰보 황후를 추도하는 찬사와 조금도 다르지 않다. 앞에서 언급한 바와 같이 '육국사(六國史)'에는 황후나 비빈을 추도하는 고소쓰덴(薨卒伝)이 있다. 작가는 여기에서 무라사키노 우에를 준태상천황 로쿠조인 히카루 겐지의 아내로서 준뇨고(準女御) 대우를 한 것이라고 생각된다.

히카루 겐지의 추도, 그리고 출가

무라사키노 우에의 죽음은 겐지에게 큰 충격을 주었다. 겐지는 잠잘 때나 깨어 있을 때나 눈물로 지새며 자신의 인생을 회고하고, 무라사키노 우에와의 사별은 과거에도 앞으로도 비길 데 없는 슬픔이라고 생각했다. 그러한 슬픈 일을 당하게 된 것은 부처님이 이 세상은 슬프고 덧없는 것임을 자신에게 깨닫게 하려는 것이라고 생각했다. 겐지는 출가할 때를 맞이하고 있었다. 단지 슬픔에 사로잡혀 출가를 했다고 다른 사람이 생각하지 않도록 애쓰고 있었다.

「마보로시(幻)」 권은 겐지가 이러한 슬픔으로 방황하는 마음을 정리하는 데 걸린 1년을 이야기한다. 겐지 쉰두 살이 되던 해, 정월에서 12월까지 사계절의 풍물에 빗대어 무라사키노 우에를 추도하는 겐지의 비탄하는 모습을 그렸다.

정월에는 예년처럼 로쿠조인에 신년 하례를 하려는 사람들이 방문했지만, 겐지는 남동생인 호타루노 미야(螢宮) 이외에는 누구와도 만나지 않았다. 아카시노 기미와 하나치루사토 등 부인들과 잠자리도 하지 않으며, 무라사키노 우에를 추억하는 나날을 보낸다. 8월 기일에는 무라사키노 우에가 생전에 제작한 극락의 만다라 공양을 행했다.

10월에는 하늘을 나는 기러기들을 보며, 「장한가」의 도사(道士)의 고사를 생각한다. 프롤로그에서도 언급했지만, 도사는 양귀비의 죽음을 슬퍼하는 현종 황제를 동정하여 죽은 양귀비의 혼이 있는 곳을 찾아내었다.

> 넓은 하늘을 자유로이 나는 환술사여. 꿈속에도 나타나지 않는 무라사키노 우에의 혼이 있는 곳을 찾아다오. —「幻」

「마보로시」 권의 이름은 이 노래에서 연유한 것이다. 이 노래가 프롤로그나 제1장에서 언급했던 기리쓰보 천황이 기리쓰보노 고이(桐壺更衣)를 추억하는 노래, "영혼을 찾아내는 환술사가 있었으면 그를 의지해 그대 넋이 있는 곳은 찾을 수 있을 텐데"(「桐壺」)와 완전히 똑같은 노래라는 점은 흥미롭다. 그것이 어떠한 의미를 가지고 있는가에 대해서는 후에 언급하도록 하겠다.

선달 그믐날의 쓰이나(追儺)[2]로 한 해가 저물어 가는데, 겐지

2) 섣달 그믐날 행해지는 행사로 새해를 맞이하기 위해 액운이나 악귀를 내쫓는 의식을 일컫는다. 복숭아나무로 만든 활과 갈대의 화살을 사용하며, 기이한 가면을 쓴 이가 악귀 역을 맡는다.

가 남긴 마지막 노래는 다음과 같다.

수심에 잠겨 세월이 흘러가는 것도 모르는 사이에 올해도 나의 인생은 끝나 가는가! —「幻」

겐지는 출가할 결의를 굳힌 것이다.

모노가타리에서는 히카루 겐지의 출가와 죽음을 이야기하지 않지만, 「마보로시」 권에 이어 「구모가쿠레(雲隱)」라는 권명만이 남아 있는 부분이 있다. 겐지의 죽음을 암시하는 권명인데, 작가의 조치인지 후세 사람들이 붙여 놓은 것인지 알 길이 없다. 그 뒤에 이어지는 「야도리기(宿木)」 권에 의하면 겐지는 사가노(嵯峨野)의 불당에서 출가 생활을 하다 2~3년 후 세상을 떠난 것으로 되어 있다.

'대리 역할'을 뛰어넘다 — 네 번째 수수께끼의 행방

「마보로시」 권에서 겐지는 시녀인 주나곤노 기미(中納言の君)와 주조노 기미(中将の君)를 향해 "나는 높은 신분으로 태어나 아무런 부족함도 없는 특별한 신세였지만 세상 사람들과는 비교가 안 될 정도로 뜻하지 않은 운명을 보냈다. 그것은 부처님이 세상의 무상함을 가르치기 위해 그렇게 정한 것이다"라고 술회했다. 이는 앞에서 본 무라사키노 우에의 「미노리」 권의 독백과 아주 닮은 내용이다. 그 뜻하지 않은 운명 '다른 사람들 이상의

애석한 남녀 관계'(「幻」)란 다름 아닌 후지쓰보와의 이룰 수 없었던 사랑이라고 생각해도 될 것이다. 후지쓰보의 대리 역할을 하던 무라사키노 우에를 잃은 일이 지금은 무엇보다도 슬픔의 극치로 여겨진다고 말한다. 그 슬픔을 「마보로시」는 1년에 걸친 애상가(哀傷歌)를 중심으로 이야기했지만, 그 속에서 겐지는 아버지 기리쓰보 천황과 마찬가지로 「장한가」를 인용한 노래를 읊었다. 이 같은 그의 행위는 어떠한 의미가 있는 것일까.

겐지에게 무라사키노 우에는 오랫동안 후지쓰보의 대리 역할을 한 셈이고, 후지쓰보와의 이룰 수 없는 사랑을 위로하는 대체물이었다. 그러나 어느 틈에 무라사키노 우에가 대리 역할의 영역을 뛰어넘어 후지쓰보와 자리를 바꿔 그녀의 자리를 차지하고 있음을 겐지는 깨달았다.

그러면 무라사키노 우에는 언제 후지쓰보의 대리 역할을 벗어던진 것일까? 온나산노 미야 하사 후, 혼자 고통을 견디는 속에서 그녀가 고귀함의 빛을 더해 가고 있다고 겐지가 경탄하는 묘사 부분이 있다. 아마 그 시기일 것이다. 겐지가 무라사키노 우에의 아름다움을 "작년보다 올해 더욱 빛나고, 어제보다 오늘, 늘 보아 온 모습과 달리 보이는 것은 어찌하여 그런 것인지…"(「若菜」 上)라고 생각하는 부분이 있다. 무라사키노 우에의 늘 처음 대하는 듯한 아름다움이란 내면의 광채이고, 끊임없이 심화되는 정신세계를 일컫는 것이라고 여겨진다.

이때 무라사키노 우에는 온나산노 미야를 겸손하게 대하면서, 그러나 자신보다 나은 사람은 없다는 자부심을 긍지로 삼으며 살아가고 있었다. 겐지에 대한 불신을 강하게 가지게 되면서도 세상의 웃음거리가 되어서는 안 된다는 강한 자부심을 바탕으로 로쿠조인의 안정과 협조를 위해 헌신했던 것이다. 그러한 긴장감이 그녀를 빛나게 했다고 할 수 있을 것이다. 무라사키노 우에는 후지쓰보 이상의 여성이 되어 겐지를 매료시켰던 것이다.

기리쓰보 상황과 겐지에게 같은 노래를 읊게 한 모노가타리는 이 부자의 정신세계의 동질성을 보여 주고 있다. 무라사키노 우에는 후지쓰보와, 후지쓰보는 기리쓰보노 고이와 완전히 닮았기 때문에, 무라사키노 우에는 고이와도 겹쳐진다. 아버지와 아들은 함께 고이를 계속 찾아 헤맨 것이다. 그들은 고이와 만나고, 사별하고, 고이의 환상을 찾았다. 고이는 그들의 혼에 새겨진 사랑의 원형이라고 해도 좋을 것이다. 겐지는 아버지와 같은 혼의 궤적을 산 것이다. 「장한가」의 인용으로부터 시작된 이야기는 「장한가」의 지평을 크게 뛰어넘어 아버지와 아들의 이야기로 전개된 것이다.

프롤로그에서 네 번째 수수께끼로 언급한 '장한(오래된 한)'의 슬픔과 '대리 역할'의 문제는 이렇게 하여 여기에서 하나의 답을 얻는다. 그러나 이야기는 다시 시작되고, 이렇게 찾아낸 문제는 새로운 지평을 향해 시작된다. 다음에 이 과제를 담당할 이는 가오루이다.

제8장

가오루와 우지의 아씨들

우지의 아가씨들을 엿보는 가오루(「하시히메橋姬」). 비파를 앞에 든 아가씨가 나카노 기미이고, 그 왼쪽이 오이기미이다. — 교토국립박물관 소장, 도사노 미쓰요시의 그림 「겐지모노가타리 화첩」에서

모노가타리 개요

히카루 겐지가 세상을 떠난 후, 천황의 셋째 황자인 아카시노 주구가 낳은 니오노 미야와 온나산노 미야의 아들인 가오루의 평판이 높았다. 아카시노 주구가 낳은 첫째 황자가 동궁으로 책봉되고 둘째 황자도 다음 동궁으로 예정되었으며, 그 황자들과 유기리의 딸들이 잇달아 결혼하여 히카루 겐지의 자손은 번창하고 있었다.

히카루 겐지의 남동생으로 하치노 미야가 있었다. 일찍이 동궁 후보가 되기도 했던 그였지만, 몰락하여 부인도 저 세상으로 앞세우고 두 딸을 키우며 우지에서 고승과 같은 생활을 보내고 있었다. 가오루가 하치노 미야의 삶에 매료당해 몇 번이고 방문하는 사이에 하치노 미야의 큰딸 오이기미를 사랑하게 되었다. 어느 날 응대하러 나온 노 시녀가 자신을 가시와기의 유모의 딸이라고 소개하며, 가오루에게 그의 출생의 비밀을 이야기하며 유품을 건넸다. 가오루는 경악한다. 한편 하치노 미야는 가오루의 인품을 알고 딸의 후견을 부탁하고 죽는다. 가오루는 오이기미에게 청혼하지만 오이기미는 여동생인 나카노 기미를 가오루와 결혼시키려 한다. 가오루는 나카노 기미와 니오노 미야를 결혼시키면 오이기미도 포기하고 자신과 결혼할 것이라고 생각해 그것을 실행했다. 그러나 오이기미는 이를 원망했다. 나아가 니오노 미야와 유기리의 딸 로쿠노 미야의 결혼 소문에 충격을 받아 오이기미는 병으로 쓰러져 죽었다. 니오노 미야는 그후 나카노 기미를 수도인 교토로 맞아들였다. 가오루는 천황의 딸 온나니노 미야와 결혼했지만, 나카노 기미를 사랑하게 되었다.

—「니오노 미야(匂宮)」·「고바이(紅梅)」·「다케카와(竹河)」·「하시히메(橋姬)」·「시가모토(椎本)」·「아게마키(總角)」·「사와라비(早蕨)」·「야도리기(宿木)」

1. 히카루 겐지 사후의 세계

제3부 '니오노 미야 3첩'과 '우지 10첩'에 관하여

제3부의 모노가타리는 히카루 겐지가 죽은 후 그 자손 세대의 이야기이다. 「니오노 미야(匂宮)」·「고바이(紅梅)」·「다케카와(竹河)」·「하시히메(橋姫)」·「시가모토(椎本)」·「아게마키(總角)」·「사와라비(早蕨)」·「야도리기(宿木)」·「아즈마야(東屋)」·「우키후네(浮舟)」·「가게로(蜻蛉)」·「데나라이(手習)」·「유메노우키하시(夢浮橋)」의 열세 권으로 되어 있다. 제1부와 제2부가 히카루 겐지의 생애의 모노가타리이기 때문에 정편(正編)이라고 부르고, 제3부를 속편(續編)이라고 부르기도 한다. 제3부의 첫부분인 「니오노 미야」·「고바이」·「다케가와」의 세 권은 「하시히메」 권 이후의 모노가타리와의 연결이 부드럽지 않다는 문제점이 있다. 「하시히메」 권부터 「유메노우키하시」 권까지의 열 권은 가오루(薫)와 하치노 미야(八の宮)의 딸들의 연애담으로 전체가 긴밀한 구성과 전개를 보이고 있으며, '우지(宇治) 10첩'이라고 불린다.

그에 비해 「니오노 미야」 권은 겐지의 자손인 유기리(夕霧)와 아카시노 주구(明石中宮)의 황자들, 특히 제3황자인 니오노 미야와 온나산노 미야(女三の宮)의 아들인 가오루(薫)를 중심으로 이야기가 전개된다. 「고바이」 권은 고인이 된 태정대신(옛 도노 주조頭中将) 집안을 중심으로 이야기하고, 「다케카와」 권은 히게쿠로(鬚黒)가 죽은 후 히게쿠로 대신 집안의 모습을 이야기한다.

이들 세 권은 상호 관계가 긴밀하지 않다. 「고바이」·「다케카와」의 내용은 「하시히메」 권 이후의 모노가타리에 거의 반영되지 않고 있다. 「니오노 미야」는 '우지 10첩'의 도입부로서 의미를 갖고 있는 것이 분명하다. 그러나 어색하게 과장된 문장이 들어 있는 것을 볼 수 있다. 전체적으로 이 3첩에 대해서는 문장 표현이 치졸하고 조잡하며 구상이 허술하다는 점 등에서 작가가 다른 사람이 아닌가 하는 설이 제기되어 왔다.

'니오노 미야 3첩'에는 이런 문제가 있지만, 이 책에서는 무라사키시키부(紫式部) 작품으로서 취급하고자 한다. 그리고 이 3첩이 어떤 의미로 여기에 설정되어 있는가를 생각해 보고자 한다.

히카루 겐지 사후의 체제

「니오노 미야」는 히카루 겐지 자손의 번영을 이야기한다. 겐지의 자손들은 아카시노 주구가 낳은 첫째 황자가 동궁으로 세워지고, 둘째 황자도 다음 동궁으로 예정되어 있었다. 그들에게는 유기리 우대신의 큰딸과 둘째딸이 시집왔기 때문에 유기리가 다음 시대의 섭관 집안이 될 수 있는 체제가 마련되었다.

나아가 히카루 겐지만큼은 못하지만 용모가 뛰어나다는 평판이 있는 셋째 황자 니오노 미야와 온나산노 미야의 아들인 가오루에게도 유기리는 딸을 시집보낼 작정이었다. 가오루는 태어날 때부터 몸에서 향내가 났다. 니오노 미야는 이를 부러워하여 지지 않으려고 향을 피워 옷에 스며들게 했는데, 이를 보고 세상에서는 그들에게 '향내 풍기는 효부쿄(兵部卿), 향기 나는 주조'(「匂宮」)라는 별명을 붙였다. 적령기의 딸이 있는 집에서는 그들을 사위로 맞아들이고 싶어했다. 히카루 겐지가 쌓은 덕이 자손에게 번영을 가져다 준 것이다.

이러한 겐지의 번영에 비해 태정대신 집안은 가시와기(柏木)를 잃고 고바이노 다이나곤(紅梅大納言)이라는 아들이 대를 이었지만 옛날만큼의 위세는 없었다. 다이나곤은 장녀를 동궁의 거처에 들여보내기는 했지만 유기리 우대신의 권세에 맞설 수가 없었고, 후지와라(藤原) 씨의 씨족신인 가스가신(春日神)의 가호로 황자가 탄생하거나 황후가 나오기를 비는 수밖에 없었다. 이러한 고바이노 다이나곤 가문의 상황을 이야기한 것이 「고바이」 권이다.

히게쿠로(鬚黒)가 죽은 후 히게쿠로 대신 집안은 쇠퇴해 가고 있었다. 다마카즈라(玉鬘)는 히게쿠로와의 사이에 3남 2녀를 두었다. 두 딸의 결혼식을 둘러싸고 아들들의 의견이 대립하기도 했다. 다마카즈라는 유기리나 고바이노 다이나곤 집안에 뒤처지고 있음을 한탄했다. 히게쿠로가 인정이 부족한 사람이라 그가 죽자 집안에 가깝게 지내는 사람들이 없어지고 고립되어 갔다. 유기리의 자식인 구로도노 쇼쇼(蔵人少将)가 다마카즈라의 장녀에게 구혼했다가 그것이 이루어지지 않자 한동안 비탄에 잠겨 있었다. 그 모습을 보고 다마카즈라는 "관직의 승진 등으로 고생해 보지 않아서 세상이 마음먹은 대로 된다고 생각하고 있구나"라며 씁쓸해 하면서, 히게쿠로가 살아 있다면 자신의 아들들도 이런 식으로 지냈을지 모른다고 탄식했다. 이러한 히게쿠로 대신 집안의 모습을 이야기하는 것이 「다케카와」 권이다.

'니오노 미야 3첩'은 이와 같은 영고성쇠를 이야기한다. 히카루 겐지의 영화가 다른 집안을 능가하여 자손에게 번영을 안겨주었다는 것을 나타내며, 히카루 겐지가 겐지 가문의 위대한 선조가 되었다는 것을 확인하는 의미를 갖는다. 히카루 겐지는 자손의 번영을 인도하고, 자손의 번영에 의해 진혼된다. 히카루 겐지의 생애는 이 부분에서 비로소 완결되고 있다.

모노가타리가 이 단계에 이르면 권세라든가 영화 따위는 주제가 되지 않는다. 겐지 일가의 영화가 반석처럼 굳어갈수록 거기에 저절로 싹트는 폐쇄성이 모노가타리의 주제가 된다. 작가는 영화 속에서 인생의 목표를 발견하지 못하고 자신의 내면에 갇힌 채 고뇌하는 사람들의 모습을 다루려고 했다. 다마카즈라가 비판한 구로도노 쇼쇼는 겐지의 영화가 낳은 폐쇄적이며 퇴영적인 정신의 전형이었다고 말할 수 있다. 그것은 가오루의 상황과도 무관한 것은 아니었다.

가오루가 짊어진 과제

영화를 누리는 세계 속에서 고민하는 주인공으로 가오루가 선택되었다. 그는 번영하는 겐지의 자손 중에서도 파격적인 대우를 받고 있었다. 겐지의 유언으로 가오루는 관례식을 마치고 레이제이인(冷泉院)의 양자가 되었다. 아키코노무노 주구(秋好中宮)

는 가오루에게 노후를 부탁할 생각으로 그를 소중히 여겼고, 어머니 온나산노 미야의 오라비인 당시 천황이 그를 편애했으며, 배다른 형제인 유기리 우대신과 아카시노 주구도 그를 극진히 대우했다.

그러나 그렇게 비할 데 없이 좋은 환경 속에서도 가오루는 자신에게 비천함이 깃들어 있다고 생각했다. 그는 어머니인 온나산노 미야가 출가한 것이 이상한 데다 어렸을 때 들었던 출생의 비밀이 뇌리를 떠나지 않아 늘 마음이 어두웠다. 다음 노래는 가오루가 읊은 최초의 노래이지만, 그가 짊어진 인생의 과제가 어떠한 것이었는지 잘 나타나 있다.

> 걱정되는구나. 누구에게 물으면 좋단 말인가! 나는 어떻게 해서 세상에 태어나, 앞으로 어떻게 살아가야 하는지? 그것조차 알 수 없는 이 신세여. —「匂宮」

가오루는 이러한 의혹을 안고 있었다. 그는 "나는 어떠한 존재인가?"라는 자문자답에 사로잡혀 있었다. 출생의 비밀은 누구에게 묻는 일도 털어놓는 일도 없이 스스로 가슴속에 묻어 두고 그러한 자문자답을 반복하는 폐쇄적 상황에 놓여 있었다. 그것은 레이제이 상황에게는 없었던 일이었고, 정편의 모노가타리에 이어지는 속편 첫머리 부분의 주제로 떠오른 것이었다. 영화의 세계를 누리지 못하고 고뇌하는 정신이 모노가타리의 주제에서 펼쳐지는 상황이었다. 이것이 가오루의 모노가타리이다.

가오루는 언제 누구로부터 이러한 출생의 비밀을 들었는가? 확언할 수는 없지만, 온나산노 미야의 유모 딸인 고지주(小侍從)에게 들었다고 보아도 될 것이다. 후에 전개되는 가오루의 이야기에 의하면, 그녀는 가오루가 대여섯 살 되던 무렵 죽었는데 임종시에 가오루에게 말해 준 것 같다. 가오루는 성장함에 따라 사안의 중대함을 알고 심각하게 고민하기 시작했다. 비밀의 자세한 내용은 나중에 우지의 하치노 미야(八の宮)를 방문하게 되고 나서, 하치노 미야의 시중을 드는 노시녀인 벤(弁)으로부터 듣게 된다.

정신의 불안과 불도를 구하는 마음

가오루는 영화를 누리고 있음에도 불구하고 정신적인 불안에 시달리고 있었다. 비할 데 없이 모든 것이 갖추어진 처지가 오히려 그를 불안하게 만들었다고 할 수 있을 것이다. 부정하게 태어난 자식이라는 의혹이 드러나면 히카루 겐지의 아들로 누리고 있는 영달을 포기하지 않으면 안 되며, 어떠한 제재가 기다리고 있을지 짐작조차 할 수 없다. 그것만으로도 한없이 불안했다. 그러한 불안 때문에 고민하며 화려한 신변의 영화에도 교만할 수 없었고, 늘 수심에 잠겨 있었다. 그런데 이러한 태도로 인해 점점 세상으로부터 칭찬을 받게 된다. 있어야 할 곳에 있는 것이 아니라는 불안 의식과 언제 쏟아져 내릴지 모르는 굴욕에 대한 두려움이 가오루의 영혼을 포박하고 있었다. 이렇게 되면 불도만이

유일한 구원이다.

겐지모노가타리에는 도심(道心)의 용례가 여덟 번 나온다. 도심은 불도를 구하는 마음, 깨달음의 경지를 구하는 마음이라는 뜻이다. 모노가타리에서는 출가한 사람의 도심이 얕음을 비판할 때 사용되는 경우가 많은데, 그것이야 어떻든 가오루의 구도심은 극히 구체적이고 개별적인 심정의 현실성에 기인하고 있다.

아들인 자신을 부모처럼 의지하고, 구도를 위한 출가라고는 생각되지 않는 비구니인 어머니를 보고 있으면, 가오루는 자신이 불도 수행을 도와 극락으로 왕생시켜 드리고 싶다고 생각한다. 또한 죽은 친아버지도 성불하지 못했다고 생각하면 그 혼을 위로해 드리고, 다시 태어나서라도 뵙고 싶다고 생각한다. 그가 불도에 정진하는 것은 자신의 정신적 불안에 구원을 얻고, 아버지와 어머니의 후세의 편안함을 염원하기 위한 것으로서 필연적인 일이었다. 그렇기 때문에 가오루는 출가에 방해가 될 수 있는 고귀한 여성과의 결혼은 바라지 않았다. 또한 제멋대로인 여성 관계에도 마음이 향하지 않아 만사에 소극적으로 조심스럽게 행동하고 있었다.

열아홉 살에는 3위에 상당하는 사이쇼노 주조(宰相中将)가 된다. 3위의 사이쇼노 주조라는 직위는 엄연한 상류 관직으로 파격적인 승진이었다.

그러나 이 같은 가오루를 해설자는 "지금은 마음속에 깊이 와 닿는 듯한 사람이 없어서 현명한 척하고 있을 뿐이다"(「匂宮」)라고 야유한다. 이는 젊은 가오루의 염세적 태도를 향한 신랄한 비평이고, 「하시히메」 권 이후의 모노가타리에 비추어 보면 가오루의 도심이 무너진다는 사실을 예고하는 셈이다. 작가는 구도를 신조로 삼는 가오루에게 어떠한 삶의 방식이 가능한지, 그 존재 방식을 시험하려는 것으로 보인다.

2. 하치노 미야와 아씨들

영락한 황자 하치노 미야

'우지 10첩'의 머리 부분인 「하시히메」 권 첫머리에 소개된 하치노 미야의 인생은 히카루 겐지의 권세와 영화의 이면에서 쓸쓸하게 살아간 황자의 이야기이다. 제2부의 머리 부분, 「와카나(若菜)」 상권이 스자쿠인(朱雀院)의 실의와 병으로부터 시작된 것과 비슷하다.

하치노 미야는 히카루 겐지의 남동생이지만, 레이제이 상황보다 적어도 두세 살은 연상이다. 기리쓰보(桐壺) 상황의 사망 후, 히카루 겐지를 스마(須磨) 은거로 내몬 고키덴(弘徽殿) 황태후는 동시에 동궁(후의 레이제이 천황)의 폐위를 획책했다. 그때 하치노 미야는 동궁 후보로 올라 있었다. 그것이 하치노 미야에게는 불운의 시작이었다. 태자 폐위 문제는 실패로 돌아가고 수년 후에는 스자쿠 천황이 양위하여 레이제이 천황이 즉위한다. 아카시(明石)에서 돌아온 히카루 겐지가 레이제이 천황의 후견인으로서 정권을 장악하게 되자, 하치노 미야는 세상으로부터 버림받은 듯한 인생을 보낸다.

하치노 미야는 열 살이 되기 전에 아버지 기리쓰보 상황과 어머니인 뇨고(女御)를 여의고, 외조부인 대신도 사망했다. 의지할 후견인은 없고, 학문은 닦지 않았고, 세속 생활을 할 수 있는 상식도 익히지 못한 채 귀하게 키워졌기 때문에 외조부로부터 물려받은 재산은 금세 없어졌다. 관현의 연주에만 뛰어난 재능이 있었다. 그러한 하치노 미야에게 첫 아내는 둘도 없는 반려자였지만, 둘째 딸을 출산하면서 죽었다. 이후 하치노 미야는 재혼 이야기도 거절하고 불도에 마음을 기울이면서 딸들을 키우고 있었는데, 불운이 겹쳐 저택이 불타 버려 우지 산장으로 옮겼다. 그리고 거기에서 우지산의 고승과 친교를 맺었다.

하치노 미야는 자신의 인생을 어떻게 생각하고 있었던 것일까. 그가 직접 말한 적은 없지만 불도에 정진하게 되기까지는, 이용할 만큼 이용하고 이용 가치가 없어지면 뒤돌아보지 않는 궁정 사회에 대한 절망에 몸서리칠 때도 있었던 것 같다. "자신의 몸에 불행이 있고, 이 세상을 원망스러운 것으로 뼈저리게 느낄 계기가 있고 나서야 비로소 구도심도 생겨나는 것이지요"(「橋姫」)라고 고승에게 이야기하는데, 그에게는 이러한 쓰디쓴 체험이 있었던 것이다. 이 고승이 레이제이 상황이 있는 곳에 친하게 드나들면서 어느 날 하치노 미야의 이야기를 했다. 그때 가오루가 동석해 있으면서 하치노 미야의 고승 같은 생활에 흥미를 가졌고, 고승의 소개로 편지를 주고받게 된 지 얼마 되지 않아 우지를 방문했다. 가오루는 스무 살이고, 앞에서의 연령 추정에 따르면 하치노 미야는 쉰두세 살을 넘겼을 무렵이었다.

도심에서 사랑으로

하치노 미야가 사는 곳에는 우지강의 거친 물소리가 들렸고,

밤에는 바람이 세차게 불었다. 처음으로 우지를 방문한 가오루는 그곳이 속세를 버린 하치노 미야에게는 어울리는 곳일지 모르지만, 딸들은 어떤 마음으로 살고 있을까 하는 생각이 들었다. 하치노 미야의 거주 공간과는 장지문을 사이에 두고 있을 뿐이었다. 옆방에 딸들이 있기 때문에 가오루는 관심을 기울였다. 그러나 가오루는 하치노 미야의 딸들에게 다가가는 행동은 속세의 방황을 단절하기 위해 우지를 방문한 원래의 의도에 반하는 것이라고 생각했다. 그래서 딸들에 관한 관심을 냉정하게 차단하려고 애썼다. 하치노 미야의 말은 불도를 깊이 깨달은 사람의 말이라고 할 수는 없지만 절절히 마음에 와 닿는 데가 있어, 가오루는 언제라도 다시 만나 뵙겠다고 결심했다.

우지를 처음 방문한 지 3년째 되던 스물두 살의 어느 가을날, 가오루가 우지를 방문하니 하치노 미야는 집에 없었다. 하치노 미야는 고승이 사는 절에 들어가 두문불출하고 있었다. 가오루는 딸들이 달을 바라보면서 거문고와 비파를 연주하고 있는 것을 훔쳐보고, 상상하던 것과 달리 딸들이 아주 싹싹하다는 느낌이 들어 마음이 끌렸다. 가오루는 방문의 뜻을 전하고 언니인 오이기미(大君)와 노래를 주고받은 후 우지에서 돌아왔다. 그후 가오루는 우지에서 만난 하치노 미야의 딸들의 모습이 잊혀지지 않아 속세를 버리는 것이 어려울 것 같다고 생각하게 된다. "역시 등지기 힘든 세상이라고, 자신의 의지가 약해져 있음을 알게 되었다"(「橋姬」)라며, 당초의 순수한 도심이 무너져 가는 것을 자각한다.

가오루, 출생의 비밀을 알다

그날 밤은 오이기미를 대신하여 응대하러 나온 벤이라는 나이든 시녀는 눈물을 글썽이며, 자신은 가시와기의 유모의 자식으로 가오루의 어머니 온나산노 미야의 유모의 딸 고지주와도 친했다는 사실을 이야기했다. 가오루는 벤의 이야기가 의미 있어 보였고 마음에도 걸렸기 때문에 다음 달 다시 우지를 방문했다. 그때 가오루는 벤에게서 출생의 비밀을 자세히 듣고 가시와기의 유품을 건네받았다. 가오루는 출생의 비밀을 완전히 알게 된 것은 부처님에게 기도한 효험 덕분이라고 생각했다. 그리고 이것이 세상에 새어 나가지는 않을까 하는 걱정에 벤에게 반복해 다짐을 받았다. 가시와기가 온나산노 미야에게 보낸 편지를 읽은 가오루는 출사할 기력조차 잃는다.

가오루가 "걱정되는구나. 누구에게 물으면 좋단 말인가! 나는 어떻게 해서 세상에 태어나, 앞으로 어떻게 살아가야 하는지? 그것조차 알 수 없는 이 신세여"(「匂宮」)라며 품고 있던 출생에 대한 의문은 이렇게 해서 진상이 밝혀졌다. 마침내 자신이 부정하게 태어난 아이라는 출생의 비밀을 안 가오루가 어떻게 살아가는지, 그의 인생은 어떻게 끝나는지, 하는 것들이 이후의 모노가타리의 주제가 된다.

가오루에게 우지는 어떠한 의미를 갖고 있는가. 처음에는 하치노 미야와의 교제를 통해 도심을 심화시키는 곳이었지만, 출생의 비밀을 알고 있는 나이든 시녀 벤과 만남으로써 그는 우지에 둘러싸여 우지로부터 도피할 수 없게 되었다. 비밀이 절대로 밝혀져서는 안 된다고 생각한 가오루는 벤을 하찮게 여기지 않는 것은 물론 아버지를 알고 있는 벤을 그리워하게 된다. 그뿐만 아니라 그는 비밀이 딸들에게 알려지지는 않을까 전전긍긍해, 비밀을 지키기 위해서는 딸들 중 한 사람과 결혼해야 한다고 생각하게 된다. 도심을 깊게 하려고 방문한 우지의 땅이 오히려 가오루를 사랑의 미망(迷妄)으로 향하게 한 것이다.

하치노 미야의 유언

도심을 구하는 가오루를 사랑으로 이끈 또 하나의 힘은 하치노 미야였다. 하치노 미야는 자신의 사후, 딸들이 영락하여 길거리에 나앉는 것이 걱정이라면서 가오루에게 거듭 후견을 부탁했다. 한편 딸들에게는 영락하기는 했지만, 황족의 명예나 자부심을 손상시키는 일이 없도록 엄하게 훈계했다.

"정말로 신뢰할 수 있는 상대가 아니면 감언이설에 속아 우지를 떠나서는 안 된다. 보통 사람들과는 다른 운명이라고 생각하고, 우지에서 일생을 마칠 각오를 해라. 그렇게 각오하면 인생은 대과(大過) 없이 지낼 수 있는 법이다. 여자는 그렇게 집 안에 있으면서 세상으로부터 체면을 깎는 나쁜 비난 같은 것을 받지 않는 편이 낫다"(「시가모토椎本」)라고 우지에서 조용히 생애를 마감할 것을 설교했다. 이것이 하치노 미야 가문의 존귀성을 지키는 삶의 방식이라고 생각하고 있었다.

시녀들에게도 물질적 · 경제적 유복함을 구해 존귀한 황족의 명예를 손상하는 듯한 신분이 낮은 남자를 안내하는 행동은 결단코 해서는 안 된다고 엄격하게 훈계하고, 딸들에게는 황족의 격식이나 규정에 따라 봉사하라고 훈계했다. 하치노 미야는 '태어난 집안의 품격, 규범'(「椎本」)을 무엇보다도 중시한 것이다. 자신과 똑같이 딸들도 우지의 땅에서 생애를 마감해야 한다. 집안의 대는 끊기겠지만 존귀함은 지켜진다. 하치노 미야는 고고한 가문 의식과 영락한 처지라는 딜레마 속에서 딸들이 가문을 위해 살아갈 것을 유언한다.

가오루 스물세 살 되던 해 가을, 하치노 미야는 이러한 유언을 남기고 고승의 산사에서 숨을 거두었다.

3. 가오루와 오이기미

도심을 매개로 한 사랑

오이기미를 호의적으로 생각하고 있던 가오루는 아버지 하치노 미야를 잃고 슬픔에 잠겨 있는 딸들을 조문하고 오이기미와 직접 이야기를 주고받는 사이에 그녀의 기품 있는 모습에 자신의 마음이 확실히 사랑의 감정으로 바뀌고 있음을 자각했다.

가오루는 우지에 다니기 시작했을 때, '난 호색적인 마음 같은 건 갖고 있지 않은 사람'(「橋姫」)이라든가 '세상 사람들이 흔히 갖는 호색적인 마음 같은 건 멀리하기 위해'(「橋姫」)라는 말을 했다. 자신은 연애 문제 따위에는 관심이 없고, 자신의 언동을 보통 사람들이 갖고 있는 흔한 연애 감정쯤으로 받아들이는 것은 천부당만부당한 일이며, 다른 사람에게 권유를 받아도 마음이 흔들리는 일은 없을 것이라고 공언했다. 그러나 지금 가오루는 오이기미에 대한 사랑의 감정을 점점 불태우고 있었다. 가오루는 어떠한 사랑을 추구하고 있는 것일까.

가오루가 오이기미에게 호소한 것은 '덧없는 세상에 관한 이야기를 허심탄회하게'(「總角」) 주고받는 사이가 되었으면 한다는 것이다. 그는 자연의 풍류에 관해 같은 마음으로 즐기고 무상한 세상의 모습을 이야기할 수 있는 상대로서 오이기미와 결혼하고 싶다고 이야기한다. 가오루는 오이기미를 그러한 인생의 반려가 될 수 있는 여성으로 생각했다. 도심에 의해 시작된 사랑이라고 해도 좋다. 그것은 분명히 세상 사람들이 흔히 갖는 호색적인 마음과는 다른 것이다.

가오루의 오산

가오루는 오이기미를 향한 사랑을 어떻게 이루려고 했을까. 가오루는 오이기미에게, 니오노 미야가 이전부터 나카노 기미(中君)에게 열심이고 니오노 미야는 소문으로 듣는 바와 같이 의지할 수 없는 바람둥이 남자는 아니라고 역설했다. 그는 나카노 기미와 니오노 미야를 결혼시킬 것을 권유하며 자신은 오이기미와 결혼하고 싶다고 호소했다. 니오노 미야는 가오루가 우지에 다니기 시작할 때부터 딸들에 관한 소문을 듣고 관심을 갖게 되어, 몇 번인가 나카노 기미와 편지를 주고받은 적도 있기 때문이다.

그러나 오이기미는 가오루의 의향에 따르려 하지 않았다. 그녀는 아버지 하치노 미야의 유언을 생각했다. 그리고 동생인 나카노 기미를 가오루와 결혼시키고 자신은 부모 대신 나카노 기미를 돌봐야겠다고 결심했다. 하치노 미야가 사망한 지 1년이 되어 갈 무렵 우지를 방문한 가오루는 과감히 오이기미의 소매를 붙잡고 설득했다. 상복을 입은 오이기미가 어찌할 줄을 몰라 울음을 터뜨리자, 가오루는 동정심이 생겨 지금 너무 무리하지 않아도 상복 기간이 끝날 무렵에는 마음이 바뀌어 있을 것이라고 생각하며 자제했다.

1년이 되는 날에 가오루는 오이기미의 마음이 변했을 것이라고 기대하면서 우지를 방문했다. 그러나 오이기미는 가오루를 만나려고 하지 않았다. 애가 닳은 가오루는 시녀 벤을 설득해서 안내하게 하여 사람들의 눈을 피해 오이기미의 침실로 들어갔다. 하지만 오이기미는 인기척을 듣고 병풍 뒤로 몸을 숨겼다. 가오루는 그런 줄도 모르고 혼자 잠들어 있는 나카노 기미를 오이기미라고 생각하고 가슴을 설레었다. 그러나 잠들어 있는 여인이 나카노 기미라는 사실을 안 가오루는 오이기미의 태도가 원망스러웠다.

체면이 구겨진 채 한숨을 쉬며 귀경한 가오루는 집 안에 틀어박혀 궁리를 했다. 오이기미의 의중을 추측해 보니 나카노 기미와 결혼했으면 하는 것이었다. 그러한 그녀의 의향을 무시한 것이 미안하게 느껴지긴 했으나, 한편으로 자신이 원하는 사랑은 이룰 수 없다는 사실을 알고 의기소침해진다. 결국 돌파구를 찾지 못한 채 그는 미궁에 빠져 초췌해진다. '세상에 대한 미련을 버려야지'(「總角」) 하는 출가의 뜻이 좌절되었음을 자각한 것이다.

그러나 이것이 도심을 버리는 일이나 도심에서 해방되는 일을 의미하지는 않았다. 이때 가오루가 생각한 것은 '흔해 빠진 호색한 흉내'(「總角」)는 내지 않는다는 것이었다. 이는 그가 '난 호색적인 마음 같은 건 갖고 있지 않은 사람'(「橋姬」)이라며 오이기미를 향한 사랑에 발을 들여놓은 이후 일관되게 취해 온 태도나 다름없다. 호색적인 마음을 부정하면서 호색적인 충동에 사로잡혔다는 것은, 도심을 신조로 삼고 있는 가오루의 자기모순이었던 셈이다.

오이기미의 죽음

이렇게 몇 번이고 같은 상황이 되풀이되는 것을 막으려면 가오루는 철저히 도심을 위해 출가하는 것 외에 방법이 없었을 것이다. 그 반대의 경우는 그의 신념이 허용하지 않을 것이다.

그러나 그때 가오루는 오이기미와 결혼하겠다는 목표에 너무 열중해 있었다. 그는 나카노 기미와 자신을 결혼시키려는 오이기미의 생각을 바꾸기 위해서는 니오노 미야와 나카노 기미의 결혼을 성사시켜야 한다고 생각했다. 하치노 미야가 세상을 떠난지 1년이 지난 8월 하순의 어느 날, 가오루는 니오노 미야를 우지로 안내했다. 이날은 결혼하기에 좋은 길일이었기 때문이다. 그리고 자신이 오이기미와 만나고 있는 사이에 벤에게 안내를 하게 해서 니오노 미야와 나카노 기미를 만나게 했다. 가오루의 책략에 오이기미는 분개했다.

니오노 미야는 어머니인 아카시노 주구의 의향을 거스르고 우지에 사흘간 계속 다녀 결혼이 성립되었다. 오이기미는 그후 니오노 미야가 자신이 바라는 대로 나카노 기미를 자주 찾아 주지 않는 것을 한탄했다. 니오노 미야는 10월 어느 날 단풍놀이를 구실로 나카노 기미를 만나려고 남몰래 가오루와 함께 안개에 싸인 우지의 산장을 방문했다. 그런데 그 사실을 미리 안 아카시노 주구가 그의 신분에 어울리지 않는 행차라며, 많은 귀족에게 수행하도록 했기 때문에 성대한 연회가 되고 말았다. 니오노 미야는 그들의 앞이라는 점을 꺼려 나카노 기미를 찾아보지도 못하고 노래도 보내지 못하고 되돌아왔다.

오이기미는 니오노 미야의 이와 같은 행동을 두고 성의가 없기 때문이라고 받아들였다. 나카노 기미의 불행은 이제 피할 수 없는 기정사실이 되어 버렸다고 믿고 병석에 누웠다. 그후 니오노 미야는 아버지인 천황과 어머니인 아카시노 주구로부터 엄하게 우지행을 금지당했다. 게다가 유기리의 로쿠노 기미(六の君)와 약혼한 일이 오이기미의 귀에 들어가게 되자, 그녀는 살아갈 기력을 잃었다. 11월이 되어 가오루는 오이기미의 병이 위중하다는 소식을 듣고 우지를 방문해 그녀를 간병하면서 계속 머물렀다.

11월 중순 도요노아카리(豊明)[1] 의식이 행해지는 눈 내리던 날 밤, 오이기미는 가오루가 지켜보는 가운데 눈을 감는다. 오이기미가 가오루에게 남긴 최후의 한마디는 나카노 기미를 자신처럼 생각해 결혼해 주기를 바랐으나 그렇게 해 주지 않은 것이 원망스럽다는 것이었다.

1) 천황이 햇곡식을 천지신명에게 바치고 친히 먹기도 하는 궁중의 제사인 신상회(新嘗會)를 마친 다음 날의 행사로, 음력 11월 중진일(中辰日)에 행해진다. 이날은 신하들에게 햇곡식으로 만든 음식과 술이 제공된다. 연회가 끝난 후 봉록이나 서위(敍位) 등의 의식이 행해졌다.

출가를 주저하는 가오루

오이기미의 죽음을 지켜본 가오루는 비탄과 후회에 잠겨 49재가 끝날 때까지 우지에 틀어박혀 공양의 나날을 보냈다. 가오루는 자신이 이렇게 슬픈 일을 당하는 것은 염리정토(厭離淨土)를 이야기하는 부처님이 출가를 권유하는 것이라고 생각하게 되었다.

> 이 세상은 아주 괴롭고 싫은 곳이니 떠나라고 권유하는 부처님의 뜻인가! 이렇게 더욱 가슴에 와 닿는 것은. —「總角」

이는 히카루 겐지가 무라사키노 우에의 죽음에 임했을 때 했던 생각과 크게 다르지 않다. 겐지도 무라사키노 우에의 죽음은, 부처님이 자신에게 이 세상의 삶이 슬프고 덧없음을 깨닫게 해서 출가를 권유하는 것이라고 생각하고 있었다. 무라사키노 우에를 잃은 슬픔과 극에 달한 우수로 인해, 결국 겐지는 속세를 등질 것을 가르치는 '부처님의 계율'(「幻」)을 받아들이고 출가한 것이다.

그러나 가오루는 이처럼 겐지의 경지에는 이르지 못했다. 그는 출가해 어머니인 온나산노 미야를 낙담시켜서는 안 된다고 생각했다. 『불설효자경(佛說孝子經)』 등이 이야기하는 불교의 정통적인 효 관념은 출가를 효의 극치라고 본다. 가오루의 사고방식은 그것과도 모순된다. 더욱이 그는 오이기미가 임종 때 자신이 나카노 기미와 결혼하지 않아 원망스럽다고 이야기한 것을 생각해 내고, 나카노 기미를 니오노 미야에게 주선한 것을 한탄하며 오이기미의 유언처럼 자신이 돌봐 주면 좋았을 것이라고 후회했다.

오이기미의 죽음은 가오루에게 충분히 출가의 계기가 되는 사건이었지만, 그는 이를 달성하지 못하고 오히려 현세에 집착하게 된다. 더구나 좌절한 도심을 완전히 포기한 것도 아니기 때문에 가오루의 도심은 한층 더 미망 속으로 빠져 들어간다. 니오노 미야와 결혼한 나카노 기미에 대한 사랑의 집착 또한 오이기미에 대한 사랑 이상으로 활로가 막혀 있는 것은 말할 나위 없다.

4. 가시와기에서 가오루로

아버지같이 어두운 삶을 살다

가오루는 아버지 가시와기가 걸어온, 지옥에 떨어질 것이 분명한 망집의 어두운 삶을 자신도 모르는 사이에 되풀이하게 된 것은 아닐까?

부정함이 겐지에게 알려지고 겐지의 위엄에 전율하며 초췌하게 죽어 간 가시와기는, 온나산노 미야에게 "불쌍하다고 한마디 해 주시오. 그 말을 컴컴하고 오랜 밤과 같은 어둠 속을 헤맬 때 길을 인도하는 빛으로 삼고자 하오"라고 호소했다. 가시와기는 죽은 후 빛도 없는 컴컴한 어둠 속을 헤매게 될 것을 각오하고 있었다.

유기리 역시 세상을 떠난 가시와기의 꿈을 꾸었을 때, 임종을 맞아 원망스럽다거나 그립다는 일념에 사로잡히면 "기나긴 밤의 어둠을 헤맨다"(「夕霧」)라는 불교의 가르침을 생각해 내고는 가시와기의 망집을 떠올리지 않을 수 없었다. 가오루는 아버지 가시와기의 그 같은 망집의 '어둠'을 숙명으로 짊어지고 있었다고 볼 수 있다.

유품인 피리

일찍이 다마카즈라는 사정도 모르고 가오루가 히카루 겐지가 아니라 가시와기를 닮은 데다 특히 거문고를 연주하는 소리는 가시와기 그 자체라고 이야기한 적이 있었다. 음악의 음색이 혈통으로 이어진다는 생각은 『우쓰호 모노가타리(宇津保物語)』에서 볼 수 있는데, 여기에 거문고의 천재성을 전하는 도시카게(俊蔭) 일족의 이야기로서 전형적으로 잘 묘사되어 있다. 겐지모노가타리의 가오루도 혈통의 계보에서 가시와기의 음악을 계승하고 있다.

거문고와 관련해서는 그후 특별히 다른 이야기가 전개되지는 않는다. 그 대신 피리를 통해 가오루의 신원(신분과 혈통)을 확인해 간다.

니오노 미야가 하쓰세 참배에서 돌아오는 길에 우지에 있는 유기리의 산장에 머물자 유기리 우대신은 극진하고 성대한 연회를 베풀었다. 그때 하치노 미야가 강을 건너 울려 퍼져 오는 피리 소리를 듣고 "이는 너무 맑고 곱고, 소리마다 감정이 실려 있는 것이 태정대신 일족의 피리 소리와 닮았구나"(「椎本」)라고 혼잣말로 중얼거렸다.

'태정대신 일족'이란 옛 도노 주조 집안을 가리키는 것으로, 이때 피리를 부는 사람이 누구인지는 밝혀지지 않지만 가오루가 틀림없다. 가오루의 피리 음색은 태정대신 집안 일족의 음색, 즉 가시와기의 음색을 전하고 있다.

이 피리에는 이상한 인연이 있다. 가시와기가 죽고 난 후 얼마 되지 않아 오치바노 미야(落葉の宮)를 조문한 유기리에게, 미야의 어머니인 이치조노 미야슨도코로(一条御息所)가 가시와기의

유품이라며 피리를 주었다. 하지만 그날 밤 가시와기가 유기리의 꿈에 나타나 유기리가 소지할 피리가 아니라고 한다. 유기리가 궁리 끝에 겐지에게 의논한즉, 겐지는 자신이 맡아야 할 피리라며 받아 두었다.

이렇게 해서 피리는 겐지의 손에 머물러 있다가 가오루에게 전해졌다. 가오루는 피리의 유래를 듣지 못했을 것이다. 일찍이 가시와기는 이 피리의 음색이 지닌 아름다움을 전부 살려 연주하지 못했다. 그리하여 소중히 다룰 사람에게 전해 주고 싶다고 한탄하고 있었다.

가시와기가 못 이룬 뜻을, 가오루는 스물여섯 살의 초여름 천황의 딸 온나니노 미야(女二の宮 : 오치바노 미야)를 하사받은 날 등꽃 연회에서 세상에 둘도 없는 아름다운 음색으로 연주해 이루어 냈다. 가오루는 가시와기가 탄식한 내막이 무엇인지도 모르고, 온나니노 미야의 하사가 있었던 좋은 날 마음껏 기분을 냈던 것이다. 여기에는 부자간이라는 영적 인연이 깔려 있다고 볼 수 있다.

다마카즈라나 하치노 미야가 아무것도 모르고 가오루의 거문고나 피리의 연주에 대해 가시와기와 닮아 있다든가 태정대신 일족과 닮았다고 하는 것은, 가오루가 본인의 자각을 넘어선 차원에서 부자간의 영적 인연을 되살리고 있음을 의미한다. 다마카즈라와 하치노 미야가 그것도 모르고 가오루의 신원을 알아맞힌 것, 가오루 또한 무의식 속에 본연의 내력을 거문고와 피리 연주에 담아냈다는 것은 가오루를 지배하는 눈에 보이지 않는 힘을 드러내 보인 것이라고 할 수 있다.

숙명적인 유대감

가오루는 가시와기의 아들로 숙명의 끈으로 이어져 있었다. 모노가타리가 가오루의 인생을 이렇게 묘사하고 있다고 보아도 될 것이다.

온나산노 미야를 향한 사랑을 이성적으로 처리하려고 애쓰면서 제정신을 잃고 그녀와 인연을 맺고 목숨을 끊어 버린 가시와기의 망집을, 가오루 역시 자각적이고 이성적인 도심을 품고 사랑의 미망에 배회하는 형태로 본의 아니게 답습하고 있다. 그것이 가시와기의 아들인 가오루의 숙명이었다. 눈에 보이지 않는 숙명적인 유대감이 가오루의 인생 배후에 설정되어 있다고 할 수 있다.

다음과 같은 예도 있다. 가오루는 천황의 딸 온나니노 미야와의 결혼에는 워낙 기분이 내키지 않았기 때문에 천황으로부터 이야기가 나왔을 때는 "덕이 높은 스님이 환속한 듯한 기분이다"(「宿木」)라고 했다. 이는 도심을 버릴 수 없는 가오루의 본령으로 수긍할 수도 있지만, 다른 각도에서 보면 이왕이면 아카시노 주구가 낳은 온나이치노 미야(女一の宮)를 얻고 싶다는 식으로 해석할 수 있다.

출가에 마음을 두고 있어 이에 방해가 될 고귀한 신분의 여성과의 결혼을 원하지 않던 가오루가 이렇게 변하였다면 자기의 존재 가치로 여긴 도심과 원망(願望)을 어떻게 조종할 수 있을지, 이해하기가 어렵다. 이야말로 지리멸렬한 자기 분열이 아니겠는가!

거꾸로 말하면, 가시와기가 스자쿠인의 온나니노 미야를 얻고 만족할 수 없어 온나산노 미야에 대한 사랑으로 자멸한 것과 같은 힘에 번롱당하는 가오루의 운명을 여기서도 엿볼 수 있는 것이다. 온나이치노 미야의 모노가타리는 이 같은 가오루의 고뇌의 모노가타리로 구상되었다고 생각할 수도 있다. 미망에 허덕이는 인생을 철두철미하게 살아가야 하는 가오루는 가시와기의 부정한 아들로서 느끼는 자책감을 스스로 어둠 속을 헤매는 형태로 대가를 치르고 있는 것이다.

삶의 방식의 계보

겐지모노가타리의 부모자식의 관계는 단순한 혈통의 계보일 뿐만 아니라 '삶의 방식'의 계보로 이야기되고 있다는 점에 특색이 있다.

마스다 가쓰미(益田勝實)는 『화산 열도의 사상(火山列島の思想)』에서 겐지모노가타리에는 부모의 업을 이어받아 살아가는 부모와 자식의 숙명적인 삶의 방식이 언급되어 있다고 하면서 이렇게 해석하고 있다.

"이것은 불교의 가르침을 매개로 하여 작가 무라사키시키부가 스스로 도달한 문학가로서의 현실 인식이며 삶의 고뇌를 인간이 여러 세대를 통해 계승해 가고 있다는 생각을 심화시켜 모노가타리 문학 전개의 지주로 삼은 것은 작가 시키부의 개성적인 현실 인식일 것이다."

이처럼 생각해도 좋을 것이다.

삶의 방식에서 부모와 자식의 대응은 기리쓰보 천황과 히카루 겐지에 한정되지 않고 가시와기와 가오루의 경우에도 반복된다.

제9장

가오루와 우키후네의 모노가타리

우지강을 건너는 우키후네와 니오노 미야(「우키후네浮舟」). — 야나기 다카시 소장, 아키야마 겐 · 다나카 에이이치 감수, 『호화 '겐지 그림'의 세계 겐지모노가타리(豪華 '源氏絵' の世界)』에서

모노가타리 개요

니오노 미야는 유기리의 딸 로쿠노 기미와 결혼했다. 가오루는 니오노 미야의 발길이 뜸해진 나카노 기미를 동정했고, 그 감정을 주체하지 못해 결국에는 침실에 들어가 옆자리에 눕기까지 했다. 가오루의 사모의 정을 귀찮게 생각한 나카노 기미는 이복 자매인 우키후네를 소개한다. 우키후네의 어머니인 주조노 기미는 우키후네를 나카노 기미에게 맡겼다. 그때 니오노 미야가 이를 알고 구애하자, 놀란 주조노 기미는 우키후네를 산조에 있는 조그만 집에 숨겼다. 가오루는 스물여섯에 천황의 딸인 온나니노 미야와 결혼한다. 같은 무렵, 나카노 기미는 아들을 출산하고 니오노 미야의 처로서 지위가 안정된다. 가오루는 우지에 갔을 때, 하세데라 참배를 갔다 돌아오는 길에 우키후네를 만나 오이기미와 아주 닮았다는 사실에 만족하고 그녀를 받아들여 오이기미 대신 데리고 살기 위해 우지에 숨겨 두었다. 가오루가 스물일곱 되던 정월에 니오노 미야는 우키후네가 우지에 있음을 알고 바로 우지로 향한다. 니오노 미야는 가오루처럼 행세하여 우키후네와 밀회하는 데 성공한다. 한편 가오루는 우키후네를 교토로 맞아들일 준비를 하고 있었다. 우키후네는 두 사람 속에 끼어 고뇌하다가 우지강에 뛰어들어 죽을 결심을 한다. 우키후네는 행방불명이 되는데, 실은 요카와 스님의 구원을 받아 스님의 여동생 스님이 사는 오노 암자에 들어가 거기에서 출가한다. 그후 우키후네의 생존을 알게 된 가오루는 우키후네의 남동생을 통해 편지를 보내지만, 우키후네는 사람을 잘못 알았다면서 만나기를 거절하고 편지의 답장도 보내지 않는다. 여기서 모노가타리는 끝난다.

—「야도리기(宿木)」·「아즈마야(東屋)」·「우키후네(浮舟)」·「가게로(蜻蛉)」·「데나라이(手習)」·「유메노우키하시(夢浮橋)」

1. 가오루, 나카노 기미와 니오노 미야

삼각관계의 시작

가오루(薫) 스물다섯의 2월 어느 날, 오이기미(大君)의 상을 치른 나카노 기미(中君)는 니오노 미야(匂宮)가 사는 교토의 니조인(二条院)에 들어갔다. 니조인은 로쿠조인(六条院)이 완성되기 전 겐지의 자택이었다. 겐지와 무라사키노 우에(紫の上)가 행복한 시절을 보낸 저택이지만 로쿠조인이 완성된 후에는 한동안 방치되어 있었다. 만년에 병으로 쓰러진 무라사키노 우에는 다시 니조인으로 옮겨 그곳에서 숨을 거둔다. 이제 그곳이 니오노 미야의 개인 저택이 되었고, 나카노 기미는 거기에 입거했다.

니조인에서 생활하기 시작한 나카노 기미를 니오노 미야가 소중히 하고 있다는 이야기를 들은 가오루는 기뻤다. 그러면서도 나카노 기미를 양보한 것을 후회했다. 오이기미가 임종할 때 나카노 기미를 자신처럼 생각해 결혼해 달라고 털어놓은 말을 가오루는 잊을 수가 없었다. 오이기미가 죽은 직후는 나카노 기미와 오이기미의 차이가 눈에 띄었지만, 지금은 오이기미의 모습을 생각나게 해 그리워 견딜 수가 없었다. 한편 니오노 미야는 가오루가 나카노 기미를 방문하는 속마음을 의심한다. "응큼한 속마음이 있지 않은가"(「사와라비早蕨」)라고 니오노 미야는 나카노 기미에게 이야기한다. 모노가타리는 가오루, 나카노 기미, 니오노 미야의 삼각관계를 이야기하기 시작한다.

각각의 갈등

가오루에게 천황의 딸인 온나니노 미야(女二の宮)의 하사에 관한 이야기가 나왔을 때, 니오노 미야에게는 유기리(夕霧) 우대신의 로쿠노 기미와의 결혼 이야기가 진행되고 있었다. 아카시노 주구(明石中宮)는 유기리의 의향을 받아들여 니오노 미야를 설득했다. 니오노 미야도 거절할 수 없어 8월에 성대한 결혼식이 거행되었다.

나카노 기미는 니오노 미야가 로쿠노 기미(六の君)와 결혼하면 자신은 결국 버림받아 세상의 웃음거리가 되는 것은 아닐까 고민한다. 교토에 있을 수 없어 우지(宇治)로 돌아가면 수치스러운 일이며 오이기미가 가오루의 구혼을 물리친 것도 이런 일을 당할 수 있다는 걸 알고 있었기 때문이라는 데에 생각이 미치자, 죽은 아버지 하치노 미야(八の宮)의 유언을 지키지 않고 우지를 떠난 것은 경솔한 행동이 었다고 후회했다. 니오노 미야는 로쿠노 기미에게 만족하고 나카노 기미를 찾는 일이 점점 적어졌다.

가오루는 니오노 미야가 '바람둥이 황자'(「야도리기宿木」)라서 새로운 여자에게 마음을 줄 것임에 틀림없다고 생각하고 있었기에, 나카노 기미를 동정하고 니오노 미야에게 나카노 기미를 양보한 것을 더욱더 후회했다. 그리운 마음으로 찾아간 가오루에게 나카노 기미는 우지에 한 번 가 보고 싶으니 동행해 달라고 부탁한다. 가오루는 자신만의 생각으로 결정하기 어렵다고 이야기하면서 감정을 주체하지 못하고 나카노 기미에게 접근했다. 그러나 나카노 기미가 임신한 것을 알고 자제한다. 니오노 미야가 내버려 두면 나카노 기미는 자신을 의지하려 할 것이라는 생각이 가오루의 머릿속을 떠나지 않는다.

이와 같은 가오루에 대하여 해설자는, "당치도 않은 마음이 아닌가. 그렇게 마음이 깊고 현명한 척해도 남자란 자들의 마음이란 한심하기만 하다"(「宿木」)라고 비판한다. 이미 가오루는 도심과 사랑의 가운데에서 고민하는 것이 아니라 도리에 벗어난 사랑의 포로가 되었다. 니오노 미야가 나카노 기미를 방문한다고 들으면, "후견인이라는 자각을 잊어버리고 가슴이 무너지는 듯이 느끼며 부러워한다"(「宿木」)라고 할 정도까지 되었다.

오랜만에 니조인으로 돌아온 니오노 미야는 나카노 기미에게 스며 있는 가오루의 향내를 맡고 이상하게 생각했다. 가오루의 향내는 세상에서 흔히 맡을 수 있는 보통의 향내와는 확실히 다르기 때문에 니오노 미야는 가오루와 나카노 기미와의 사이를 의심하고 "이 정도 향내가 남아 있는 걸 보면 뭔가 있지 않았을까?"(「宿木」)라고 추궁했다. 나카노 기미는 속옷까지 갈아입고 있었지만, 가오루의 향기는 이미 몸에 배어 있었다. 이후 나카노 기미와 가오루에 대한 니오노 미야의 질투와 원망은 기회만 있으면 분출한다.

가오루의 편지가 나카노 기미에게 전해졌을 때 우연히 함께 있던 니오노 미야는 편지를 보고 연서 같은 표현이 없다며 그것이 오히려 이상하다고 빈정댄다. 나카노 기미에게 쟁금을 연주하라고 청했다가 나카노 기미가 연주하지 않으려고 하면, "가오루 앞에서는 그렇게 머뭇거리지 않을 것이다. 특별히 좋은 관계이기 때문이니"라고 말하는 등 비아냥거린다. 니오노 미야, 나카노 기미, 가오루의 삼각관계에서 갈등의 골은 점점 깊어만 간다.

가오루의 내면 세계

가오루는 스물여섯 살 되던 해 2월, 곧 다이나곤(權大納言)으로 승진하여 우다이쇼(右大將)를 겸하게 되고 온나니노 미야와 결혼했다. 같은 무렵 나카노 기미는 니오노 미야의 아들을 낳았고 아내로서의 지위는 안정되었다. 나카노 기미는 가오루가 온나니노 미야와 결혼하자 마음도 변했을 것이라고 생각했다. 하지만 가오루는 니오노 미야가 없는 틈을 타, 나카노 기미를 찾아가 여전히 오이기미를 잊을 수 없다고 한탄한다. 그리고 온나니노 미야의 하사는 기분이 내키지 않는 결혼이며 이 세상은 마음대로 되지 않는다고 토로한다. 당치도 않은 이야기를 한다며 가오루를 달래는 나카노 기미는 오이기미에 대한 가오루의 애정이 매우 깊다는 사실을 새삼스레 깨닫는다. 가오루는 나카노 기미의 아이를 보면서, 오이기미가 자신의 아이를 낳아 주었더라면 하는 생각을 한다. 그러나 온나니노 미야가 자신의 아이를 낳아 주기를 바라지는 않는다. 이러한 가오루를 모노가타리의 해설자는 당치도 않은 생각이라며 "너무나 대책 없는 미야의 마음이다"(「宿木」)라고 엄격하게 비판한다.

가오루는 온나니노 미야의 하사를 천황에게서 직접 들을 정도로 두터운 신임을 얻고 있었다. 관직의 승진은 막힘이 없어 천황이 이렇게까지 사위를 소중히 여기는 일은 전례가 없는 일이라며 모두 질투할 정도였다. 가오루는 자신이 놓인 현실이 나쁘지 않은 것을 잘 알고 있었다. 온나니노 미야의 아름다움에 만족한 가오루는 자신의 운명은 그리 버림받은 것이 아니라는 만족감까지 느끼고 있었다. 도대체 가오루는 무엇을 어떻게 하기를 원했을까. 죽은 오이기미에 연연하여 니오노 미야의 아내가 된 나카노기미에게 집착하며 내친왕과의 결혼은 내키지 않는다고 하면서도, 결혼이 성사되자 자신의 운명은 그리 나쁘지 않다고 흡족해했다. 해설자는 가오루가 '사내답지 못하게 삐뚤어져 있는'(「宿木」) 식으로 이야기하는 것은 유감이라고 한다. 그리고 그와 같이 꼴사납게 제대로 되어 있지 않은 사람을 천황이 특별히 사위로 맞아들여 친근하게 대할 리도 없는데, 정무(政務) 방면의 마음가짐만큼은 확실했기 때문일 것이라고 추측하며 변호한다.

해설자가 말하는 것처럼 가오루가 정무나 공무의 세계에서 확실하게 일하고 있었다는 것을 인정하더라도 그의 내면세계는 '사내답지 못하게 삐뚤어져' 있었다고 볼 수밖에 없다.

이러한 가오루의 상황은 폐쇄적이고 퇴영적인 정신에서 비롯된 것이라고 볼 수 있지 않을까? 제8장의 첫 부분에서 언급한 유기리의 아들 구로도노 쇼쇼(蔵人少將)에 대해 다마카즈라(玉鬘)가 '세상을 자기 마음대로 할 수 있다는 자신만만한 상태'라고 비판하고 있었는데, 가오루도 똑같은 문제를 안고 있었던 것이다. '우지 10첩'의 모노가타리는 폐쇄적이며 자신의 내면의 불만을 토로하는 사람들의 마음의 갈등을 전개해 간다.

2. 우키후네의 등장

대리 역할[1])로서의 우키후네

나카노 기미는 니오노 미야로부터 가오루와의 사이를 의심받은 이래 가오루의 연모를 귀찮아했다. 그래서 어느 날 여전히 오이기미를 잊을 수 없다고 이야기하는 가오루에게 오이기미와 아주 닮은 이복 여동생이 있다는 사실을 털어놓았다. '우키후네(浮舟)'라는 인물이다.

가오루는 우지에 절을 짓고 오이기미를 빼닮은 인형 조각상과 그림을 걸어 놓고 수도 정진하겠다고 말했다. 슬픔을 더는 방편으로, 가오루는 인형 조각상을 생각해 낸 것이다. 나카노 기미는 이를 듣고 죄와 부정함을 실어 강에 흘려보내는 액막이 도구인 '인형'이 연상되어 오이기미가 불쌍하다고 하면서, '인형 이야기가 나온 김에'(「宿木」) 이복 여동생인 우키후네의 이야기를 알려준 것이다.

우키후네가 이러한 인형 문답에 의해 등장한 것은 상징적이다. 나카노 기미 이상으로 오이기미와 아주 닮은 이복 여동생이 있다는 것을 들은 가오루는 그 이야기에 마음이 끌렸다. 가오루는 그와 같은 사람이 있으면 우지에 있는 절의 '본존'으로 삼고 싶다며, 나카노 기미는 이복 여동생이 '본존'이 되는 것은 과분

1) 원문에는 '人形'으로 되어 있다.

한 행운이라고 응수한다. 그들은 인형이니 본존이니 하며 기지를 발휘해 우키후네를 화제로 삼지만, 그것은 강에 떠내려가 인형의 불길한 이미지와 산사의 본존이라는 쓸쓸한 이미지를 우키후네에게 부여하는 것이었다.

대리 역할의 상징적 의미

우키후네는 나카노 기미에게 가오루의 집요한 연모를 회피하는 대리 역할로 등장한다. 나카노 기미는 가오루가 "이렇게 귀찮게 하는 마음을 어떻게 딴 데로 돌릴 수 있었으면…"(「宿木」) 하고 생각하고 있었다. 우키후네는 완벽하게 수단으로 존재하고 있으며, 살아 있는 액막이의 도구로 이용되고 있다고 할 수 있다. 이처럼 수단화된 존재로서 죄업과 액막이를 온몸에 실어 강에 흘려보내는 액막이 도구라는 이미지와 산사에 놓이는 부처님을 연상하는 불길한 이미지를 우키후네는 일방적으로 부여받고 있다.

가오루의 다음 노래는 그와 같은 우키후네의 위상을 잘 나타내고 있다.

> 당신을 오이기미 대신이라 생각하고 항상 옆에 두고 오이기미가 생각날 때마다 그리움을 달래는 위안물로 삼고자 한다. —「東屋」

'대신', '위안물'도 인형과 같이 죄업이나 부정을 실어 흘려보내는 액막이의 도구이다. 가오루는 우키후네를 통해 자신의 고민을 없앰으로써 스스로가 구원되기를 바란다. 우키후네가 어떻게 생각하는지 그녀의 기분은 어떤지 이러한 것들은 전혀 안중에 없다. 인형은 우키후네의 인생을 상징하고 있다.

우키후네의 출생과 처지

나카노 기미의 대체물로 그리고 오이기미의 대리 역으로 가오루 앞에 불려 나온 우키후네란 어떤 여성일까? 그녀의 반생에 대해 알아보자.

우키후네는 하치노 미야와 시녀 주조노 기미(中将の君) 사이에 태어났다. 하치노 미야는 전처가 나카노 기미를 낳고 죽은 후, 전처의 조카이며 시녀였던 주조노 기미가 있는 곳에 몰래 드나들었는데 예상치 못한 딸이 태어났다. 하치노 미야는 이를 귀찮게 생각하여 주조노 기미를 멀리하고 고승처럼 금욕 생활을 하게 되었다. 주조노 기미는 보통 사람들처럼 대우받지 못한 굴욕을 맛보며 하치노 미야의 곁을 떠나 우키후네를 데리고 히타치노 스케(常陸介)[2]와 결혼하여 오랫동안 동국(東國)에서 보냈다.

주조노 기미는 우키후네가 성장하자 그녀를 하치노 미야에게 보이고 인정받으려 했다. 하지만 하치노 미야는 일절 상대하지

2) 스케란 지방 수령보다 한 직급 아래인 6위에 해당하는 관직이며, 히타치는 지금의 관동 지방 이바라키현을 가리킨다.

않으려 하다 죽었다. 주조노 기미는 우키후네가 스무 살이 되었을 무렵 상경하여 나카노 기미를 찾았다. 나카노 기미는 그때 우키후네를 알게 되었다.

주조노 기미의 남편인 히타치노 스케에게는 전처 소생의 자녀가 여러 명 있었지만, 모두 결혼했기 때문에 주조노 기미는 다음으로 우키후네의 결혼을 생각하고 있었다. 히타치노 스케와의 사이에서 태어난 세 딸은 아직 어린 데다가 히타치노 스케가 친자식만을 애지중지하고 우키후네를 소홀히 하고 있었기 때문에 그걸 보상받을 만큼 좋은 상대를 찾아 결혼시키고 싶어했다.

주조노 기미가 점찍어 둔 이가 사콘노 쇼쇼(左近少將)였다. 그런데 결혼 날짜가 다 되어 갈 무렵, 우키후네가 히타치노 스케의 친자식이 아니라는 말을 듣자 이를 파기하고 히타치노 스케의 친자식인 열대여섯 살된 딸로 결혼 상대를 바꾸었다. 쇼쇼는 히타치노 스케의 경제력을 염두에 두고 있었으므로 우키후네와의 결혼에서는 실익을 기대할 수 없다고 판단한 것이다. 히타치노 스케는 쇼쇼가 우키후네가 아니라 자신의 친딸과 결혼하고 싶다고 하자 기뻐했다. 평소 아내가 우키후네를 특별 취급하는 것을 분하게 여기고 있었던 것이다.

대리 역할로서의 우키후네

우키후네의 경우는 다음과 같이 정리할 수 있다. 우키후네는 하치노 미야와 주조노 기미와 히타치노 스케라는 세 부모의 갈

등 사이에서 희생양이 되었다. 그들은 서로의 갈등과 이해, 이기심을 우키후네를 통해 발산시켰다. 다시 말하면 그들의 죄와 부정함을 우키후네에게 전가한 것이다. 여기에서도 우키후네는 대리 역할을 하고 있다.

나아가 하치노 미야의 딸로 인정받지 못한 우키후네는 히타치노 스케의 의붓자식으로 지방관의 딸일 수밖에 없지만, 그녀는 거기에서조차 안주하지 못했다. 사콘노 쇼쇼와의 결혼 문제에서 보여 주고 있는 행동에서 알 수 있는 것처럼 히타치노 스케는 태생의 고귀함, 즉 황족 출신이라는 점에는 아무런 가치도 두지 않고 있다. 여기에서 우키후네는 별 볼일 없는 존재일 뿐이다. 하치노 미야의 자식이라도 황족의 딸이 아니며 지방 수령의 딸이라도 히타치노 스케의 친딸이 아니라는 점에 우키후네의 불안정함이 있었다. 우키후네는 안심하고 자신이 귀속될 '집'을 빼앗겨 버렸던 것이다. 귀족 사회의 계급 속에서 현실적으로는 지방관의 딸일 수밖에 없음에도 불구하고, 그곳에 안주하지 못하고 밀려난 것이다. 여기에서도 방황하는 대리 역할로서 우키후네의 성격을 확인할 수 있다.

또 하나의 세계를 향한 꿈

주조노 기미는 사콘노 쇼쇼의 타산적인 태도를 원망했다. 쇼쇼가 다녀가는 히타치노 스케의 저택에 우키후네를 있게 할 수는 없다고 고민한 끝에, 그녀는 니조인에 있는 나카노 기미를 찾아 잠시 우키후네를 맡아 달라고 부탁했다. 나카노 기미는 아버지 하치노 미야가 인정하지 않는 우키후네를 맡기가 꺼려져 주저했다. 하지만 "자신보다 신분이 낮은 집안 출신의 자매가 나타나는 일은 그리 드문 일이 아니고, 사정이 있어 곤란한 배다른 동생을 쌀쌀맞게 거절해서는 안 된다"라는 나이 든 시녀의 이야기를 듣고 이를 수락한다. 이렇게 해서 우키후네는 나카노 기미가 있는 곳에 몸을 의지한다.

우키후네는 나카노 기미와 친하게 지내고 싶었기 때문에 사콘노 쇼쇼와의 파혼은 전혀 개의치 않고 오히려 기쁘게 생각했다. 나카노 기미에게서 세상을 떠난 아버지 하치노 미야에 관한 이야기를 듣자 한 번도 만날 수 없었던 것을 유감스러워했다. 그녀는 나카노 기미 옆에 있는 것을 기뻐했다. 그녀는 히타치노 스케의 세계에서 벗어나기를 바랐고, 궁정 귀족의 세계를 동경하고 있었던 것이다.

우키후네를 데리고 나카노 기미를 방문한 주조노 기미는 니오노 미야와 나카노 기미 부부 사이의 돈독한 모습을 보았다. 히타치노 스케의 저택에서는 훌륭해 보이던 사콘노 쇼쇼가 보기 싫게 니오노 미야 앞에 무릎을 꿇고 있는 모습을 보고, 그동안 쇼쇼를 멋진 사위로 생각한 것이 한심해졌다. 그리고 우키후네는 고귀한 사람 옆에 두어도 전혀 손색이 없다고 줄곧 생각했다. 더욱이 나카노 기미를 방문한 가오루를 보고 견우와 직녀처럼 1년에 단 한 번 칠석날만 만나더라도 좋으니 우키후네를 가오루와 결혼시켰으면 좋겠다고 생각했다. 그녀는 나카노 기미에게서 가오루의 의향을 전해 듣자, 그녀에게 모든 것을 일임했다. 우키후네가 상류 귀족 사회의 세계에 들어가는 것이 주조노 기미의 꿈이었던 것이다.

그러나 주조노 기미의 하치노 미야와의 굴욕적인 결혼에 비추어 보면 가오루와의 결혼이 우키후네에게 안주의 방편이 될 수 없음은 분명하다. 그럼에도 불구하고 히타치노 스케의 세계에서 불필요한 존재로 취급된 우키후네는 그곳으로부터의 이탈을 꿈꿀 수밖에 없었다.

3. 우키후네의 비극

가오루, 우키후네를 우지로 맞아들이다

가오루는 나카노 기미에게 우키후네를 소개받았지만, 더 이상의 진전은 없었다. 그후 우지를 방문했을 때 벤에게서 자세한 이야기를 듣고 만나 보고 싶다고 생각해 어머니인 주조노 기미에게 중개 역할을 해 줄 것을 부탁했다. 해가 바뀌어 온나니노 미야와 결혼한 후 우지에 절을 짓는 상황을 검열하러 나섰을 때였다. 하세데라 참배에서 돌아오는 길에 우키후네와 우연히 만나 오이기미를 쏙 빼닮은 모습에 감동하여 그때까지 내버려 둔 것을 후회했다. 그러나 금방 받아들일 수도 없었기 때문에 그런 채로 세월이 흘러갔다.

이렇게 나카노 기미에게서 소개받은 지 꼭 1년이 된 후, 약간의 우여곡절을 거쳐 가오루는 겨우 우키후네를 우지로 데려가 당분간은 그곳에서 생활하게 하였다. 우키후네와 그녀의 어머니에게는 꿈이 현실로 한 걸음 가까워진 것처럼 여겨졌다.

보복의 구도

그런데 우키후네가 한때 니조인에 몸을 의지하고 있었을 때 니오노 미야가 곧 그녀를 마음에 두고 접근한 적이 있었다. 그때는 유모가 엄하게 감시해 별다른 일이 일어나지는 않았지만, 우키후네의 행방을 알 수 없게 되자 니오노 미야는 이상하게 생각했다. 우키후네는 그때 이미 우지에서 생활하고 있었다. 해가 바뀌어 우키후네가 나카노 기미에게 보낸 연하장을 본 니오노 미야는 우키후네가 우지에 있다는 것을 알아차렸다. 니오노 미야는 자신의 한문 스승인 다이나이키(大內記)가 가오루의 부하의 사위인 점을 이용해 정보를 알아내고, 어찌 된 상황인지를 파악했다. 니오노 미야는 속전속결의 행동파이다. 다이나이키를 자신의 편으로 끌어들여 가오루로 변장하고 우지를 방문해 우키후네와 밀회하는 데 성공했다.

「우키후네」 권의 머리 부분에서는 특별히 니오노 미야의 호색벽을 두고 '체면도 모르는 성격'(「浮舟」)이라고 강조하고, 마음에 둔 여자는 친정까지 쫓아갈 정도라고 이야기한다. 하지만 니오노 미야를 우키후네에게 달려가게 만든 것은 단지 그와 같은 '성격'이 전부는 아니었다. 우키후네를 목표로 삼은 니오노 미야의 행동의 밑바탕에는 나카노 기미와 가오루에 대한 질투가 있었다. 다이나이키에게서 가오루가 우지에 우키후네를 숨겼다는 사실을 알아낸 니오노 미야는 늘 도심을 입버릇처럼 이야기하는 가오루의 가면을 벗긴 기분이 되었고, 다이나이키를 상대로 가오루에 대한 비판을 일삼는다. 그는 나카노 기미와 가오루가 합심해 우키후네를 숨기고 있다며 심한 질투에 사로잡혔다. 우키후네를 향한 니오노 미야의 행동에는 보복적 감정이 깃들어 있다고 보아도 될 것이다. 분명히 드러내 놓고 언급하는 것은 아니지만, 이것은 가오루에게 아내를 빼앗겼다고 의심한 니오노 미야가 가오루의 애인과 밀통해 보복하는 구도로 되어 있다. 가오루와 나카노 기미의 밀통 가능성은 오이기미가 죽고 난 후 도처에 깔려 있었지만 그와 동시에 니오노 미야의 의심을 불러일으킨 것이다.

오이기미의 상(喪) 때문에 우지에서 두문불출하고 있는 가오루의 초췌한 모습이 아름답고 우아하다고 느낀 니오노 미야는 이때부터 '여자라면 반드시 마음이 움직일 것이라고 그 괘씸한 성미로 추측하며'(「總角」) 가오루와 나카노 기미의 밀통을 걱정했다. 이후 가오루에 대해 "응큼한 속마음이 있는 게 아닌가"(「早蕨」)라는 의심을 결코 늦추지 않는다. 그 의심은 나카노 기미의 몸에 스며든 가오루의 향내를 느끼자 가차 없이 시기심으로 발전해 간다. 우키후네를 향한 니오노 미야의 심리에는 이러한 경위가 있었다.

니오노 미야의 행동에는 가오루에 대한 불신, 시기, 대항심, 보복적 의식이 깃들어 있음을 인식해야 할 것이다. 우키후네에 대해 함부로 흐트러진 행동을 보이는 것은 우키후네가 가오루의 여자라는 점과 깊게 연관되어 있다.

가오루의 오해

가오루인 것처럼 가장하고 우키후네와 만난 니오노 미야는 다음 날까지 그곳에 머물렀다. 남자가 니오노 미야라는 것을 안 것은 우키후네와 시녀인 우콘(右近) 둘뿐이었으며, 일체의 대응은 우콘이 혼자서 해 냈다. 우키후네는 침착하고 기품 있는 가오루의 태도와는 정반대인 니오노 미야의 흐트러진 정열적인 모습을 접하고 이것은 바로 애정이 깊기 때문일 것이라고 생각했다. 그리고 그 빛나는 듯한 아름다움에 취해 마음은 가오루에게서 니오노 미야에게로 향했다.

가오루는 2월이 되어 공무를 어느 정도 마무리하고, 오랜만에 우지를 방문했다. 우키후네는 니오노 미야의 정열에 끌린 자신의 마음을 경박하다고 생각하는 한편, 앞으로도 오랫동안 의지할 수 있을 것 같은 가오루에게 자신의 정숙하지 못함이 알려져 버려지지나 않을까 고민에 빠졌다. 가오루는 그러한 우키후네를 보고 우지에서 쓸쓸히 보내는 동안 성숙했다고 생각하며 더욱 깊은 애정을 쏟았다. 가오루는 달이 바뀌면 우키후네를 자신의 저택인 산조(三条)의 궁 가까운 곳에 있는 집으로 옮길 예정이라는 계획을 이야기했다. 그러나 이와 같은 오해 속에서 자신에게 더욱 애착을 보이는 가오루의 정신세계 속에 우키후네가 안주할 곳은 없었다.

니오노 미야, 우키후네와 재회

2월 궁중에서 시연(詩宴)이 벌어지던 날 밤, 가오루가 우키후네를 생각하고 있음을 알아챈 니오노 미야는 초조함에 사로잡혀 곧바로 무리하게 준비하여 눈길을 헤치고 우지를 방문했다. 이때도 가오루의 방문을 가장했지만, 이번에는 우키후네를 우지강 반대편 기슭의 은신처에 데려가 이틀을 보냈다. 우콘은 집 안을 보살펴야 했기 때문에 다른 시녀인 지주(侍從)가 우키후네를 따라나섰다. 우지강을 건널 때 니오노 미야는 강 가운데 작은 섬의 상록수에 비유해 우키후네에 대한 변함없는 사랑을 맹세했다. 우키후네는 다음과 같은 답가를 보낸다.

작은 섬 안의 상록수처럼 미야의 기분은 변하지 않겠지만 떠다니는 배 같은 저는 어디를 향해 떠가는지 알 수 없군요.

—「浮舟」

떠다니는 배의 일본어 표현은 우키후네(浮舟)이다. 이 노래는 우키후네의 이름과 권명(卷名)의 유래를 담고 있다. 니오노 미야의 사랑의 맹세를 받아들이면서 자신이 과연 니오노 미야에게 의지해도 되는지, 미야를 따라 살아갈 수 있을지 모르겠다는 것이다. 대리 역할로 등장한 그녀가 자기 자신을 '떠다니는 배'에 비유하고 있는 것은, 그 배가 그녀의 인생을 상징하고 있기 때문이다.

은신처에서도 니오노 미야는 우키후네에 열중한 나머지 눈길과 얼음이 얼어붙은 강변도 마다않고 찾아왔노라고 장황하게 설명했다. 이때도 우키후네는 다음과 같이 답한다.

휘날리며 내려 쌓여 강가에 얼어붙은 그 눈보다도 덧없이 나는 허공에서 사라져 버리고 말겠지요.

—「浮舟」

"허공에서 사라져 버리고 말겠지요"란 니오노 미야와 가오루의 사이에서 어느 쪽이라도 결정하지 못한 채 자신은 죽을 것이라는 불안을 읊고 있는 것이다. 니오노 미야가 "허공이란 무엇을 의미하는가"라고 질책하자 우키후네는 좋지 않은 노래를 읊었다고 부끄러워했지만, 그것은 그녀의 진실을 나타낸 것이라고 보아야 할 것이다. 이 노래도 방황하는 여자로서의 우키후네의 인생을 상징하고 있다.

죽음을 결심하는 우키후네

가오루는 온나니노 미야의 양해를 얻어 4월에 우키후네를 교토로 맞아들이기로 했다. 그 정보는 다이나이키를 통해 니오노 미야에게 곧바로 전해졌다. 니오노 미야는 선수를 쳐 3월 중에 우키후네를 교토로 옮길 준비를 한다.

일이 한창 그렇게 진행되고 있는 가운데, 가오루의 부하와 니오노 미야의 부하가 우키후네가 있는 우지의 저택에서 우연히 마주치게 되었다. 가오루의 부하가 이상하게 여겨 기민하게 조사했다. 그 결과 가오루는 니오노 미야가 저지른 밀회에 관해 알게 된다. 가오루는 니오노 미야에게 분노를 느꼈다. 우키후네에게도 배신을 질책하는 노래를 보내고, 저택을 엄중하게 경호하라고 명령했다.

경호는 가오루의 영지가 있는 야마시로(山城)와 야마토(大和) 출신들이 담당했는데, 그들은 가오루의 의중을 잘 헤아리는 우도

네리(內舍人)[3]로 감시는 매우 엄중했다. 우도네리는 나카쓰카사쇼(中務省)[4]에 속해 일하는 4 · 5위의 자제들로 귀인의 경호에 종사하는 자들이었는데, 부친의 권위를 등에 업고 방자하게 구는 일이 많았다. 가오루의 영지에 속한 자들은 이러한 부하들로 '무서운 건달패'(「浮舟」)라고 평판이 난 무뢰한들이었다.

그러한 가운데 시녀인 우콘과 지주는 우키후네에게 니오노 미야를 따르도록 권하며 우키후네가 그럴 용의가 있으면 어떻게 해서든 방법을 강구해 내겠다고 말했다. 하지만 우키후네는 니오노 미야를 사랑한다 하더라도 니오노 미야를 따라 나서서는 안 된다고 생각했기 때문에 번민하다 결국 죽음을 결심한다. 그리고 미야에게서 온 연서를 사람들 눈에 띄지 않도록 처리했다.

니오노 미야는 우키후네를 옮길 날짜를 3월의 어느 날로 정하고 연락했지만, 우키후네로부터 답장이 없었다. 이를 견디지 못해 니오노 미야는 우지를 방문했다. 그러나 경호가 엄중하여 도저히 만날 수가 없었다. 니오노 미야가 가까이 왔지만 헛걸음을 하고 돌아갔다는 말을 듣고 우키후네는 눈물로 밤을 지새웠다. 다음 날 니오노 미야와 어머니로부터 편지가 도착했고, 우키후네는 두 사람에게 답장을 쓰고 죽음의 길을 찾아 나선다. 그때 어머니에게는 다음과 같은 고별의 노래를 남긴다.

3) 궁중의 잡역, 행차 등을 할 때 경호하는 사람.
4) 궁중의 정무를 맡아 처리하고 관할하는 부서.

산사의 종소리가 희미해져 가는 그 울림 속에 나도 함께 흐느끼며 죽었다고 어머니에게 전해 다오. —「浮舟」

'종소리'는 어머니 주조노 기미가 꿈자리가 사납다며, 우키후네를 위해 산사에 독경을 부탁했다는 대목에 나오는 '종소리'를 의미한다.

가오루와 니오노 미야의 반목

우키후네가 실종되자 우지의 저택에서는 대소동이 일어났다. 시녀 우콘은 우키후네의 편지를 보고 강물에 뛰어들어 자살했다고 추측했다. 어머니 주조노 기미는 그때야 비로소 우키후네가 가오루와 니오노 미야 두 사람의 사랑을 받아 고통스러워하고 있었다는 사실을 알게 되었다. 우콘과 유모 등은 소문이 퍼지는 것을 두려워해 이불 같은 것을 시체처럼 꾸며 그날 밤 화장한 척했다. 가오루는 어머니 온나산노 미야의 병 치유를기원하기 위해 이시야마데라(石山寺)에 머물러 있었기 때문에 뒤에 화장이 치러진 것을 알고 경솔하게 치른 장례라고 질책했다. 그리고 49재의 법요를 성대하게 치렀다. 니오노 미야는 우키후네가 실종되자 병으로 드러누웠는데, 병문안을 하러 간 가오루는 우키후네의 죽음을 화제로 하며 니오노 미야의 연인으로 소개하고 싶었다는 등 빈정거렸다.

우키후네 실종 후, 가오루와 니오노 미야는 서로 불신과 질투심을 불태우고 있었다. 특히 가오루 쪽의 질투와 굴욕감이 깊었다. 그는 나카노 기미에게 양심의 가책을 느낄 만한 행동을 하지 않았을 뿐 아니라 '자신의 신중함'(「浮舟」)에 대한 자부심도 있었기 때문에, 우키후네와 통정한 니오노 미야에 대한 불신이나 질투는 보복의 단계로 깊어졌다.

아카시노 주구가 낳은 온나이치노 미야(女一の宮)를 훔쳐보고 마음이 끌린 가오루는 그곳의 시녀들과 친해지려고 하나, 착실한 성격 탓에 자신의 의도와는 달리 농담도 못하고 딱딱한 분위기로 만들어 버리고 만다. 그런 가오루 앞에서 니오노 미야는 너무나 자연스럽게 여자들과 어울린다. 가오루는 참을 수 없는 질투를 느낀다.

니오노 미야 때문에 창피하고 괴로운 일을 당했다고 생각하니 가오루는 분해서 견딜 수가 없다. 온나이치노 미야의 시중을 드는 여자들 가운데 니오노 미야의 애인인 듯한 여자를 농락하여, 니오노 미야에게도 자신이 경험한 것과 똑같은 분하고 원망스러운 기분이 들게 해 주고 싶다고 생각한다. 참으로 집요한 보복의 감정이다. 더구나 진실되고 사려 깊은 여성이라면 자신에게 끌릴 것이라고까지 자부한다.

그러고 있는 사이, 미야노 기미(宮の君)라는 여성이 부친인 시키부쿄노 미야(式部卿宮 : 히카루 겐지의 남동생 중의 한 사람)가 죽고, 온나이치노 미야의 시녀가 된다. 니오노 미야가 곧바로 그녀에게 '본성을 드러내며'(「蜻蛉」) 접근했다. 그것을 알고 있는 가오루도 그녀가 있는 거처를 방문하여 사랑을 호소했다. 현실적

으로 그 이상 진전시키지는 못했지만, 가오루의 이러한 행동은 지금까지 없던 일인 만큼 니오노 미야의 콧대를 꺾어 주고 싶다는 대항 의식에서 나온 것이 분명하다.

한편 니오노 미야도 같은 행동을 하고 있었다. 온나이치노 미야의 시녀인 고자이쇼(小宰相)는 니오노 미야에게는 전혀 관심을 보이지 않고 가오루에게 마음을 두고 있었다. 니오노 미야는 그것을 기분 나쁘게 생각해 그녀와 가오루와의 사이를 갈라놓으려고 접근했다. 고자이쇼의 의연한 태도로 사태는 진전되지 않았지만, 우키후네에 이어 가오루의 여자에게 다시 도전한 것이다. 두 사람을 둘러싼 이 같은 불화의 에피소드는 우키후네의 사건 이후 서로가 좋아하는 여자를 상대로 경쟁이라도 하듯 되풀이되어 보복의 감정이 잠재해 있음을 보여 주고 있다.

대리 역할에 불과한 우키후네의 일생

우키후네는 이 두 남자의 상호 불신과 보복적 대항심 사이에서 농락당한 것에 불과한 것이 아닌가. 우키후네의 모노가타리는 한 여자를 두고 두 남자가 겨루는 설화 형태에 근거하고 있지만, 가오루와 니오노 미야는 결코 우키후네에게 우열을 가리기 어려운 순수한 사랑을 한 것이 아니었다. '대리 역할을 하는 자'에게 순수한 사랑 사이에서 번민하다 죽는 것과 같은 감미로운 일은 허용되지 않는다. 우키후네는 가오루와 니오노 미야의 불신과 질투 때문에 죽은 것이다. 강물에 뛰어들어 죽는 것은 '대리 역할을 하는 자'의 삶을 완성하는 방법이었다. 시녀는 우키후네의 실종에 관해 큰 바다로 사라졌을 것이라고 했는데, 그것이 '대리 역할을 하는 자'가 도달하는 곳이었다.

모노가타리의 구상을 보면 우키후네는 가오루, 나카노 기미와 니오노 미야라는 삼각관계 속에서 나카노 기미의 위치에 대입되어 있으며, 원래 나카노 기미에게 지워졌던 비극을 대신 짊어진 것이라고 할 수 있다. 그뿐만 아니라 우키후네는 그들의 갈등과 불화를 모두 받아들여 '대리 역할을 하는 자'로서 살다가 죽음을 선택하게 된 것이다.

4. 우키후네는 다시 살아갈 수 있는가

낯선 나라로

실종된 우키후네는 죽은 것이 아니었다. 우지인(宇治院)의 뒤뜰 큰 나무 아래 쓰러져 있는 것을 요카와노 소즈(横川僧都)가 살렸다. 소즈는 덕이 높은 스님으로 산속에 묻혀 살고 있었는데, 여동생과 어머니 스님이 하세데라에 참배하고 돌아오는 길에 어머니 스님이 발병해 가지 기도(加持祈禱)[5]를 위해 하산했다가 우키후네를 발견한 것이다.

어머니 스님의 회복을 기다려 우키후네는 히에이잔의 산기슭의 오노에 있는 어머니 스님과 여동생 스님이 사는 암자로 보내졌다. 여동생 스님은 하세 관음(長谷觀音)이 전해에 잃은 딸 대신 새 딸을 내려 주셨다고 기뻐하며 우키후네를 간병했다. 우키후네는 의식 불명 상태에서 4월과 5월 두 달간 생사의 기로를 헤매었다. 여동생 스님이 소즈에게 부탁해 가지 기도를 하여 원령이 물러가 우키후네는 의식을 회복했다.

의식을 회복했다고는 하지만 처음에 우키후네는 주변에 있는 사람은 모두 낯선 노스님들이어서 모르는 나라에 온 것 같아 자신이 어찌해서 여기에 있는 것인지, 어디에 살고 있었는지, 이름은 무엇이었는지 확실히 생각해 낼 수가 없었다. 차츰 생각해 낸

5) 민간의 행사로 병이나 재앙을 물리치기 위해 기도를 올리는 것.

것은 자신이 몸을 던지려고 했던 것, 모두가 잠든 뒤 정처 없이 집을 뛰쳐나와 방황하다가 어설픈 기분으로 돌아갈 수도 없으니 귀신에게라도 잡아 먹혔으면 좋겠다는 심정으로 멍하니 앉아 있을 때에 니오노 미야라고 생각되는 남자에게 안겼는데 남자는 모르는 곳에 자신을 남겨 두고 모습을 감춘 것 등이었다.

니오노 미야라고 생각되는 남자에게 안겼다는 환각은 우키후네가 가장 바라던 죽음의 방식이었을 것이다. 니오노 미야의 유혹을 받아 죽는 것, 니오노 미야와의 정사는 그녀가 바라던 일이었다. 그것은 니오노 미야가 우키후네에게 어디로 숨든지 반드시 찾아내서 함께 죽자고 말하던 사실과도 일치한다.

출가 — 과거와의 결별

이렇게 제정신으로 돌아온 우키후네는 여동생 스님에게 출가시켜 달라고 애원했다. 여동생 스님은 우키후네를 돌보면서 죽은 딸의 남편인 주조와 우키후네를 결혼시키고 싶다고 생각한다. 주조는 마치 가오루를 그대로 옮겨다 놓은 것 같은 남자로, 도심이 깊고 성실하였다. 그는 우키후네에게 구혼한다.

우키후네를 죽은 딸이라고 생각해 귀여워하는 여동생 스님은 9월이 되었을 무렵, 하세 관음에게 감사 참배와 기원을 위해 간다며 우키후네도 함께 갈 것을 권했다. 여동생 스님은 마치 어머니 주조노 기미와 같았다. 우키후네도 옛날에 어머니와 유모가 하세 참배에 데려가 준 것을 기억해 낸다. 우키후네 앞에 과거의 현실이 다시 재현되는데, 그것을 통해 우키후네는 자신을 객관화하고 과거와 결별하며 살아가게 된다.

우키후네는 지금까지의 반생을 회상하고 어머니에 관한 일, 동국에 있었을 때의 일, 나카노 기미에 관한 일을 떠올린다. 가오루와 맺어져 일신이 안정되는가 했을 때 니오노 미야와의 밀통에 의해 모든 것이 허물어져 버렸지만, 그것도 니오노 미야를 사랑한다고 생각한 자신의 잘못이라고 생각한다. 니오노 미야와의 애욕에 빠진 자신과 결별하는 한편, 가오루의 성실함을 재평가하며 다시는 가오루를 생각하지 않을 것이라고 마음을 다잡는다.

과거와 결별하려는 우키후네는 여동생 스님이 없는 동안에 요카와노 소즈가 온나이치노 미야의 가지 기도를 위해 하산하는 도중 자신이 머무는 오노 암자에 들르는 것을 좋은 기회라고 생각하고, 소즈에게 필사적으로 출가시켜 달라고 부탁해 소원을 이루었다.

내 몸도 또 전에 사랑하였던 다른 사람도 이 세상에는 없다고 체념하고 버린 세상을 다시 한 번 버렸다.

이제 마지막이라고 체념한 세상을 또다시 버리게 되는구나.

—「手習」

위의 두 노래는 출가한 우키후네가 연습 삼아 지은 노래이다.

가오루를 거부하는 우키후네

요카와노 소즈는 온나이치노 미야의 밤샘 기도에 봉사하기 위해 궁궐에 체재하는 중 아카시노 주구와 이야기를 주고받다가 우지인의 뒤뜰에서 발견한 우키후네 이야기를 했다. 주구가 이 사실을 가오루에게 전하자 가오루는 우키후네가 살아 있다는 것을 알게 된다. 가오루는 곧바로 요카와노 소즈를 방문하고, 소즈는 우키후네 발견에 관한 일을 자세히 이야기한다. 가오루는 소즈에게 오노까지 안내해 우키후네와 만나게 해 줄 것을 부탁한다. 소즈는 승려의 입장에서 그것은 불가능하다고 거절했지만 가오루의 간절한 애원을 받아들여 우키후네에게 편지를 썼다. 거기에는 환속하여 가오루의 애정과 집착의 죄를 씻어 주도록 하라는 취지가 담겨 있었다.

가오루는 이 편지를 우키후네의 남동생 고기미(小君)에게 가지고 가 자신의 편지와 함께 전해 달라고 했으나, 우키후네는 고기미와도 만나려고 하지 않고 가오루의 편지에도 답장을 쓰지 않았다. 여동생 스님을 비롯해 모두 우키후네의 고집스러움을 비난했지만 우키후네는 엎드려 울 뿐 움직이려 하지 않았다.

'대리 역할'의 모노가타리 이후

모노가타리는 엎드려 우는 우키후네에 관해 언급한 뒤, 가오루가 고기미에게서 허망한 보고를 듣고 누군가 우키후네를 몰래 숨겨 놓고 있는 것은 아닌지 상상하는 부분에서 끝난다. 이 마지막 부분은 무엇을 이야기하고 있는 것일까?

우키후네는 죽음을 결의했을 때, 가오루와 니오노 미야 두 사람의 불상사를 막기 위해서라도 자신의 목숨을 버리는 것이 좋다고 생각했다. 우키후네는 그들을 위해 죽으려고 했던 것이다. 그런데 가오루와 니오노 미야의 행동들을 보면 우키후네가 그들 때문에 죽기에는 너무 억울하다는 생각이 든다. 니오노 미야의 정열은 냉정하게 생각해 보면 허망한 것에 불과했고, 우키후네가 죽자 그는 새로운 가오루의 연인인 고자이쇼에게 접근했다.

가오루 역시 우키후네와 고자이쇼를 비교해서 고자이쇼 쪽이 훌륭하다고 생각한다. 가오루에게 우키후네는 그 정도의 의미밖에 없었던 것이다. 오이기미의 대리 역할을 할 뿐 그녀가 될 수 없었던 우키후네가 오이기미나 나카노 기미와 비교해 열등하다는 평을 듣는 것은 어쩔 수 없다. 그러나 일개 시녀와 비교해 열등하다는 것은 가오루의 마음속에서 우키후네가 차지하는 위치가 그만큼 약했다는 것을 의미한다. 가오루에게 애초부터 '산속에서의 위안물'(「浮舟」) 정도로 여겨졌던 우키후네의 위상은 그 범위를 벗어나지 못했던 것이다. 이는 우키후네가 죽음까지 각오하기에는 억울한 현실이었고, 이러한 현실 때문에 죽는 일 또한 있어서는 안 된다. 모노가타리 작가는 우키후네를 이대로 죽게 할 수는 없었던 것이다.

그러면 우키후네는 어떻게 살아가는가. 일찍이 우키후네를 농락한 현실이 다시 그녀를 괴롭히려 하자 우키후네는 저항한다. "세상 모르고 고집스럽다"(「夢浮橋」)라고 비난받지만, 우키후네는 완강히 거절하여 혹은 귀족 사회에 자신은 다른 존재라는 것을 내보여 자기 자신의 존재를 확인하고자 했다. 우키후네에게 구원이 있다면 그처럼 맞서 그녀가 외부 세계의 현실의 힘에 대처해 자신을 지켜 내려고 하는 방법 외에는 없을 것이다. 그렇다고 하여 사회적으로 나아갈 수 있는 인생의 전망은 아무것도 주어지지 않는다. 모노가타리는 우키후네로 하여금 단지 혼자서 귀족 사회를 상대하게 하고, 그녀의 고독한 저항을 보여 주며 막을 내린다. 엎드려 우는 우키후네의 모습은 자신을 짓누르는 현실의 무게에 저항하는 모습을 나타내고 있다.

제2부에서 무라사키노 우에에 의해 일단 승화된 것처럼 보인 대리 역할의 모노가타리는 여기에서 매우 다른 위상을 보여 준다. 대리 역할의 모노가타리는 이상적 여성상을 추구하는 모노가타리이고, 무라사키노 우에는 후지쓰보(藤壺)의 대리 역할로서 후지쓰보를 능가하는 이상적인 여성으로 승화했다. 그러나 대리 역할로서의 이상이란 어차피 남성의 논리일 수밖에 없다. 입장을 바꾸어, "여성에게 그것이 이상적인 삶인가?"라고 물었을 때 작가는 부정적일 수밖에 없었던 것이다.

엎드려 우는 우키후네는 대리 역할을 거부한다. 그러면 우키후네가 우키후네답게 살 수 있는 방법은 있을까? 그녀에게는 어떠한 삶의 방식이 남아 있을까? 모노가타리는 여기에서 이와 같은 질문을 던진다. 대리 역할의 모노가타리는 '우지 10첩'을 통해 여성의 입장으로부터 여성의 인생을 생각하게 하는 모노가타리로 탈바꿈했다고 볼 수 있다. 정편(正編)에 나타난 대리 역할을 극복하는 이야기로 말이다.

가오루는 이런 우키후네를 누군가 다른 남자가 숨기고 있는 것은 아닐까 상상한다. 이러한 비속함은 독자에게 요카와노 소즈를 향해, "마음속은 덕이 높은 저 스님에게도 지지 않는데"(「夢浮橋」) 하고 거리낌 없이 말하는 그의 도심에 관한 자부심을 뻔한 거짓으로 느끼게 한다. 가오루야말로 우키후네가 견뎌 내야 할 무거운 현실이었던 것이다.

이와 같은 우키후네란 인물의 조형을 통해 말하고자 한 것은 무엇이었을까? 그것은 현실에 대한 절망이나 희망을 허망한 것으로 처리하려고 하면서도 굴복을 떳떳한 것으로 보지 않으려는 작가 정신에서 비롯된 것이라고 할 수밖에 없다.

에필로그

겐지모노가타리는 독자에게 의미를 묻는 모노가타리로 되어 있다고 프롤로그에서 말했지만 우키후네의 모노가타리 마지막 부분 또한 그러하다. 겐지모노가타리는 여기에서 끝난 것인가. 미완은 아닌가 하는 설이 있지만, 작가는 이런 식으로 끝맺고 있다.

그러나 이런 식의 끝내기 방식은 독자에게는 앞으로의 이야기에 대한 기대와 상상력을 품게 하는 방식임에 틀림없다. 우키후네는 가오루를 거절할 수 있는가, 출가를 감당할 수 있는가, 가오루는 우키후네를 어떤 식으로 대할 것인가, 가오루 자신의 출가의 문제는 어떻게 되는가, 등 「유메노우키하시(夢浮橋)」 권의 모노가타리를 다 읽은 독자는 이 문제들에 대해 계속 생각하게 될

것임에 틀림없다. 이런 식으로 끝낸 것에 대한 관심에서 출발하여 후대에 속편으로 쓰인 『산길 속의 이슬(山路の露)』이라는 작품이 있다.

출가는 했다고 해도 우키후네의 미래는 결코 안정되어 있지 못하다. 우키후네가 생각해야 할 일은 앞으로의 인생을 어떻게 살아가야 할 것인가 하는 것이다. 이는 곧 여성의 삶에 대한 작가의 문제 제기라고 보아도 될 것이다. 「유메노우키하시」의 모노가타리도 똑같이 「기리쓰보(桐壺)」권 이후 독자에게 의미를 묻는 방식으로 쓰이고 있는 것이다.

겐지모노가타리의 작가 무라사키시키부는 도대체 어떤 인물이었는가? 무라사키시키부의 출생과 사망에 대해 확실히 알 수 없지만, 오카 가즈오(岡一男)는 973년(덴엔天延 원년) 출생한 것으로 보고 있다(『겐지모노가타리의 기초적 연구源氏物語の基礎的研究』). 이마이 겐에이(今井源衛)는 이를 재검토하여 970년(덴로쿠天祿 원년) 출생으로 정정했다(『왕조 문학의 연구王朝文學の研究』). 이를 뒷받침할 확실한 자료는 없지만 이 무렵 태어난 것으로 추정되고 있다. 사망한 해는 1014년(조와長和 3)이라는 설과 1019년(간닌寬仁 3) 이후라는 설이 있다.

무라사키시키부의 가계는 당시 귀족인 후지와라(藤原) 씨 북파 좌대신 후유쓰구(冬嗣)의 여섯째 아들 요시카도(良門) 계열의 집안인데, 작가의 증조부인 가네스케(兼輔, 877~933)가 다이고(醍醐) 천황에게 입궐시킨 딸 소시(桑子)가 황자 노리아키라(章明) 친왕을 낳았고, 종3위의 주나곤(中納言)이 된 것이 최고의 영달이었다. 그 이상으로 입신출세한 자는 없다. 같은 후유쓰구의 자손이라도 미치나가(道長)에 이르는 요시후사(良房) · 모토쓰네(基経)의 집안이 섭관 가문으로 번창한 것에 비해, 무라사키시키부의 조부 마사타다(雅正), 부친 다메토키(爲時)는 대대로 지방의 수령을 역임하는 5위에 상당하는 신분에 머물러 있었다.

관직은 그렇다 해도 증조부 가네스케는 『고킨와카슈(古今和歌集)』의 편찬자로 활약한 기노 쓰라유키(紀貫之)와 오시코우치노미쓰네(凡河內躬恒) 등 당대를 대표하는 가인들이 모이는 살롱을 주최하고 『가네스케슈(兼輔集)』라는 개인 가집을 남길 정도로 풍류를 아는 귀족이었다. 또한 부친인 다메토키는 한시를 짓는 시인으로서 활약했을 뿐만 아니라 『조쿠센와카슈(勅撰和歌集)』[1)]에 와카가 실릴 정도로 실력 있는 가인(歌人)이기도 했다. 무라사키시키부의 가계에는 부친 쪽, 모친 쪽 모두 가인으로서 『조쿠센와카슈』에 이름을 남긴 자가 많아 그녀는 문학적 환경 속에서 혜택을 받으며 자랄 수 있었다.

『무라사키시키부 일기』에는, 남동생 노부노리(惟規)가 아버지 다메토키에게 한문을 배울 때에 그녀도 옆에서 듣고 있었는데 이해력도 기억력도 뛰어났기 때문에 그녀가 아들이라면 좋았을걸, 하고 다메토키가 탄식했다는 유명한 이야기가 있다. 『백씨문집』을 황후 쇼시(彰子)에게 강의하였던 것도, 겐지모노가타리에 『사기』를 비롯하여 많은 한문 서적을 인용하고 있는 것도 소

1) 천황의 명을 받들어 편찬하는 가집.

녀 시절 한서를 배운 토대가 있었기 때문이다. 무라사키시키부는 소녀 시절 아버지 다메토키의 훈도를 받아 와카, 한시, 한문 서적을 접했다. 이러한 것들은 당대의 정통 문학이었고, 그러한 소양 때문에 겐지모노가타리는 다른 모노가타리 작품과 구별되는 것이다. 겐지모노가타리에서 그림 겨루기(제4장 참조)를 묘사한 부분을 보아도 그녀가 『다케토리 모노가타리(竹取物語)』와 『이세 모노가타리(伊勢物語)』를 애독한 것은 분명하지만 그러한 모노가타리 세계뿐만 아니라 와카, 한시, 한문 서적을 넓고 깊게 천착하고 탐독한 것이 겐지모노가타리의 토대를 만들었다고 할 수 있을 것이다.

그러나 아무리 문학적인 환경에서 혜택을 받으며 자라났다고 해도 그 사실만으로 겐지모노가타리의 작가가 탄생하는 비밀을 규명할 수는 없을 것이다. 무라사키시키부의 삶이나 자질의 문제와 관련이 깊기 때문이다.

그녀의 삶에 대해서는 『무라사키시키부집』과 『무라사키시키부 일기』에 의해 어느 정도는 알려져 있지만, 지금까지의 전기(傳記) 연구에 의하면, 그녀는 철도 들기 전에 어머니와 사별하고 스무 살 전후에는 언니마저 여의었다. 친한 여자 친구와 교제가 있었고, 연애도 했지만 결혼에는 이르지 못했다. 996년(조토쿠長德 2), 스물일곱 살에 아버지 다메토키가 에치젠(현재의 후쿠이현 동북부) 지방의 수령이 되어, 아버지를 따라 에치젠으로 내려갔다. 그 무렵 열다섯 살 정도 많은 후지와라노 노부타카(藤原宣孝)로부터 청혼을 받고 다음 해 혼자 귀경했지만 결혼은 스물아홉 내지는 서른 살에 했을 것이라고 추정된다. 당시로서는 매우 늦은 만혼이다. 1000년(조호長保 2)에 외동딸인 겐시(賢子)가 태어나지만, 남편 노부타카는 다음 해 사망한다. 결혼 생활은 3~4년 동안에 불과했다. 그후 1005년(간코寬弘 2)에 황후 쇼시의 궁녀로 출사한다. 만년에 이르기까지 쇼시를 모셨는데, 1019년(간닌寬仁 3) 무렵에는 딸 겐시와 함께 출사했다고 한다.

그 일기와 가집을 통해 떠오르는 무라사키시키부의 표정은 우울한 듯이 무겁게 가라앉은 모습이다. '괴로운 세상', '괴로운 내 신세' 등 '괴롭다'는 말이 반복해 나오는데, 그 침울한 우수는 어디에 기인하고 있는 것일까? 현실적인 이유로서 노부타카와의 어이없는 사별이라는 불운을 들 수 있다. 뒤이어지는 쓸쓸한 과부 생활, 그리고 그런 생활에서 궁중 생활로 전환한 것이 박복과 비운 의식, 몰락감으로 이어져 '괴로운 세상', '괴로운 내 신세'라는 생각을 갖게 하지 않았을까. 특히 궁녀 생활 중 미치나가(道長)의 비할 데 없는 영화를 눈앞에서 지켜볼 때마다 자기 가문의 쇠퇴의 역사와 견주게 되어 더욱 심한 몰락감을 느꼈을 것이다. 또한 궁궐 안에서의 인간관계에 연유된 점도 있었을 텐데, 이러한 점들도 우수의 배경으로 지적할 수 있을 것이다.

이러한 우울이 작가 무라사키시키부의 체내에 오래된 병처럼 똬리를 틀어 그녀를 더욱 수심에 잠기게 했던 것이다. 일기나 가집을 보고 있으면 이와 같은 생각이 강하게 느껴진다. 우울이 염세관이 되고 나아가서는 출가를 지향하게 되지만, 출가에 의해 정말로 극락정토로 갈 수 있는가 하는 의문을 그녀는 떨쳐 버리지 못한다. 출가 구원을 걸지만 확신을 갖지 못하고 망설인다. 이렇게 해서 현실 세계에도 출가 세계에도 마음이 안주할 장소를 발견하지 못하고 사색에 잠긴다. 죄업이 많은 자신은 이러한 것들 때문에 극락왕생에 대한 바람을 이루지 못할 것이라는 숙명관이 되고 탄식으로 이어진다. 전전긍긍하며 이런 식으로 계속 수심에 잠기는 것이다. 이러한 내용들이 『무라사키시키부 일기』의 세계이지만, 읽다 보면 필설로 다할 수 없는 생각들이 많았던 것같이 보인다.

겐지모노가타리를 언제 쓰기 시작했는지 확실히 알 수 없으나 작가가 궁중에 출사하기 전, 과부 생활을 하던 시기에는 이미 집필하고 있었을 것이다. 그것은 앞에서 보았듯이 그녀에게 일상의 우울함, 인생에 대한 불우감, 몰락감을 보상해 주는 의미가 있었을 것이다. 미치나가의 영화를 능가하는 겐지모노가타리의 주인공들이 누린 영요(榮耀) · 영화의 세계에는 그녀의 몰락한 집안이 이루지 못한 꿈이 반영되어 있는지도 모른다. 그러나 최고의 영화를 누린 히카루 겐지의 인생은 비애로 닫혀 있고 모노가타리의 마지막 부분에 등장하는 우키후네(浮舟)의 출가도 가오루(薰)의 도심처럼 불도의 깨달음이나 구원과는 무관한 차원에 있다. 그것이 작가 무라사키시키부가 응시한 인간의 모습이었던 것일까? 번민하고 방황할 수밖에 없는 인간의 현실을 파헤치면 파헤칠수록 깊은 어둠에 직면한다. 무라사키시키부의 문학은 그와 같은 인간 세계를 형상화한 것처럼 보인다.

겐지모노가타리는 어떠한 문학인가? 지금까지는 전체상(全體

像)의 포착보다는 개별적 테마에 직면해 생각하는 일이 많았다. 그러던 것이 이번에는 정리해야 했기 때문에 싫든 좋든 그 문제를 마주하지 않으면 안 되었다. 일단 정리 방식을 이해하기까지에는 솔직히 말해 상당히 괴로웠다. 그러나 정말 좋은 경험이었다. 문장도 논지도 문제점도 비교적 명확해졌다고 생각한다. 이것이 "겐지모노가타리는 어떠한 문학인가?"라는 문제로 불완전하나마 귀착되었다는 게 필자의 답이다. 수많은 겐지모노가타리의 안내서, 계몽서 중의 하나에 불과하지만 오늘날의 연구를 토대로 한 내용이 되었다고 생각한다. 그와 같은 의도로 읽어 주었으면 한다.

지면의 제한으로 참고 논문을 거론하지 못한 것이 아쉽지만, 많은 연구자의 귀중한 논저에 의해 가르침을 받았다는 것을 밝혀 두고 싶다. 또한 이 책을 아키야마 겐(秋山 虔) 선생님의 명저인 이와나미 신서의 『겐지모노가타리』에 이어, 같은 신서로 출판할 수 있었던 것은 다행스러운 일이다. 대학원 시절, 아키야마 선생님의 세미나에서 겐지모노가타리를 배운 지 40년이 된다. 졸저이지만 이 책은 선생님에 대한 보고이기도 하다. 생각하면 감회가 깊다.

한국어판 출판에 즈음에 남이숙 교수에게 진심으로 감사드린다. 남 교수와의 만남은 1989년 내가 한국외국어대학교 대학원에 1년간 객원교수로서 부임했던 시절로 거슬러 올라간다. 이후 남 교수는 일본에 유학하여, 짓센조시대학(實践女子大学)에서 「이즈미시키부의 와카 연구」로 학위를 받고, 그 학위 논문을 『이즈미시키부 와카 연구和泉式部和歌研究』(笠間書院 · 2001)라는 제목의 서적으로 출판했다. 이는 논문이 높게 평가되었다는 사실과 다름없으며 그 의의에 대해서는 노무라 세이이치(野村精一) 지도교수가 서문에 적은 바와 같다. 그 같은 우수한 연구자의 손에 의해 이 책의 한국어 번역서가 나오는 것은 진심으로 기쁜 일이다. 이 한글판을 통해 일본 고전문학의 대표작인 『겐지모노가타리(源氏物語)』의 작품 세계를 조금이라도 더 많은 한국 독자들이 접할 수 있게 된다면 더 이상 바랄 나위 없다.

끝으로 이 책의 출판을 수락해 주신 한림대학교 일본학연구소의 여러분에게도 진심으로 감사드린다.

2006년 봄

히나타 가즈마사

옮긴이의 글

일본의 고전 작품 중에서 『겐지모노가타리』만큼 오랫동안 많은 사람에게 사랑받은 작품은 없을 것이다. 11세기 초엽(1008년 성립되었다는 설이 유력) 무라사키시키부라는 여인이 쓴 이 소설은 단테의 『신곡』보다 300년, 셰익스피어의 희곡들보다 600년, 우리의 춘향전보다 700년이나 앞선 세계 최고의 소설이다.

일찍이 우리에게도 친숙한 영국의 여류작가 버지니아 울프는 『겐지모노가타리』를 읽고, 작자인 무라사키시키부를 서방의 대작가들과 비교하면서 그녀를 완벽한 예술가라고 평했다.

도대체 어떤 작품일까. 이런 소개를 받으면 누구나 호기심에 한 번쯤 읽고 싶다는 생각을 할 것이다. 하지만 이 작품은 분량 면에서 54첩에 이르며, 400여 명의 인물이 등장하고, 4대의 천황

70여년에 걸친 시대를 다룬 대작으로 그리 쉽게 읽혀지는 작품이 아니다. 게다가 메이지 유신이 시작되기 이전의 고주석(古注釋)과 주요한 연구서만 해도 390여 종에 달하며, 근대 이후의 연구서를 합하면 헤아릴 수 없는 분량의 연구서와 주석서가 나와 있다. 최근에도 매년 단행본 연구서가 적어도 한 권쯤 이상 출판되는 현실을 감안하면 얼마나 다양한 관점에서 이 작품이 읽혀지고 있는지 짐작할 수 있을 것이다.

옮긴이도 일본에서 이 작품을 강독하는 곳이 있으면 기회 있을 때마다 학교든 일반인들의 모임이든 가리지 않고 고개를 내밀곤 했다. 그럼에도 불구하고 방대한 분량 때문에(게으름 탓이기도 하지만) 아직도 원문으로는 완독하지 못하고 있는 상태이다. 일본인의 경우도 예외는 아니다. 실제로 2004년 봄, 십여 년 전부터 2주일에 한 번씩 모여 『겐지모노가타리』를 읽는 강독회에 참석한 적이 있는데, 필자가 참석한 그 당시에도 마지막 부분에 속하는 제3부의 「우키후네」 권을 읽고 있었다.

우리나라에도 이미 유정(柳呈 : 1975년 을유문화사) 씨와 전용신(田溶新 : 1999년 나남출판) 씨가 『겐지 이야기』라는 이름으로 이 작품을 번역 · 출간했는데, 아쉽게도 애정 소설 정도로 소개하고 있다. 그도 그럴 것이 이 작품은 애정 소설로 읽혀지기 쉬운 속성을 충분히 가지고 있다. 겐지를 아무 선입견 없이 읽었다는 어떤 학생은 이런 이야기를 했다.

"『겐지모노가타리』를 열심히 읽어 가다 보면 이상한 성벽을 가진 플레이보이의 이야기 정도로밖에 생각되지 않습니다. 그것이 이 작품의 한계라 생각되며 이는 비단 저만이 느끼는 생각은 아닌 것 같습니다."

아무런 안내서 없이 책을 읽다 보면 그렇게 감상할 수 있다. 그 때문에 많은 사람이 이 작품을 저급한 연애물이라고 성급하게 단정짓고 있다. 그러나 『겐지모노가타리』는 그렇게 단순한 이야기가 아니다. 이런 점에서 히나타 가즈마사 선생님의 저서 『겐지모노가타리의 세계』는 독자들에게 좋은 길잡이가 될 것이다.

선생님은 『겐지모노가타리』 연구자로서 제일선에서 활약하고 있으며 수많은 업적을 남긴 분으로, 그동안 나온 주석서와 연구의 동향을 전부 파악하여 수십 편의 논문과 단행본을 출간하였다. 이 책은 이러한 해박한 지식을 바탕으로 하여 엮어졌는데, 선생님은 『겐지모노가타리』 어떻게 읽어야 할 것인지에 관해 서문과 에필로그에서 언급하고 있는 바와 같이 수수께끼를 풀어내는 문제 제기 방식으로 전개해 가고 있다. 이와 같은 방식을 사용한 것은 작가 무라사키시키부의 의도를 쉽게 파악하는 데 도움이 되기 때문이다.

선생님은 "『겐지모노가타리』는 복수의 주제를 담은 소우주이며 다면적인 구조를 가진 작품이다. 따라서 이러한 작품은 작품 세계에 동화하여 작품의 논리를 추체험적인 방법으로 따라가며 이해해야 한다"라고 주장한다. 이와 같은 방법에 의해 비로소 우리는『겐지모노가타리』는 단순한 연애물이 아니라 가문이나 왕권의 이야기로도, 불교에 의한 구원의 문제를 다룬 이야기로도, 남성 우위의 세상을 살아가는 여성의 일생을 한탄하는 이야기로도 감상할 수 있는 것이다.

그렇다고 해서 선생님의 독해법만이 완벽하다는 것은 아니다. 실제로 이렇게 다양한 주제를 내포한 작품은 시대나 개인에 따라 여러 가지 해석법을 동원해 읽을 수도 있고 읽어도 된다고 생각한다. 하지만 선생님의 독해법을 이해함으로써 최소한 자신의 해석이 어느 지점에 있는지 알 수 있을 것이다.

옮긴이는 운 좋게 지난 1년간의 연구년을 저자 히나타 가즈마사 선생님이 계신 곳에서 보낼 수 있었다. 선생님께서 객원교수로 한국에 오셨을 때 강의를 들었던 인연에서였다. 일본 체재 중 이와나미서점에서 막 출간된 따끈따끈한 상태의 책을 바로 볼 수 있었다. 사나흘간 아주 기분 좋은 리듬으로 읽어 냈다. 겐지를 해석하는 데 중요한 논점은 빼놓지 않고 다루고 있으면서도 문장이 간결하고 명료해 이해하기 쉬웠다.

소화해 내기 어려운 장편의 일본 고전 소설을 전공자나 관심 있는 비전공자들이게 알기 쉽게 소개하기에 선생님의 책이 적격이라는 생각이 들어 번역을 하기로 결심했다. 선생님의 책이 한국에 소개되어 관심을 갖고 있는 사람들이 『겐지모노가타리』에 손쉽게 접근하는 데 조금이라도 도움이 되었으면 하는 바람이다.

작품 이해에 필요한 당시의 관직 내지는 연중행사, 풍속 등에 관해서는 각주로 처리해 넣어 이해를 도우려 힘썼다. 『겐지모노가타리』 전공자인 김효진 · 신정아 씨의 도움에 감사드린다. 그 외에 책이 나오기까지 힘써 주신 모든 분에게 감사드린다.

지은이 히나타 가즈마사(日向一雅)

1942년 일본 야마나시현에서 태어났고 1972년 도쿄대학교 대학원 문학과정 박사 과정을 수료한 후 박사학위를 취득했다. 전공은 일본 헤이안 문학과 한 · 일 비교 문학이며, 현재 메이지대학교 문학부 교수로 재직 중이다. 저서로는 『겐지모노가타리의 준거와 화형(源氏物語の準據と話型)』, 『겐지모노가타리의 왕권과 유리(源氏物語の王權と流離)』, 『겐지모노가타리 — 그 생활과 문화(源氏物語 — その生活と文化)』, 『겐지모노가타리의 감상과 기초 지식 '스마'(源氏物語の鑑賞と基礎知識 須磨)』, 『신화 · 무속 · 종교 — 일 · 한 비교 문화의 시도(神話 · 巫俗 · 宗教 — 日韓比較文化の試み)』 등이 있다.

옮긴이 남이숙

1978년 서울교육대학교, 1984년 단국대학교를 졸업한 후 1988년 한국외국어대학교 대학원 일본어과 석사과정, 1994년 짓센여자대학교 문학연구과 박사과정을 수료했다. 『일본 근 · 현대시 산책』, 『이즈미시키부 와카 연구』 등의 저서와 『니체의 생애와 사상』 등의 역서, 「이즈미시키부 일기의 본질」, 「일본 고전 와카에 나타난 달의 이미지」 등의 논문이 있다.

한림신서 일본학총서 발간에 즈음하여

1995년은 제2차 세계대전이 끝나고 우리나라가 일본 식민지에서 해방된 지 50년이 되는 해이며, 한 · 일간에 국교정상화가 이루어진 지 30년을 헤아리는 해이다. 한 · 일 양국은 이러한 역사를 되돌아보면서 앞으로 크게 변화될 세계사 속에서 동북아시아의 평화와 번영을 추구해야 하리라고 생각한다.

한림대학교 일본학연구소는 이러한 역사의 앞날을 전망하면서 1994년 3월에 출범하였다. 무엇보다도 일본을 바르게 알고 한국과 일본을 비교하면서 학문적 · 문화적 교류를 모색할 생각이다.

본 연구소는 일본학에 관한 자료를 수집하고 제반 과제를 한 · 일간에 공동으로 조사 · 연구하며 그 결과가 실제로 한 · 일 관계 발전에 이바지할 수 있도록 노력하고자 한다. 그러한 사업의 일환으로 여기에 일본에 관한 기본적인 도서를 엄선하여 번역 출판하기로 했다. 아직 우리나라에는 일본에 관한 양서가 충분히 소개되지 못했다고 느껴지기 때문이다.

본 연구소는 조사와 연구, 기타 사업이 한국 전체를 위해야 한다고 생각하며 한 · 일 양국만이 아니라 다른 여러 나라의 연구자나 연구 기관과 유대를 가지고 세계적인 시야에서 일을 추진해 나갈 것이다. 그러므로 누구나 열린 마음으로 본 연구소가 뜻하는 일에 참여해 주기를 바란다.

한림신서 일본학총서가 우리 문화에 기여하고 21세기를 향한 동북아시아의 상호 이해를 더하며 평화와 번영을 증진시키는 데 보탬이 되기를 바란다. 많은 분의 성원을 기대해 마지않는다.

1995년 5월

한림대학교 일본학연구소